KB011672

WESTEND
베스텐트 2015

WestEnd
Neue Zeitschrift für Sozialforschung

Herausgegeben im Auftrag des Instituts für Sozialforschung an der
Johann Wolfgang Goethe-Universität, Frankfurt am Main, und der
Gesellschaft für Sozialforschung, Frankfurt am Main, von:

Sidonia Blättler
Axel Honneth
Juliane Rebentisch
Ferdinand Sutterlüty

In Verbindung mit:
Klaus Günther
Kai-Olaf Maiwald
Sighard Neckel
Stephan Voswinkel

Internationaler Beirat:
José Brunner, Tel Aviv
Kenichi Mishima, Tokio
Yves Sintomer, Paris
Peter Wagner, Barcelona

베스테트 한국판
『베스텐트』 한국판은 '연구모임 사회 비판과 대안' 구성원들이 편집합니다:
고지현　김동규　김만권　김원식　김은희　맹정현　문성훈(책임편집자)
이유선　이창남　정대성　홍찬숙

WESTEND

Copyright © 2013 Institut für Sozialforschung and Stroemfeld Verlag, Frankfurt am Main
Korean Translation Copyright © 2016 April Books Publishing Co., Seoul

This Korean edition is published by arrangement with
Institut für Sozialforschung, Frankfurt am Main. All rights reserved.

이 책의 한국판 저작권은 저작권자와 독점 계약한 사월의책에 있습니다.
저작권법에 의해 한국 내에서 보호를 받는 저작물이므로 무단 전재 및 복제를 금합니다.

WEST
사회 비판과 대안 모색을 위한 잡지
END

2015
베스트엔트 한국판
연구모임 사회비판과대안 편저

사월의책

차례

서문

지난 2015년 11월 14일 서울 도심 광화문에서 농민, 노동자, 학생 등 10만여 명이 집결한 집회가 열렸다. 2008년 광우병 촛불집회 이후 가장 큰 규모의 시위라고 한다. 경찰의 확고한 시위 원천봉쇄 의지를 엿볼 수 있는 차벽과 살수차가 등장했고, 경찰 버스를 뒤흔들고 밧줄로 묶어 끌어당기는 현장이 방송 화면에 포착되어 전국에 퍼져 나갔다. 일부 시위대와 경찰 간의 격렬한 충돌 속에서 농민 한 명이 부상당해 의식불명의 상태에 놓여 있다고 한다. 불현듯 악몽이 떠오른다. 2005년 여의도 문화마당에서 '쌀 비준 반대 시위' 중 농민 두 명이 경찰 진압 과정에서 중상을 입고 병원에서 치료를 받던 중 결국 사망했던 사건 말이다. 당시 당국 책임자들이 일부 징계되었고 대통령 대국민 사과문으로 사건이 봉합되었던 기억이 아직 우리에게는 있다. 하지만 이 악몽은 사건 전개의 끔찍함이 주는 물리적 강도라기보다는 오히려 말로 표현하기 어려운 상황의 무력감과 곤혹으로 우리를 깊은 침묵의 수렁으로 몰아넣었는데, 이는 어쩌면 군부독재 시절이 아닌 참여정부 시절의 일이었다는 것과 아주 무관하지는 않을 터이다.

그리고 공교롭게도 우연이라 하기엔 너무나도 당혹스런 소식 하나가 곧이어 날아들었다. 13일 이른 새벽부터 프랑스 파리에서 동시다발적으로 벌어진 연쇄 테러 상황이 인터넷을 통해 실시간 전달되었다. 어림잡아도 150여 명의 인명피해가 있으리라는 추정이다. 우리는 대중 매체를 통해 대규모 도심 시위가 아무런 맥락도 없이 해외발 테러와 중첩되는 이미지들을 연일 접하고 있다. 이 모호하기 짝이 없는 이중 이미지는 사실상 그리 낯선 건 아니지만, 익숙함에 굳어진 것이긴 해도 충격 효과를 발휘할 만큼의 자극력을 지닌 것임에는 틀림없다. 불길하다. 이중, 삼중으로 불투명하게 중첩되는 이미지가 무차별적으로 체제 전복의 위험인자로 낙인되고, TV 방송의 희미한 조명 아래 패닉 상태의 대중 심리와 결합하는 순간 정체모를 불안감이 엄습한다. 이제 한국사회는 이 모호함에 전염된 심리적 공황상태, 그것을 벗어나야 한다는 강박과 안전지대에 대한 필사적 갈구로 또 한 차례 심한 몸살을 앓을 것이다.

아니나 다를까. 벌써 정부는 14일의 폭력성을 커다랗게 부각시켰다. '불법', '폭력', '처벌' 등과 같은 말에 '체제 전복', '테러'와 같은 격한 어휘도 겹쳐졌다. 특히 복면 시위를 언급하며 IS에 견주어 폭력 시위와 테러 위협을 함께 논하고 있다. 법과 원칙에 따라 불법 폭력 시위에 대해 엄중한 처벌이 있으리라는 정부의 공언에 쉬운 해고와 비정규직 문제, 교과서 국정화 및 TPP(환태평양경제동반자협정) 반대 여론, 세월호 진상규명과 재벌 책임 강화 등, 이번 시위로 불거진 한국 정치·경제·사회 전반에 대한 비판적 목소리와 다양한 이슈가 묻혀가고 있다. 이제 집회의 정당성과 경찰의 과잉진압 논란은 2차 국민 궐기 대회의 준법성 구현 여부, 평화 시위 가능성 여부로 옮겨가는 양상이다.

이러한 혼란스러운 상황에서 "저항과 봉기"를 다루는 『베스텐트』 한국판 4호의 '쟁점'은 마치 불길한 예감이 적중한 듯한 느낌이다. 저항과 봉기는 제도와 현행 질서의 지배적 가치 체계가 사회적 갈등을 충분히 수렴하지 못할 때 이의 제기와 갈등 해소를 위한 방향 선회 등을 직접적으로 요구하는 대중 일반의 가장 적극적인 정치 행위이자 힘의 과시이다. 냉전 이후 전 세계 지성이 시위 형태의 대중 봉기와 저항에 다시금 시선을 돌리게 된 계기는 무엇보다도 2008년 글로벌 금융위기로 더욱 뚜렷하게 가시화된 불평등 문제에 항의한 '월스트리트 점령' 운동의 출현이었다. 세계화의 추진 동력이었던 신자유주의 질서가 붕괴에 이르는 시점에서 세계적 차원에서의 자기 항의 세력을 잉태했다는 것은 '월스트리트 점령' 운동 이후에 간헐적이나마 세계 곳곳에서 저항의 움직임이 끊이지 않고 있다는 사실이 입증한다. 그리고 우리는 전 세계도 역시, 아니 한국사회보다 훨씬 더 먼저, 체제 위협이라는 패닉이 던져준 이중적 모호성에 시달려 왔음을 상기할 필요가 있다. 지난 11월 파리 테러 사건은 미국 9·11테러의 연장선상에 놓여 있으며, 이 테러를 바라보는 전 세계의 시선은 현 한국사회가 11월 집회를 바라보는 시선의 동요와 혼란만큼이나 끔찍한 악몽을 재현하고 있다. 이제 정체모를 불안과 악몽을 떨쳐버릴 때가 온 듯하다. 이번 『베스텐트』 쟁점은 그 깨어남의 순간에 개입할 수 있을 것이다.

다이텔호프의 글은 저항과 봉기가 민주주의와 서로 배치된다고 보는 것이 아니라 오히려 민주주의 이론의 전망 속에서 체제 비판적 시위 행위 및 문화를 재조명하고 있다는 점에서 값지다. 나흐트바이는 독일을 배경으로 사회갈등 및 사회적 저항의 구조변동에 대해 논한다. 사회갈등이 재도덕화라는 새로운 형태로 회귀하여 무엇보다 비인습적이며 규격화되지 않은 방식으로 표출되고 있다는 주장은 전통적 의미에서의 계급갈등론에 익숙한 기존 담론에 신선한 자극제 역할을 하리라 여겨진다. 또 한편 인터넷상에서 포착되는 사회갈등의 표출 현상과 저항 방식의 변화 양상들이 공공성의 변동성 지표로 읽힐 수 있음을 암시하는 컬렉션 또한 흥미롭다. 이론적 성찰의 일환으로 켐프의 글은 그레이버와 호네트를 중심으로 저항과 봉기의 출현이 사회비판 이론에 미친 영향력을 조명하고 있다.

이상의 '쟁점'을 배경으로 사회 현실로의 강력한 이론적 개입 의지를 드러내는 의미 있는 입장들을 '논단'에 모아보았다. 보편적 기본소득론에 대한 글은 최근 한국사회에서 사회적 안전망의 누수화 우려에 대한 목소리가 드높아지는 가운데 청년 수당의 형태로 그 현실화의 계기를 맞고 있다는 점에서 필리프 판 파레이스를 통해 직접 다시 한 번 되새김질해보는 좋은 기회가 될 것이다. 브링크는 비판이론에서 역사철학적·문화비판적 색채가 강세를 보였던 반면 경제이론은 상대적으로 소홀하게 취급되어왔다는 사실을 상기시키며 비판이론 1세대에 해당하는 폴록의 경제이론(국가자본주의 이론)이 호르크하이머·아도르노의 사회이론에서 차지하는 의미를 조명하고 있다. 이에 더 나아가 브라질의 저항운동과 신중산층 문제를 다루고 있는 소자와 포스빙켈의 인터뷰는 급속도의 경제성장을 보여주고 있는 BRICS 국가들에서 부상한 저항운동, 그것의 배경으로 지목되고 있는 신중산층 이론을 들여다볼 수 있는 흥미로운 글이다.

이번 호의 '한국판 특집' 역시 "정당정치를 향한 시민들의 도전"이라는 주제 아래 시민들의 저항과 봉기 그리고 그 유효성을 다룬다. 김만권, 하승창, 안병진의 글들은 정당 혁신의 필요성, 새로운 디지털 시대로의 진입이 바꾸어 놓은 삶의 환경이 혁신적인 정치 패러다임을 요구한다는 인식을 공유하고 있다. 이들의 목소리는 현재 진행되고 있는 다양한 정치 실험의 현장성을 고스란히 담고 있다는 점에서 깊은 울림을 준다.

주지하다시피 시위와 사회운동은 집단의 이해관계에 따라, 이념적 가치에 따라, 사회적 합의와 규범 체계에 따라 제각각 상이하게 평가되어 왔다. 그렇기에 그것은 정치적으로 그 어떤 이슈나 쟁점들보다 민감하게 반응한다. 이와 관련된 한국사회의 현주소는 어떠할까? 지난 몇 년간 그간 값비싼 희생 속에 굳건히 구축해온 민주화 질서가 너무나도 터무니없이 붕괴하고 있다는 원성이 도처에서 들리고 있다. 과연 독재의 망령이 회귀하고 있는 것일까? 역사는 반복될 수 있으나 동일한 것의 반복이란 없다. 오히려 이렇게 물어야 하지 않을까? 시대의 변화에 따라 사회갈등의 형식이 달라진다면 이에 맞선 저항과 봉기의 형식도 또한 혁신을 요구받지 않는가? 우리는 유신독재에 맞선 민주화운동을 몸으로 경험했고, 그리하여 저항과 항거의 유산으로 절대 악에 맞선 절대 선의 투쟁형식, 그 당위성과 정당성, 그로부터 도출되는 정의로움 또한 독재와 권위주의의 반대편에서 구한 진리관에 의존하고 있다. 어쩌면 현 한국사회는 이러한 전통의 답습이 한계점에 도달한 지점을 가리키고 있는지도 모른다. 그리하여 그 지점에서 새로운 민주주의 원리와 가치에 부합하는 새로운 능동적 정치 참여의 길을 모색해야 하는 시험대에 우리는 봉착한 것일지도 모른다. 이번 『베스텐트』의 쟁점들이 또 다른 민주적 가치를 담은 주춧돌 쌓기에 작으나마 보탬이 되리라 믿어 의심치 않는다.

고지현

『베스텐트』 한국판 편집자

쟁점

쟁점 / 저항과 시위

봉기와 저항

페르디난트 주터뤼티

점령, 분노, 폭동, 그리고 정부의 건설 및 토목 프로젝트에 맞선 시민 저항, 또한 인권 침해, 환경 파괴, 수도 민영화에 대한 저항 활동, 유럽연합 내 우유 생산량 및 가격 개선을 위한 우유생산자들의 시위. 이것만이 아니다. 지난 몇 년간 서구 사회를 긴장하게 만든 저항의 목록은 더 늘어날 수 있으며, 이들은 놀라울 정도로 그 목표 설정이나 세력 범위, 실천 방식, 그리고 상징 언어에서 다양성을 보여주고 있다. 이러한 운동들은 정치적 기관들의 문 앞에서 자신들의 특수한 이익을 위해 싸우는 로비 집단들의 전통적인 '단일 쟁점' 저항과는 다른 것이다. 이 새로운 운동들에는 오늘날의 정치경제적 통제 방식에 대한 젊은 세대들의 근본적인 불신이 표현되어 있다.

이런 점에서 가장 진보적인 저항 형태를 보여준 것은 2011년 10월에 발생한 '점령운동'으로서 이는 당시 많은 여론의 주목을 받았다. 많은 사람들이 이 운동을 자본주의 비판의 귀환이라고 찬양하면서 큰 기대를 걸었지만, 다른 사람들은 이 운동이 위험한 몽상가들의 저장소에 불과하다고 배척하거나, 잘못된 길로 간 미숙아들의 등장이라고 비웃기도 했다. 점령운동에 대한 사회과학적 해석 역시 다양한 방향을 보인다. 그러나 확실하게 말할 수 있는 것은, 점령운동이 한편으로는 사회적 번영의 올바른 분배에 대한 **사회적 문제**를 새로운 모습으로 다시 등장시켰다는 점이고, 다른 한편으로는 금권정치적 엘리트 독재에 종속된 오늘날의 정치적 의사결정에 대해 **민주적 문제**를 새롭게 제기했다는 점이다. 월가 점령운동의 활동가들과 대서양 양편에 위치한 다른 도시의 동조자들은 "우리는 99%"라는 모토 아래 미국과 여타 지역에서 발생한 수입 및 자산의 엄청난 불평등 현상에 대해 인식을 같이했다. 그래서 미국의 가장 돈 많은 사람 400명이 미국 국민 전체의 50%보다 더 많은 돈을 갖고 있다는 사실이 금방 알려지기도 했다(Grusky et al. 2013: II부). 또한 점령 캠프 참가자들은 은행과 증권시장이 집중된 지역 근처의 공공 공간을 점령함으로써 "1%" 사람들이 가장 중요하고 보편적으로 적용되는 결정을 어디에서 그리고 무엇에 대해 내리는지를 보여주려고 하였다. 그리고 이를 통해 이들은 민주주의의 결함 또는 파산에 주목하게 하였고, 광범위한 대중의 정치적 참여의지를 상기시켰다.

비록 강조점은 다르지만 사회적 문제와 민주적 문제의 결합은 다른 저항운동에서도 나타난다. 집세 인상과 이스라엘의 주요 식품인 코티지치즈 가격 인상 때문에 발생한 2011년 텔아비브의 전투적 저항에서는 더 많은 정의를 요구했다는 점에서 사회적 문제가 핵심이었다. 이에 비해 2011-12년 스페인에서 일어난 인디그나도스 운동과 이와 관련된 "지금 진짜 민주주의!"를 위한 정치적 운동은 민주주의의 공동화 현상에 대한 광범위한 저항을 불러일으켰다는 점에서 핵심 쟁점이 다소 다르다. 그러나 점령운동이나 여타의 저항운동은 적어도 다음과 같은 점에서는 일치한다. 즉 이를 통해 등장한 사람들은 물질적 분배와 정치적 참여에 대한 높은 기대를 내면화하고 있지만 자신들의 직업적 기회나 정치 참여 가능성은 전혀 그렇지 않다고 보는, 젊고 잘 교육받은 세대라는 것이다. 이런 점에서 이 운동에서 자신의 성공에만 몰두하는 "실패한 세대"를 보려고 하는 것은 짧은 생각일 뿐이다.

특히 점령 캠프와 이들의 전체 회의는 종래의 이익 정치란 틀을 날려버렸고, 지금까지 알려지지 않았던 새로운 형태의 저항, 공동결정, 사회적 연대를 부각시켰다(Barber 2012 참조). 여기에 참여한 활동가들에게는 구체적 요구를 통해 기성 정치 제도가 응답하도록 기대하는 어떠한 믿음도 사라져버린 것처럼 보인다. 이들에게 대의민주주의 제도는 이미 타락했고, 무아지경에 빠진 특권층의 특수한 이해와 야합해버렸기 때문에 자신들의 저항이 그들에게 영향력 있게 전달되리라 생각할 순 없었다. 따라서 점령운동은 자신들의 내부에서 대안 사회가 예시적으로 형성되도록 했다. 이 대안 사회는 광범위한 연대가 이루어지고, 노숙자나 난파한 이민자에 이르기까지 모든 사람이 공동의 재화를 향유할 수 있는 실제 유토피아의 윤곽을 예견케 하는 것이었다. 모든 결정은 풀뿌리 민주주의의 방식으로, 그것도 진지한 논쟁을 보장하고 소수 입장에도 권한을 부여하는 강한 수평적 토론을 토대로 이루어졌다. 점령운동 활동가들은 이러한 캠프 내에서의 생활방식을 일상적으로도 유용하게 만들기 위해 놀랄 만한 제도적 상상력을 발휘했다.

뉴욕의 "부자세" 시한 연장 같이 점령운동이 야기한 모든 직접적 성과 중에서 가장 큰 성과는 아마도 전적으로 새로운 대안 공동체에 대한 구상일 것이다. 주로 이러한 실험적 사회 모델을 수립한 것은 장차 제도적 차원에서도 이를 실현하게 될 젊은이들이었다. 점령운동에서의 전체 회의는 전제적 인민 대표자를 퇴행적으로 이상화시킨 것에 불과한, 강한 정치적 인물에 대한 최근의 열망과는 정반대되는 것이었다. 물론 전체 회의는 다양한 문제를 드러내기도 한다. 예를 들어 아나키즘적인 급진민주주의자들과 다른 사회적 집단들 간의 연합 능력에 대한 문제라든지, 사랑이라는 윤리에 기초한 사회성이 고도로 분화된 사회적 제도에 적용될 수 있는가 하는 문제 등이 그것이다.

이하의 세 가지 논문이 다루고 있는 것이 바로 이러한 문제들이다.

번역_문성훈

참고문헌

Barber, Benjamin 2012: What Democracy Looks Like, in: Contexts 11. 2, 14–16.

Grusky, David B., Doug McAdam, Rob Reich und Debra Satz (Hg.) 2013: Occupy the Future. Cambridge: MIT.

시위와 민주주의의 문제

니콜 다이텔호프

오늘날 많은 시위가 일어나고 있다. 지구화에 대한 반응이든, 세계경제 위기와 국가 부채의 귀결이든, 아니면 슈투트가르트 21이나 프랑크푸르트 공항의 증축과 같은 기술적 대형 프로젝트를 둘러싼 싸움 때문이든지 간에, 시위는 최근 몇 년간 우리의 확립된 민주국가에서 다시 현저한 의미를 획득한 것으로 보인다. 하지만 마그레브 지역 나라들에서 일어난 '아랍의 폭동'(Arabellion)이라 불리는 대중시위나 러시아의 '푸시 라이엇'(Pussy Riot) 멤버들의 행위가 암시하고 있는 것처럼, 민주제가 아닌 국가에서도 거리에서 행해지는 시위와 폭동은 도처에서 볼 수 있다. 『타임』지가 2011년 올해의 인물로 '시위자'를 뽑은 것도 괜한 일이 아니다.[1] 아랍의 봄에 등장한 대중시위 및 봉기, 스페인의 '인디그나

1 "http://content.time.com/covers/0,16641,20111226,00.html".

도스'(Indignados, 분노하라)와 같은 시위운동, '오큐파이'(Occupy, 점령하라)와 같은 트랜스내셔널 운동, 아니면 그들이 보기에 무엇보다 고삐가 풀린 신자유주의 경제에 맞서 전개되는 지구화 비판 운동 등 이들 모두에는 커다란 차이가 있음에도 불구하고 "더 많은 민주주의"를 요구하는 시위라는 점에서 서로 일치한다. 인디그나도스는 구호로 '지금 진짜 민주주의!'(Democracia Real Ya!)를 외치고 있으며,[2] 슈투트가르트 중앙역의 개조 계획에 반대한 시위도 바로 다름 아닌 민주주의를 요구했다.[3]

하지만 이러한 공통점에도 불구하고 시위와 그때그때 일어난 운동은 상이하게 평가되었다. 아랍의 봄의 대중시위에는 독재 정권의 전복을 위해 투쟁하는 한에 있어 민주적 정당성이 상황과 무관하게 여러 차례 승인되었지만, 이와 반대로 오큐파이나 슈투트가르트 21에 맞선 시위대 또는 지구화 비판 운동에는 그 민주적 정당성에 있어 줄곧 의구심이 제기되었다. 내가 이 짧은 에세이에서 보여주고 싶은 것은 후자의 경우가 다음과 같은 두 가지 이유로 문제적이라는 사실이다. 민주주의 이론의 전망에서 바라볼 때 그것은 시위의 본래 기능, 곧 민주주의의 문제를 늘 새롭게 제기하는 기능을 간과하고 있다. 정치적 관점에서 보자면

2 인디그나도스는 주로 청년들로 구성된 스페인의 운동을 지칭한다. 이 운동은 부채위기와 그간 50% 이상에 달하는 청년실업의 추세 속에서 2011년 5월 15일에 전국 시위를 촉구함으로써, 몇몇 스페인 도시에서 대규모 집회와 시위 캠프 설치를 이끌어냈다. 점차 이 운동은 형식상 '5월 15일'과 '지금 진짜 민주주의!'라는 흐름으로 나뉘었다. 후자의 선언문과 관련해서는 "www.democraciarealya.es/manifiesto-comun/von-democracia-real-ya-aleman/"을 참조할 것.

3 슈투트가르트 21에 맞선 행동연대의 본질적 비판은 신(新)중앙역 프로젝트가 주민의 의사에 반하여 추진되고, 정책이 그 투명성의 의무를 소홀히 하며, 시민의 바람을 행정관청의 술책으로 저지할 요량이라는 데 있다. "http://parkschuetzer.org/presse/Hintergrundinfos_PS/Demokratische_Entscheidungen_gegen_den_Willen_des_Volkes_2010-11-05.pdf"를 참조할 것.

그럼으로써 정치적 제도로부터의 시민의 지속적 소외가 위협적으로 다가오고 있다.

시위의 민주적 정당성

요아힘 가우크 독일 대통령은 은행의 권력에 대항한 오큐파이 시위를 "이루 말할 수 없이 어리석다"고 생각하는데, 그 이유는 이 시위가 오늘날 시장의 구속력에 대한 (더 나은) 대안이 더 이상 존재하지 않는다는 사실을 간과하고 있기 때문이라는 것이다. 더 나아가 그는 슈투트가르트 21에 맞선 시위대를 바라보며 "자기 앞마당이 문제가 되면" 늘 시작되는 것이 시위라 말했으며, 이와 더불어 "히스테리와 불안감에 치우치는 독일의 체질"도 언급했다.[4] 그는 시위에서 그 어떤 민주주의적 의미도 알아보려 하지 않았다. 게다가 신문 문예란 일부에서는 한층 더 명확하게 순전히 분노한 시민들이라고 언급하고 있고, 정치적 목적 없이 오로지 해프닝만 찾는 비정치적 시위, 집단적 시위 행위의 흥분을 찾아 나서지만 정치 시스템의 제도 안에서 실천적인 정치적 논쟁은 거부하는 쿨한 (오큐파이) 야영객, 카니발과 시위 여행객이라는 견해가 펼쳐지고 있다.[5]

문제의 핵심은 어디에 있는 것일까? 우리는 확립된 민주주의에서 이

4 이와 관련해서는 "www.sueddeutsche.de/politik/occupy-bewegung-und-die-macht-der-finanz-maerkte-gauck-empfindet-antikapitalismus-debatte-als-unsaeglich-albern-1.1166051"을 참조할 것.

5 무수한 자료를 대신하여 다음을 참조할 것. "www.spiegel.de/wirtschaft/soziales/globale-proteste-gegen-banken-99-prozent-blieben-zu-hause-a-792017.html"; "www.stern.de/politik/deutschland/pro-und-contra-ist-die-occupy-bewegung-unsaeglich-albern-1739578.html".

성적으로 (더 많은) 민주주의를 위해 더 이상 투쟁할 수 없는 것일까? 모든 해방적 전투들은 이미 치러졌고 승리한 것인가? 아니면 민주적으로 "가치 있는 것"이 되기 위해 충족되어야 할 시위와 시위운동의 자격 요건이라도 있는 것일까? 숱한 코멘트들이 보여주는 경멸적인 태도는 한편으로 꽤나 많은 시위운동에서 상징적으로 비춰진 돌출성의 탓일 수 있다. 그래서 오큐파이의 자기박물화, 곧 이 시위의 옹호자가 2013년 5월에 여러 시위들과 프랑크푸르트 시위 캠프에서 뽑은 몇몇 전시품을 역사박물관에 전달한 바 있었던 사건은 논쟁적으로 다루어졌다. 또한 프랑크푸르트 공항의 새로운 비행경로에 반대한 시위와 그 이전에는 슈투트가르트 21에 맞섰던 시위가 동독 시절의 시민운동을 연상시키고자 "월요 데모"라 칭했던 것도 많은 비판에 부딪혔으며, 오큐파이의 수사로 사용된 "99퍼센트"도 마찬가지였다. 구체적인 정치적 대안의 부재나 명료한 목표 설정의 거부, 그리고 확립된 제도 및 절차의 거부 등은 대다수 시위운동을 특징짓는데, 그것들 역시 모두 비판적으로 평가되고 있다. 시위는 거부의 태도로서, 그저 단순하게 "반대"만 하는, 정치적 대안의 구체적인 합의에는 관심도 없는 분노 시민의 도덕적 분개로 여겨진다.

그럼에도 불구하고 이로부터 시위가 민주적 정당성을 결여한다는 결론을 도출하는 것은 의구심을 불러일으킨다. 시위의 민주적 정당성은 어디에 있을까? 구체적 목표에 있는가? 민주적으로 정당화되는 시위란 오직 상세하고 최대한 실천적인 대안도 이미 제시한 것에만 해당되는가? 민주적 정당성을 부여하는 것이 과연 구체적 실천일까? 그것은 시위의 현상 형식이 갖는 미학일까? 이렇게 상당수의 코멘트를 읽다보면, 마치 시위에 대한 민주주의-튀브(TÜV)[6] 인증이라도 있어서, 그 정기

검사에 현행 시위운동의 대다수는 불합격일 것이라는 느낌을 떨쳐버릴 수가 없다. 그에 따르면 시위는 진지해야 하고 감정과 분노로 표출되어서는 안 되며, 일차적으로 자기 이해관계를 위해 움직여서도 안 되고(따라서 동기는 자기 주거지 근처의 활주로나 송전탑이어서는 안 되는 것이다), 이해관계의 총체적 상황을 주시해야 하며, 현실적 목표를 추구하고 구체적 선택지를 제시해야 하며, 이러한 것들을 현행 절차에 귀속시켜 타협을 이끌어낼 준비와 의향이 있어야만 한다.

이러한 태도는 민주주의 이론의 관점에서 보면 지극히도 미심쩍은 것이다. 그 이유는 남녀 시민의 민주주의 참여를 위한 전제 조건이 다수의 정치적 표명을 애초부터 민주적 의결 절차에서 배제할 정도로 높게 제시되어, 형식과(또는) 내용에서 그 전제 조건이 충족되지 못하기 때문이다. 달리 말해 정치 시스템은 이미 정제된 중재를 통해 현행 제도의 논리에 아무런 문제없이 순응하고 또 소화될 수 있을 정도로 시민이 의결 절차로 진입하는 통로를 좁힌다.

민주주의와 민주적 절차의 이와 같은 협소화는 시위의 본래적인 민주적 기능을 오인하고 있는 것이다. 시위란 정치적 질서 속에서 나타나는 비판의 독특한 표현 형식으로서, 말하자면 어떤 질서를 이루는 현행의 정책들과 관행들 또 원리들에 대한 비판, 정치 제도 내에서는 수용되지 않는 비판을 가리킨다. 시위의 형태로 표출되는 비판은 기본적으로 민주주의의 문제를 새롭게 제시하는 것을 노린다. 우리는 어떻게 남

6 [옮긴이] '튀브'(Technische Überwachungs-Verein, 기술감독협회 인증)는 독일의 대표적 민간 공인인증 기관으로서 자동차, 자동차 부품, 전기전자 제품, 의료기기에서 완구류, 서비스 분야에 이르기까지 산업 제반분야에 걸쳐 안전 및 품질에 관련된 여러 인증 업무를 관할한다. 이 기관이 발행하는 인증서는 독일 전역만이 아니라 유럽연합(EU) 내에서도 효력을 발휘한다.

녀 시민으로서 공동생활을 형성하고자 하는가? 이것이 민주주의에 바탕을 둔 문제인 것이고, 이에 대한 답은 열려 있어야만 하는 것이기에 그 물음은 민주적이다. "어쩌면 완전히 다를 수도 있을 것이다", 이것이 민주적 질서들을 정초하는 불안정한 기반이다.

이러한 질서를 정초하는(근거 짓는) 실천의 항구적이고 상징적인 반복에, 그리고 시민들이 민주주의의 문제를 재차 새롭게 제기하고 응답하며 일어나는 다툼에 바로 민주적 질서들의 정당성이 발원하는 원천이 있다(Lefort 1990 [1983] 참조). 하지만 이것은 모든 정치 질서 또는 정치 제도가 관성에 기우는 경향이 있기 때문에, 말하자면 정치 질서 형성의 근본적 문제가 여전히 거의 논제화되지 않기 때문에 늘 고갈될 위험에 처할 수 있다. 이를 통해 민주적 질서는 흡사 자연적으로 주어진 것으로 보이고, 정치적 결정의 결과도 이제 더 이상 가역적인 것이 아닌 것처럼 보이게 된다. 특정 정책의 대안 부재라는 말은 정확하게 말하자면 "어쩌면 완전히 다를 수도 있을 것이다"라는 규범적 약속을 공허하게 만드는 정치의 "정상화"의 표현이다.

이와 반대로 시위는 일상 정치에서 점점 갈수록 의미를 상실하고 "정상 정치"(Normalpolitik)로 대체되어가는 공동체 형성에 대한 담론을 요구하면서 정치 제도의 개방을 촉구한다(Arendt 1999 [1970]: 136 이하). 시위는 하버마스(Habermas 1992)에게 있어 정치적 의결 시스템의 자기지시성과 권력순환을 깨부수는 기능을 하는 "무정부적" 공론장이다. 시위는 "제도화된 정치적 권력 외에 시민이 자신과 관련된 용건 모두에 참견하고 공식적으로 논쟁할 기회를 잡는 공적 공간"이 열리는 것이기에 민주적 정당성이 있다(Rödel/Frankenberg/Dubiel 1989: 71). 시민 불복종이나 근래에는 카니발 복장에서 볼 수 있는 급진적 형태의 시위 역시 민주적 자기통치의 핵심을 공표하고 또 현재화하기 때문에 너그럽게 묵인되어야 할 뿐 아니라 진정 환영받아야 마땅하다(Arendt 1999 [1970]). 그로부터 민주적 실천의 개선이 지속적으로 생겨난다.

일부 시위가 객관적으로 부당해 보이거나 어쩌면 실제로 그렇다 하더라도 아니면 일차적으로 "자기 앞마당"에 대한 불안감으로 불붙어 올랐다 하더라도, 그것은 그 자체로 "정상적" 정책 사업의 혼란을 야기하는 기능을 가지고 있다. 오큐파이와 같은 새롭고 이례적인 시위 형태들이나 슈투트가르트 21에 맞선 행동연합 역시 바로 정확하게 이러한 기능을 가리키는 것이다. 시위는 모든 정치적 질서에 엄습함으로써 민주주의의 자기통치 약속을 잠식하는 제도적 관성, 그리고 깊숙하게 새겨진 구조적 불평등에 대한 정정(訂正)을 표현한다(Humphrey/Stears 2006: 407 이하 참조). 최근 시위의 수행적이고 아이러니한 표현은 비정치적이지도 반정치적이지도 않으며, 오히려 정치적 행위의 낯설게 하기를 통해 헤게모니적 시각과 담론, 또 이에 대해 근본적인 물음 없이 자리 잡은 "자연스러움"의 확신을 무너뜨려 이들을 민주적 공론장의 처분에 맡기는 것을 노린다(Sparks 1997: 75, 83 이하). "정상적" 정치 과정의 교란에는 그것이 민주적 공간을 재차 개방하고 혁신과 변화를 촉진하는 한, 근본적으로 민주주의적 의미가 있다(Celikates 2010: 291).

합의 기계로서의 민주 정치

현행 시위들은 민주주의 정당성의 원천이 "정상화"에 의해 고갈되는 문제 외에도 여전히 계속되는 위험을 확인하도록 한다. 그 위험이란 (민주) 정치가 현저하게 합의의 산물로 인지되고, 그 자체로 규범적으로 평가되고 있다는 데 있다. 하지만 민주주의는 일차적으로 합의의 양산으로 살아가는 것이 아니라, 불합의가 표현되고 그것을 비폭력의 길로 이끌어 의결 과정으로 편입시킬 수 있는 가능성으로 생명을 유지한다(Sunstein 2003 참조). 민주주의 이론가인 이언 샤피로가 강조하듯이 민주주의를 형성하는 것은 아니오를 말할 수 있는 것, 그래서 반대파인 것이다(Shapiro 1996: 51 참조). 그런데 사회적으로 좀 더 복합적이고 적어도 외관상 증대하는 문제의 압박감에 시달리는 시기에는 확립된 민주주의가 불합의 및 반대파와의 씨름을 점점 더 회피하는 경향이 있다. 이러한 다툼에 대해 무엇보다도 "원탁회의"의 증대, 즉 대화 절차나 조정의 증대로 대응하게 되는데, 이는 나라 전역에 걸쳐 불만에 가득 찬 남녀 시민에 맞서 한층 더 합리적이고 한층 더 나은 민주 정치를 옹호하는 구세주로 나서는 것이다. 이러한 "새로운" 정치 형식들은 정치적 의사 형성의 고전적 제도들을 현저하게 중층화한다. 이것들 모두에는 정치적으로 다툼을 일으키는 문제들을 둘러싸고 전면적 의사소통의 달성이 원칙적으로 가능하다는 이념이—단지 시간만 충분히 주어진다면, 그리고 모든 시각들을 들을 수만 있다면—바탕을 두고 있다. 하지만 정치적 문제들은 일반적으로 합의될 수 있는 것이 아니며, 또 일치하지 않는 이해관계가 서로 충돌하는 일련의 정치적 분쟁이라는 것이 존재한다. 민주 정치는 이와 같은 상황에서 결정을 내릴 임무, 다시 말해 상반된 이해관계를 고려할 임무가 있다. 조정 및 대화의 절차는 대안들과 각각의 귀결들을 해명함으로써 이러한 결정의 합리성을 높일 수 있지만, 이해관계의 차이는 해소할 수 없다(Geis 2005 참조). 이는 거꾸로 남녀 시민의 측면에서 보자면 은연중에 정치적 제도에 대한 실망감만 키우게 한다. 정치적 결정이 정치적 제도의 자리를 떠나면 떠날수록 불일치는 더욱더 공회전만 거듭할 따름이다. 그것은 오토 키르히하이머가 이미 1950년대에 경고한 바와 같이 정치 시스템으로부터의 시민 소외를 낳는다(Kirchheimer 1957 참조). 이와 동시에 정치적 차이의 합의적 해소를 약속한 그 기만에 직면하여 그저 웃음거리로 전락할 수 있는 제도에 대한 경멸은 더욱 심화된다. 그것은 특히 기술적 대형 프로젝트에서 야기되는 시위들에서 분명하게 나타난다. 슈투트가르트 21에 대한 조정 절차나 그 이전에 있었던 프랑크푸르트 공항 증축에 대한 대화 절차가 참여자들의 앎의 증대를 가져왔다는 건 분명하지만, 본래의 갈등이 해소된 건 아니었다. 그 대신 절차들은, 참여자가 자신들의 논변을 뒷받침하거나 아니면 프랑크푸르트 절차의 경우에서처럼 공항 확장에 반대하는 소송장을 수정하기 위해 새롭게 확보한 사실들로 무장함으로써 자주 그때그때 나타나는 갈등의 자원이 되고 있다(Geis 2005: 255-294 참조).[7]

하지만 이러한 문제는 기술적 대형 프로젝트에서 나타나는 불합의만이 아니라, 오큐파이나 지구화 비판 운동을 다룰 때도 해당된다. 이들 운동이 확립된 제도를 거부하고 명확한 대안을 제시하지 않기 때문에 비정치적이라고 낙인을 찍는 것은 그와 유사한 태도를 보여주는 것이다. 그러한 낙인에서 정치는 오로지 충분히 합리적으로 형성될 때에만 불합의를 해소한다는 생각이 생겨나기도 한다. 이에 저항하는 시위는 즉각 그 자체로 비합리적인 것으로 간주된다(이미 이에 대해 지적한 것으로는 Young 2001: 675 이하). 하지만 제도적 관성과 깊이 새겨진 제도 정

7 슈투트가르트 21에 반대하는 시위자들 역시 하이너 가이슬러(Heiner Geißler)[기독교민주당의 사무총장을 지낸 바 있는 정치인]의 중재 역할에 대해 쏟아진 모든 매체의 칭찬에도 불구하고 불과 며칠 만에 다시 거리로 나섰다.

치의 불평등에 직면하여 "정상" 정치에 대해 와해 전술과 거부로 대응하는 이견(異見) 형식에 대한 관용은 필요하며, 그래야 민주주의 정치의 공간을 개방하고 변화 가능한 것으로 유지할 수 있다. 그것을 참여 의무의 관점에서 평가하려 한다거나 확립된 제도의 합리성 요구를 이행하길 기대하는 것은 지속적으로 이러한 개선을 차단하고 민주주의 정치를 마비시킨다. 더 나아가 이 전략은 이미 말한 것처럼 남녀 시민을 더욱 정치 시스템으로부터 소외시키고 시위를 고조시킬 수 있는 문제를 초래한다(Kowalewski/Hoover 1992: 173 참조).

민주 정치를 합의의 산물로 바라보는 협소한 시각은 정치적 의결자들에게서만 발견되는 것이 아니라, 다수의 현행 시위운동에서도 볼 수 있다.[8] 만약 "진정한 민주주의"가 모든 결의가 만장일치로 이루어지고 대리와 타협을 명확하게 거부하는 모든 사람들의 영속의회로 이해된다면, 그것은 시위운동 대부분이 "참된" 또는 "다른" 민주주의의 추구 속에서 즉각 무력화될 뿐 아니라,[9] 이미 타협이 부패의 표현으로 나타나기에 정치 제도의 성과를 더 이상 평가할 줄 모르게 되는 결과를 초래할 것이다.

어쩌면 모든 것이 다를 수 있을 텐데!

영국에서 일어난 폭동이 보여주고 있는 것처럼 시위 모두가 민주적으

8 이러한 전개 양상은 부분적으로 학문과 정치적 실천에서 숙의민주주의 이론이 승승장구하는 경향과 연관이 있을 수도 있는데, 이 이론은 본래 합의에 초점이 맞춰진 것이 전혀 아님에도 불구하고 그 적용에서는 완연하게 합의적 의결 모델로 고찰된다.

9 이것은 예컨대 수년 전부터 아무런 성과 없이 자기 고유의 정체성 확보에 분투했던 세계사회포럼(World Social Forum)에서 볼 수 있는 문제이다.

로 정당화되어서는 안 되겠지만, 그렇다고 그것이 확립된 정치 과정을 거부하고 명확한 목표를 표명하지 않기 때문에 민주적 정당성을 박탈하는 것도 의구심을 불러일으킨다. 시위는 멍청한 일일 수 있고, 일부 부당할 수도 있으며, 게다가 어쩌면 가우크가 말한 대로 히스테리로 얼룩진 것일 수 있다. 그럼에도 불구하고 시위는 (적어도) 민주주의의 토대를 재차 새롭게 배치하기 때문에 민주주의의 본질적 요소이다. 슈투트가르트 21에 대항한 시위는 많은 사람들에게는 성과 없이 흘러가버린 것일 수 있지만, 어찌됐든 그것은 40년 이래 처음으로 바덴-뷔르템베르크 주에 국민의결을 창출해냈다. 오큐파이는 그 어떤 구체적 조정도 만들어내지 못했지만, 적어도 시스템 대안에 대한 문제를 다시 제기했으며 그에 대해 이미 폭넓게 토론되고 있다(이 책의 Oliver Nachtwey의 글 참조).

시위는 그 개별 사례에서 불명확하고 부당하게 나타날 수 있다 할지라도 정치 질서 또는 질서의 일부를 비판적 공론장에 조명해보도록 유도한다. 시위는 그제야 비로소 이 질서 자체를 다시 공적 다툼과 모순의 대상으로 만들고, 이를 통해 그 질서를 말하자면 상징적으로 점유한다. 시위는 민주주의의 문제를 새롭게 제기함으로써 이 질서의 민주적 정초(근거 짓기) 기반을 재확립할 수 있는 공간을 여는 것이다.

번역_고지현

참고문헌

Arendt, Hannah 1999 [1970]: Ziviler Ungehorsam, in: dies.: Zur Zeit. Politische Essays (1943-1975). Hg. von Marie Luise Knott. Hamburg: Europäische Verlaganstalt, 119-159.

Celikates, Robin 2010: Ziviler Ungehorsam und radikale Demokratie. Konstituierende vs. konstituierte Macht?, in: Kurt Röttigers und Thomas Bedorf (Hg.): Das Politische die Politik. Berlin: Suhrkamp, 274-300.

Deitelhoff, Nicole 2012: Leere Versprechungen? Deliberation und Opposition im Kontext transnationaler Legitimitätspolitik. Rechtfertigung und Kritik politisch-ökonomischer Ordnungen. Baden-Baden: Nomos, 63-83.

Geis, Anna 2005: Regieren mit Meditation. Das Beteiligungsverfahren zur zukünftigen Entwicklung des Fankfurter Flughafens. Wiesbaden: VS Verlag.

Habermas, Jürgern 1992: Faktizität und Geltung. Beiträge zu einer Diskurstheorie von recht und Demokratie. Frankfurt a. M.: Suhrkamp.

Humphrey, Mathew und Marc Stears 2006: Animal Rights Protest and the Challenge to Deliberative Democracy, in: Economy and Society 35.3., 400-422.

Kirchheimer, Otto 1957: The Waning of Opposition in Parliamentary Regimes, in: Social Research 24.1, 127-156.

Kowalewski, David und Dean Hoover 1992: Dynamic Models of Dissent and Repression, in: Journal of Conflict Resolution 36.1, 150-182.

Lefort, Claude 1990 [1983]: Die Frage der Demokratie, in: Ulrich Rödel (Hg.): Autonome Gesellschaft und libertäre Demokratie, Frankfurt a. M.: Suhrkamp, 281-297.

Rödel, Ulrich, Günter Frankenberg und Helmut Dubiel 1989: Die demokratische Frage. Frankfurt a. M.: Suhrkamp.

Shapiro, Ian 1996: Democracy's Place. Ithaca und London: Cornell University Press.

Sparks, Holloway 1997: Dissident Citizenship. Democatic Theory, Political Chance, and Activist Women, in: Hypatia 12.4, 75-110.

Sunstein, Cass R. 2003: Why Societies Need Dissent. Cambridge: Harvard University Press.

Young, Iris Marion 2001: Activist Challenges to Deliverative Democracy, in: Political Theory 29.5, 670-690.

사회갈등의 재도덕화에 대하여

올리버 나흐트바이

빈곤 수준의 임금, 새로운 불평등, 불안정 고용관계에 대한 소식들이 날로 쌓여간다. 물론 남유럽과 비교하면 독일에서는 비교적 사회평화가 두드러지지만 말이다. 현재 여기서는 긴축정책에 반대하는 대중시위도 일어나지 않는다. 무엇보다도 독일이 긴축정책을 주도하고 그로부터 이득을 보는 당사자이기 때문이다. 그렇다고 지금 이 순간이나 최근의 사정에 현혹되어서는 안 된다. 19세기와 20세기 초에 특히 **사회 문제**가 정치적 논의와 지성계의 토론을 지배했던 상황과 다른 것만은 사실이다. 그렇다고 해서 전후 대부분의 시기처럼 사회 문제가 그저 잠재된 상태 역시 아니다. 새천년에는 다시 사회갈등이 증대하고 있다. 이 논문에서는 독일의 사회갈등 및 사회적 저항의 구조변동에 대해 다룰 것이다. 나는 여기서 우리가 사회갈등의 귀환 및 재도덕화를 경험하고 있다는 테제를 펼칠 것이다.[1] 새로운 사회-도덕적 갈등은 계급갈등의 탈제도화에 기초하지만, 무엇보다 비인습적이며 규격화되지 않은 새로운 형태로 표출되고 있다.

사회갈등의 제도화 및 규격화

역사적으로 사회적 저항은 대부분 도덕적 분개, 즉 부당성에 대한 주관적 판단에서 비롯했다. 말하자면 저항은 "도덕경제"를 추구했다. 주어진 정치 질서에서 하층계급은 도덕경제 하에, 즉 자신들의 정의관에 기초해서 행동했다(Thompson 1980). "정당한 일에 대한 정당한 임금"이 초창기 노동운동의 고전적인 구호였다.[2] 아직 이것은 사회주의 텔로스를 표현한 것이 아니었고, 오히려 다양한 논리들이 녹아든 구호였을 뿐이다. 동등한 처우와 정의에 대한, 또는 그들에게 익숙한 생활방식을 사회적으로 존중하라는 요구였다(이에 대해서는 Honneth 1994 [1992]; Fraser/Honneth 2003 참조). 오늘날 신사회운동의 특성으로 꼽히는 정체성, 평등, 인정과 같은 항목들이 초창기 노동운동이나 그것이 주도했던 사회갈등에도 내재한 적이 있었다(Calhoun 1993). 마찬가지로 사회주의 노동운동 역시 생산수단의 사회화만을 이슈화한 것이 아니라, 평등하고 보편적인 선거권이나 여성의 정치적 평등과 같은 시민권의 보편화 문제를 제기했다.

1 유럽 단위의 저항에 대해서는 지면관계상 부차적으로만 다룬다.

2 미하엘 키트너(Michael Kittner)는 이와 같은 정서가 기독교의 정의 개념에서 유래하며, 이후 사회주의 이전의 노동운동이 거기에 적응한 것으로 본다(Kittner 2005: 33 이하). 칼 마르크스와 프리드리히 엥겔스 역시 처음에는 이 구호를 지지했다. 나중에 이들은 노동운동에서 더 이상 이와 같은 구호가 사용되지 않도록 막았는데, 거기에 내재하는 개량주의적 성격 때문이었다. 이와 관련하여 마르크스의 「임금, 가격, 이윤」(Marx 1973 [1865]) 및 엥겔스의 「정당한 일에 대한 정당한 일당」(Engels 1973 [1881]) 참조.

20세기 후반에는 사정이 달라져서, 노동운동의 갈등양상이 더 이상 인정이나 정체성에 대한 갈등으로 여겨지지 않았다. 노동조합은 분배 및 이해관계의 갈등에 대한 요구로 협소해진 수사학을 선택했다. 내게도 기꺼이 나눠주고 싶은 "술 한 모금"이라는 관용적 표현을 통해 그것을 알 수 있다. 사회과학적 분석 역시 너무나 자주 사회갈등의 규범적 차원에 대해 눈감았는데, 그것은 사회과학이 주로 사회적 체계라는 범주를 통해 사고했기 때문이다(Calhoun 1991; Voswinkel 2001). 그러나 이와 같은 일면적 이해에 현실적 근거가 전혀 없었던 것은 아니다. 20세기 후반부에 들어와 사회갈등이 아주 새로운 형태를 취하게 되었기 때문이다. "계급갈등의 제도화"와 함께 형태로 보나 내용으로 보나 역사적 변화가 일어났다(Dahrendorf 1957: 224-234).[3] 전통적인 계급갈등을 일으킨—계급관계의 기초는 무너지지 않은 채로—핵심 원인이 제거되었다. 우선 단체협약의 자율성이 공고화하면서, 또 노동자들이 경영에 참여하고 국가가 노조를 인정함으로써 이런 일이 일어났다. 그다음으로 사회국가가 발전하면서, 마지막으로 사회이동성이 확대되면서 그렇게 되었다. 사회국가와 함께, 단체교섭 자율권 및 노동법에 기초한 사회경제적 "시민권"(Marshall 1992 [1950])이 생겨났다. 사회경제적 시민권을 통해 노동자를 동등한 시민으로 인정했을 뿐 아니라, 그들에 대한 사회적 존중에 있어서도 평등을 성취했다(Honneth 1994 [1992]; Fraser/Honneth 2003 등 참조).[4] 사회적 시민권은 민주주의 국가의 정치적 평등과 시

3 1949년에 이미 테오도르 가이거(Theodor Geiger)는 이와 유사하게 "계급적대의 제도화"라는 표현을 사용했다(Geiger 1949: 182 이하).

4 그러나 사회적 존중의 문제는 여전히 매우 제한적이었고, 근래에는 예컨대 경영자의 소득수준 문제에서처럼 새로운 사회적 논의로 연결되고 있다.

장에 의한 사회적 불평등 간의 긴장관계를 사회 안에서 통합할 수 있는 사회 형태를 마련해주었다(Lockwood 2000).

"대중민주주의의 정치적 내용"(Habermas 1981: 510)이라고 할 사회국가는 자본과 노동 간의 사회적 적대감을 부분적으로 가공하여 평정하고, 시장경제의 질서를 정당화했다. 복지국가를 통해서 "더욱 실질적으로 [갈등을] 잠재울 수 있도록, 구조적으로 가장 개연성이 높은 갈등"(Habermas 1973: 57)의 장소에 사회통합의 힘을 투입했다. 그리하여 볼프강 슈트렉(Wolfgang Streeck 2013)이 "민주적 자본주의"라고 회고한 것이 경제적, 사회적, 정치적 부분기제들 간의 복잡하고 상호보충적인 배열 위에서 세워졌다.

계급갈등을 이러한 형태로 제도화하고 규격화함으로써, 분배 및 이해균형으로 갈등의 사안이 좁혀졌다. "단체교섭 계약, 파업권, 기업체법 제도들을 통해 노동을 '인정함'으로써, 산업관계에서 인정투쟁이 갖는 폭발력이 제거되었다."(Voswinkel 2001: 16; Müller-Jentsch 1997 [1986]: 20 참조)[5] 계급갈등의 제도화는 사안을 질적, 양적으로 제한하는 것 외에 다른 결과들도 가져왔다. 집단적 행위자들 특유의 판에 박힌 활동들 및 갈등표출의 규제된 경로들이 생겨나서, 행위자들은 그에 맞춰 도덕적 규격화와 규칙의 규격화를 좇았다. 이것은 갈등의 법제화와 동시에 협소화를 의미한다. 계급투쟁은 단체협약이라는 줄다리기가 되었다.[6] 이

5 그렇다고 해서 사회갈등에서 인정이나 정체성을 둘러싼 갈등이 완전히 배제되고, 분배 문제만 단독으로 제기되었다는 것은 아니다. 전후시기 노조의 가장 중요한 캠페인 중 다수가 분배갈등과 무관했다(Kittner 2005). "토요일에는 아빠를 돌려주세요"나 주 35시간 캠페인, 병가 시 임금지불에서 생산직과 사무직의 평등을 위한 파업 등이 그것이다. 특히 앞의 파업은 전형적으로 인정을 둘러싼 갈등으로서, 노동자는 더 이상 "2등 인간이고" 싶지 않고 그래서도 안 된다는 것이다(Dittrich/Kalk 1987).

제부터는 점진적이고 나누어 진행시킬 수 있는 갈등이 중요할 뿐, 원칙을 둘러싼 갈등은 더 이상 중요하지 않다. 프롤레타리아가 기업에 딸린 시민으로 변화한 것이다.

계급갈등의 제도화 이외에도 노동자층의 사회적 지위가 상대적으로 상승함으로써 사회갈등이 완화되었다(Beck 1986). 노동자들은 제국 시대나 바이마르 공화국 시절에 겪어야 했던 무산자의 처지, 즉 물질적 궁핍과 보호 없는 노동 · 직업 · 존재의 조건으로부터 자유로워질 수 있었다. 그들은 점점 더 물질적 부를 나눠가질 수 있을 뿐 아니라, 예전에는 중산층의 특권으로 여겨졌던 신식 소비재들 역시 향유할 수 있었다. "존경받는 지위로의 집단적 상승"(Mooser 1984: 227)이었다. 1980년대에 울리히 벡은 사회적 상승의 이와 같은 전개양상을 "승강기 효과"(Beck 1986)라고 불렀다. 마치 재산소유자 및 최고 소득집단 등과 함께 승강기에 올라탄 것처럼, 노동자 역시 덩달아 위층으로 올라갔다. 그렇다고 불평등이 해소된 것은 아니지만, **모두가** 혜택을 입었기 때문에 불평등이 해소되지 않았다는 사실은 더 이상 아무 의미가 없었다. 개인적인 상향 이동성이 계급투쟁을 대신하게 되었다. 시민권의 진화는 거침없이 계속되는 것처럼 보였다.

사회갈등의 상대적 탈제도화

지난 20년간 임금소득과 분배관계의 추이가 부정적인 방향으로 가고 있다(Wehler 2013). 그러나 결정적인 변화는 이것이 아니다. 1990년대에

6 독일에서는—다른 나라에서와 달리—예컨대 노조 주도의 단체교섭과 관련된 갈등의 경우에만 파업이 합법적이고 적법한 것으로 규정되었다.

도 랄프 다렌도르프는 T. H. 마셜을 인용하며, 지난 200년간 사회적·경제적 시민권이 두 측면에서 확대되었다고 확언했다. 당시까지 불리한 위치에 있던 집단들에게로 시민권이 확대되었을 뿐 아니라, 또한 새로운 내용들을 포괄하는 방식으로도 확대되었다는 것이다(Dahrendorf 1992).[7] 그러나 전반적으로 그의 시대진단은 오히려 회의적이었는데, "[이와 같은 발전을 통해] 구축하고자 했던 원칙이 이미 광범위하게 수용되었다는 사실로 인해 1960년대 또는 70년대 언제쯤인가 그것이 동력을 잃어버렸기" 때문이다(Dahrendorf 1992: 168). 달리 말하면 사회적 시민권은 역설의 지배 아래 놓이게 되었다. 제도화가 가장 성공적이었을 때 그것의 위대한 진취적 힘이 소진되었다는 역설 말이다. 그리고 새로운 방향으로 전환하여 사회통합의 의미심장한 진보들을 다시 무너뜨리거나 심지어는 되돌리고 있다. 사회권이라는 계급타협 제도화의 중요한 부분이 폐기된 것은 아니지만 약화된 것은 사실이다.

이러한 과정의 저변에서 작용하는 것은 독일 자본주의의 제도적 변화이다. 변화는 이미 1980년대에 시작되며 누적되어, 새천년 들어 비로소 "체계변화"(Streeck 2009: 93-105)에까지 이르렀다.[8] 지난 수십 년간 특히 평화적인 계급갈등의 제도적 핵심으로 작용했던 복지국가, 노동자의 경영참여, 단체협약 체계가 부식되었다. 물론 위기를 겪으면서 노조와 사용자단체가 핵심부문에서 사회동반자 관계의 전통을 쇄신하기도 했다(Dribbusch 2012; Haipeter 2012). 그러나 지난 수십 년간 단체협약 및 노동자의 기업경영 참여가 발휘하는 영향력은 엄청나게 축소되었다.

7 이러한 낙관주의는 최근까지도 공유되곤 했다. Müller-Jentsch(2008) 참조.

8 이러한 변화는 독일 자본주의의 특수한 제도체계 속에서 이루어졌으나, 이후 기본적으로 대부분의 유럽 국가들에서도 나타나고 있다.

서쪽 지역 피고용자의 54%, 그리고 동쪽 지역 노동자의 37%만이 산업별 단체협약의 영향력 하에 있을 뿐이다. 1996년 이후 단체협약의 구속력은 (서부에서) 14%, (동부에서) 19%씩 줄어들었다. 산별 단체협약과 기업별 노동자협의회 **둘 모두**에 구속되는 사업체에서 종사하는 피고용자는 (서부에서) 29%와 (동부에서) 17%에 불과하다(Ellguth/Kohaut 2012). 1990년대 이후 진행된 공공서비스 부문의 사기업화 및 자유화가 기업 전략의 변화와 함께 이러한 추세를 주도하고 있다(Streeck 2009).

수년 전의 아젠다 2010 개혁으로 사회국가에 광범위한 변화가 초래되었다. 예전에 탈상품화를 지원했던[9] 요소들은 약화되거나 제거되었고, 다양한 노동시장 규제들 역시 마찬가지의 대접을 받았다. "요구와 동시에 지원함", "활성화", "엄격하게 요구할 수 있음" 등의 원칙에 의해 사회국가가 재구성되었는데, 그 요점은 사회적 시민권의 축소였다 (Dörre et al. 2013; Dingeldey 2007; Fleckenstein 2012; Lessenich 2008).[10]

사회국가의 재구성과 노동시장의 탈규제가 결합하면서 노동세계에서 "시민권의 결핍" 현상이 발생했다(Lockwood 2000). 정상노동관계에 위치한 정규직 피고용자는 임금 수준에서만 차별화되는 것이 아니라,

9 사회국가는 상품화와 **함께** 탈상품화가 정치적으로 끊임없이 재결합되는 독일식 제도이다. 임금노동에서 핵심적으로 발생할 수 있는 위험들을 제거(탈상품화)해야 비로소 임금노동이 일반화(상품화)될 수 있다. 이런 의미에서 사회국가는 시장의 위험성을 흡수하지만, 그것의 개입은 여전히 시장에 기초해 있다. 소득을 위한 노동이 시장에서 해방되지는 못하지만, 시장이 매개하는 사회구성의 우선성 하에서 사회적 규제가 이루어진다.

10 마셜은 국가시민권(또는 국민으로서의 시민권)을 "계약 안으로 지위를 밀어 넣기"라고 보았다(Marshall 1992 [1950]: 82). 노동시장정책에서는 소위 "가입합의"와 함께 이러한 과정이 거꾸로 진행된다. 사회권이 계약을 통해 규제되기 때문이다. [이 논문에서 '시민권'으로 번역된 부분의 원어는 모두 '국가시민권'이다. 저자는 현재 시민권이 국민국가 수준을 뛰어넘어 논의되는 현실에 유의하여 마셜의 시민권 개념을 '국가시민권'으로 표기한 것 같다. 그러나 여기서는 문장의 흐름을 막지 않으려는 단순한 이유에서 '시민권'으로 번역하였다—옮긴이]

기업 내에서의 지위와 목소리에 있어서도 차별화된다. 특히 파견노동자, 기간제 종사자, 프리랜서와 엄청난 격차가 벌어져 있다. 파견노동자의 사회적 특성은 시민권의 결핍을 상징적으로 보여준다. 파견노동자는 파견업체에서는 경영참여권을 온전히 누리지만, 그가 실질적으로 일하면서 기업 내 공동체 관계를 맺는 본사에서는 경영참여권에 제한을 받고 고용지위 역시 불안정하다. 파견노동자는 물질적으로만 열악한 지위에 있는 것이 아니라, 노동안정성 및 건강보호, 기업 내 사회적 통합의 차원에서도 일반적으로 정규직과 큰 격차를 보인다. 특히 비전형적 고용과 프리랜서 사용이 증가하면서 기업경영에의 참여 가능성이 줄고 있다(Brinkmann/Nachtwey 2013).

지위상승의 이동성 역시 막혀버렸다(Pollak 2010). 사회이동에 대한 국제비교를 보면 여전히 지위상승의 수치가 지위하락 수치보다 몇 배나 크지만, 그 속도는 눈에 띄게 느려지고 있다. 무엇보다도 측정되는 이동성은 **직업**이동에 관한 것인데, 여기서는 고용관계의 질이 고려되지 않는다. 사회보장과 사회적 통합, 사회적 지속가능성이 축소되는 불안정한 고용관계가 지난 수년 동안 명백하게 증가했다. 불안정성의 새로운 구역들이 출현하면서, 좀 더 고학력의 직업이나 중산층에게도 불확실성과 지위하락의 불안감이 생산되고 있다(Vogel 2009; Burzan/Berger 2010). 뿐만 아니라 확실성과 안정성의 영역으로 들어갈 길이 봉쇄된 사회 · 정치적으로 배제된 새로운 계층들이 출현한다. 실업자수당 II의 수령자들과 저임금 소득자들이 그들이다(Castel/Dörre 2009; Dörre et al. 2013). 노동시장과 사회국가의 추이를 종합하면 다음과 같은 사실을 확인할 수 있다. 점점 더 많은 사람들이 사회적 시민권과 사회적 존중의 측면에서 결핍 상태에 놓인다는 것이다(Honneth 2013: 34 이하). 동시에 금융자본주의에서 정치적 · 경제적 엘리트들이 사회규범에서 이탈하면서, 심각해진 불평등이 더 이상 통합적 측면에서 정당화될 수 없는 형편이다(Neckel 2011; Neckel/Dröge 2002).

이러한 과정을 통해 사회적 통합을 위한 구조적, 제도적, 공동체적 전제조건들이 무너지고 있다. 많은 사람들이 조직적 안정성과 사회적 연대감의 부족에 시달리고 지위하락을 두려워한다. 개인화나 주체되기가 부담으로 여겨진다. 이것은 사회적 병리현상으로 연결되는데, **독일의 상태**에 대한 빌레펠트의 종단연구에서는 그와 같은 병리현상을 조사하면서 '정치적 소외', '사회적인 것을 경제적으로 해석하기', '민주주의에 대한 불만', '부정적 범주화', '지위투쟁', '평가절하', '사회통합의 해체'와 같은 열쇳말들을 사용했다(Heitmeyer 2002-2012). 경제주의, 성과주의 원칙의 변화, 존경과 인정 방식의 변화, 고조된 개인주의가 사회통합의 규범을 "탈규범화"하고, 오히려 그것을 고립적인 자기주장과 아노미적인 대응전략의 수단으로 이용하게 만든다(Honneth 2013: 36 이하). 개별적으로 처리되는 전략 속에서, 많은 사람들이 점점 더 노동의욕으로 넘치는 자기생산성주의를 가동시킨다. 그것은 불확실성과 강화된 시장사회에 대해 사회적이고 연대적인 방식으로는 대처할 수 없을 것 같은, 소진되고 고갈된 경쟁적 자아에 불과하다(특히 Neckel/Wagner 2013; Voswinkel 2012). 그것은 소외되고 탈규범화된 개별적 처리의 형태일 뿐이다. 이처럼 사회의 긴장과 모순, 역설이 고조되면서, 사회의 갈등상황 역시 증가한다. 그리고 그러한 갈등 속에서 새로운 규범적 요구들이 재생되거나 발현한다.

역사적으로 보면 사회갈등은 대체로 거대집단 간의 불평등이나 지위 또는 계급격차에서 기인한다. 그러나 구조적으로 구성되지만 잠재적일 뿐인 유사집단이 명시적인 갈등집단으로 변화하기 위해서는 특정 조건들이 필요하다(Dahrendorf 1957). 불평등 그 자체가 반드시 저항으로 귀결되지는 않는다. 마찬가지로 사회 불평등이 증가한다고 해서 자동적으로 사회갈등이 증가하는 것 역시 아니다. 수많은 역사적 · 사회학적 연구결과에 의하면, 사회갈등은 사회적 부정의를 경험하는 데서 비롯된다. 사회의 규범 및 권리에 대한 요구가 묵살될 때 그 긴장으로 인해 사회갈등이 시작된다. 그러한 규범이나 요구가 묵살되는 데 집단적 계기가 작용할 때, 그리고 제도변화의 예각이나 일상에 대한 침해 중 하나 또는 둘 다가 관찰될 때, 번번이 사회갈등이 나타난다(무엇보다 Thompson 1980; Moore 1982 [1978]; Piven/Cloward 1986; Dahrendorf 1992).[11] 사회갈등의 탈제도화에 의해서, 그리고 규범원리에 대한 냉소적 위반으로 인해서,[12] 인정과 도덕의 문제가 다시 중요한 의미를 얻게 된다. 이것은 노사갈등이나 사회운동 모두에 해당된다.

전반적으로 노동을 둘러싼 투쟁이 3차 산업 쪽으로 이동하는 추세이다(Dribbusch 2009). 3차 산업은 사회갈등의 탈제도화 추세가 가장 많이

11 사회운동에 대한 연구(예컨대 Tarrow 1998)에서는 사회운동의 발생을 용이하게 하는 여타 요인들을 강조한다. 그러나 거기서는 주로 물질적, 인지적 자원이나 운동의 기회구조를 강조하는 편이고, 갈등사회학적 사실들에 대해서는 거의 주목하지 않는다.

12 예컨대 은행의 관리자들이 자신들의 급여수준을 능력원칙이나 책임원칙에 의해 정당화하면서, 정작 위기 때에는 책임을 회피하고 무능에 걸맞게 급여수준을 낮추지 않는 경우를 보라.

진척된 곳이자, 사용자가 단체협상과 노조에 대해 가장 공격적인 태도를 보이는 곳이기도 하다.[13] 뿐만 아니라 새로운 프롤레타리아적 노동관계 및 생활여건이 서비스 부문에서 생겨나고 있다(Bahl/Staab 2010). 청소업체나 보육기관에서 일어나는 파업운동은 단순히 임금 문제를 제기하는 단체행위가 아니라 동시에 인정투쟁이기도 하다(Brinkmann/Nachtwey 2010). 청소인력과 보육인력들의 존재를 드러내기, 그들의 지위와 존엄성, 그들에 대한 존경심 같은 것들이 중요한 문제이다. 여성이나 번번이 불안정한 고용관계에 처하는 사람들, 또 때때로 이주자들—지금까지는 프롤레타리아 부대의 인명목록에 오르지 않았던—이 이와 같은 파업운동의 핵심집단이다. 그들은 자신들의 일과 자신들이 사회에서 수행하는 역할을 인정하라고 요구했다. 마찬가지로 온라인 유통업체인 아마존이나 소매업에서("판매업에 더 많은 존경심을"이라는 구호와 함께 노동투쟁이 진행되었다) 일어난 근래의 파업운동들은 **고유의 권리**를 가진 피고용자로서 인정받기 위한 투쟁이었고, **사회적 존중**을 얻기 위한 싸움이었다. 소매업에서 단체교섭이 부분적으로 무효화되었는데, 이것이 피고용자들에게는 집단적 모독으로 여겨졌다.

노조가 최저임금과 파견노동 제한에 찬성함으로써, 고용관계가 존중될 만한 것이고 따라서 생활여건 역시 존중되어야 한다는 문제를 재차

13 산별 단체교섭이 더 이상 영향을 행사하지 못하는 산업들의 경우 기업수준에서 갈등의 빈도가 높아지고 있다(Hauser-Ditz/Hertwig/Preis 2012). 그러나 지난 수십 년 동안에도 노동투쟁은—자동차 공업과 같이—제도적으로 가장 조밀하게 규제되는 핵심부문에 한정되어 있었다. 역설적이지만 제도를 중시하는 노조의 태도가 처음에는 오히려 더 강화되었는데, 그래야 안정되게 행동할 수 있을 것처럼 보였기 때문이다. 이후 최근으로 오면서 노조는 혁신적인 부분적 갈등유발 전략을 채택했다(Brinkmann et al. 2008; Dörre 2010). 그러나 이와 같은 새로운 전략은 무엇보다도 단체교섭에 의해 보호되는 핵심 산업 바깥의, 제도화의 영향력이 이미 상실된 곳에서 사용되었다.

확대시켰다. 근래의 노동갈등은 재도덕화를 겪고 있다. 그것은 더 이상 전후자본주의의 상투적인 분배갈등이나 이해갈등이 아니라, 오히려 새로운 사회-도덕적 갈등이다. 그것은 **탈제도화**에 반대하거나 **재제도화** 또는—단체교섭이나 기업별 노동자협의회가 없는 산업의 경우—**새로운 제도화**를 추구한다. 그러면서 갈등의 형식 자체도 변화한다. 종종 단체교섭의 정해진 틀이 더 이상 효력을 발휘하지 못하기 때문에, 또는 단체교섭 자체가 아예 존재하지 않기 때문에, 예컨대 플래시몹처럼 규제되거나 규범화하지 않은 갈등의 형태들이 출현하고 있다.

유럽으로 눈을 돌리면 우리는—예컨대 관리자 구금(bossnapping)과 같이—비규범적인 갈등의 더욱 급진적인 형태들을 발견한다(Schmalz/Weinmann 2013). 유럽 위기국가들에서는 긴축정책에 반대하면서 대중파업이나 총파업과 같은 전통적 형태의 사회갈등들이 부활하기도 했다. 사회국가, 노동자의 권리, 노조의 경영참여가 유럽에서 축소되면서 그와 같은 형태의 갈등들이 점화되었다(Hamann/Johnston/Kelly 2013). 독일의 경우 사회갈등이 아직까지 비교적 잠재된 상태일 뿐이라는 사실은 독일 경제가 상대적으로 안정되어 있기 때문만은 아니다. 무엇보다도 대규모 저항운동이 등장하지 않는 가장 중요한 이유는, 상대적으로 안정된 일상의 삶이 제도적 안정성과 결합되어 있다는 사실 때문이었고 또 현재도 그렇다. 특히 노동시장 탈규제의 비동시성으로 인해 이와 같은 사회평화의 장면이 연출되고 있다. 아젠다 2010으로 권리에 대한 요구가 축소되지 않도록, 10년 전 노조와 좌파 시민세력은 전후 역사에서 가장 대규모의 시위를 이끌었다. 그때 하르츠 IV 법에 반대하는 월요시위와 같은 비인습적이고 규범화하지 않은 저항운동들이 출현했다. 잘 알려진 대로 불안정 노동자들의 정치적 참여가 쉽지 않음에도 불구하고, 무엇보다도 실업자들이 이 운동에 동참했다(Rucht/Yang 2004).

점령운동은 새로운 사회-도덕적 갈등의 또 다른 형태로 나타났다(Brinkmann/Nachtwey/Décieux 2013). 그것은 (이제는 구식이 된) 신사회운동의 형태가 바뀐 것인데, 혼종적인 형태변화라고 할 수 있겠다. 점령운동은—예컨대 민주적 참여형태나 탈물질주의적 태도와 같은 점에서—신사회운동의 전통을 잇고 있으나, 여러 측면에서 그것을 뛰어넘었다. 노동운동과 마찬가지로 신사회운동 역시 "사회 안의 기획"을 지향할 뿐, "기획으로서의 사회"를 추구하지 않았다(Rucht 1999). 그러나 "우리가 99%다"라는 구호를 통해서, 점령운동은 시스템적 운동임이 드러났다. 그것은 사회를 기획으로 보는 운동이다.[14] 점령운동에 있어서 시스템적인 계기는 사물의 본성 자체에 놓여 있었다. 결국 위기의 결과 은행들이 "시스템과 유관하다"고 정치 영역에서도 인증했다. 그러나 점령운동은—분배 문제에서나 지배 문제에서나—인구 다수를 상징적으로 대변했다. 왜냐하면 활동가들의 눈에는 1%가 부만 독점한 것이 아니라 정치적 권력 역시 독점했기 때문이다. 금융자본주의를 비판하면서 점령운동은 특히 전 세계의 다른 점령운동 집단들에 의해 동시에 비판받은 어떤 초국적 현상에 주목했다.[15] 독일의 점령운동 활동가들은 종종 불안정 고용관계에 있었고 정치적 대의의 전통적 형태에 크게 거리를 두었다. "99%" 구호뿐 아니라, 많은 점령운동 참여자들의 불안정

14 이것은 위기진단 속에서, 그리고 점령운동 활동가들의 비판내용 속에서 드러난다. 그들은 (예컨대 금융위기의 이유에 대한 질문에서) 하위체계나 개인 차원의 원인보다 시스템 차원의 원인을 더 우선시했다(Brinkann/Nachtwey/Décieux 2013 참조).

15 이러한 요소들은 이전의 세계화 비판 운동에서도 찾을 수 있다. 그러나 세계화 비판에서는 무엇보다도 국지적인 주제들이 지구적 관련성 속에서 논의되었다는 것이 이와 다른 점이다. 이와 달리 점령운동에서는 초국적 시스템에 반대하여 국지적인 저항이 일어났다.

한 경제상황 역시 다음과 같은 사실을 분명히 보여주었다. 점령운동에서는—뤽 볼탕스키와 에브 시아펠로가 구별하는—"사회적 비판"과 "미적인 비판"이 서로 연결되어 있다. 점령운동에서는 참여자들의 불안정한 지위가 자주 높은 학력 및 훌륭한 자격증과 결합되어 있다. 스페인의 분노운동(Indignados)에서 그랬듯이, 점령운동 주변의 많은 사람들에게도 교육과 능력을 통한 기회평등, 계층상승, 지위보장이라는 자유주의 시장경제의 약속은 더 이상 유효하지 않았다(Kraushaar 2012 참조).

이렇게 볼 때 점령운동은 사회적 정황에서나 가치관에서나, 지난 수십 년 간 일어난 사회갈등의 탈제도화와 규범적 기대에서 나타나는 긴장을 반영하고 있다.[16] 그러나 형식에 있어서, 그리고 종종 내용에 있어서도, 점령운동은 위에서 논의한 새로운 노동갈등과는 다르다. 점령운동은 자본주의와 민주주의 간의 악명 높은 긴장관계를 주제로 삼았다(Streeck 2013; Wagner 2013; Nachtwey 2010 참조). 형식에 있어서는 점령운동 자체가 이미 탈제도화했고, 부분적으로 규칙을 준수하지 않거나 비규범적인 것이었다. 공적인 광장에 "불법"으로 천막을 친 것부터 끝도 없이 이어진 회합민주주의까지가 그랬다. 이렇게 해서 점령운동은 자주 토론된 바 있는, 전통적인 집단적 이해관계 조직들의 "대표성 위기"에 대한 대답을 상징적으로 보여주었다(예컨대 Linden/Thaa 2011). 정치조직들의 전통적 대표성 원칙 및 위임 원칙을 사람들이 거부했기 때문이다.

16 기본적으로는 동일한 현상이, 지난 수십 년 동안 영국, 프랑스, 스웨덴에서 있었던 항거에서도 나타났다. 그것은 더 많은 지위보장과 기본권에 대한 실질적 인정을 요구하는 아노미적인 봉기였다. Nachtwey(2011) 참조.

결론

부당하다고 인식되는 사회규범에 반대해서뿐 아니라, 기존 사회규범이 지켜지지 않아서 그에 대한 저항으로 운동이 일어날 수 있다. 새로운 사회-도덕적 갈등들은 이 두 요소들을 모두 포함한다. 갈등의 행위자들은 노동 세계나 민주주의 세계에서 사회정의의 규범들이 침해되었다고 보기 때문에 그러한 규범들을 지키고자 한다. 갈등이 진행되며 나타나는 야성화된 "탈규범화"(Honneth 2013: 36 이하)는 도덕적 반란을 위한 공간을 제공한다.

아마도 이런 이유에서, 노동투쟁이든 점령운동이든 새로운 저항이 다수의 사람들에게 진정 커다란 공감을 불러일으켰을 것이다. 그들이 추구하는 것은 공동체에 깊이 뿌리를 내리고 있는—그러나 정치·경제적 엘리트에 의해 손상된—**도덕경제**이기 때문이다.

현재 점령운동의 천막은 철수했으나 민주적 자본주의가 약속한 사회보장, 계층상승, 동등권 보장은 이행되지 않고 있음을 염두에 둘 때, 새로운 노동투쟁은 놀라울 만큼 미약하다. 그러나 사회갈등은 울타리를 뚫고 나와 재도덕화하고 있다. 정황상 앞으로 몇 십 년 동안—유럽은 물론이고—독일에서 사회갈등이 증가할 것으로 보인다. 지난 20년간의 양상이 지속된다면, 단지 임금만이 아니라 무엇보다도 경제적 · 사회적 · 민주적 시민으로서의 지위와 권리가 이슈가 될 것이다. 분배 문제를 포함하면서도 그것으로 환원될 수 없는 사회-도덕적 갈등이 지속될 것이다.

번역_홍찬숙

참고문헌

Bahl, Friederike und Philipp Staab 2010: Das Dienstleistungsproletariat. Theorie auf kaltem Entzug, in: Mittelweg 36 6, 66–93.

Beck, Ulrich 1986: Risikogesellschaft. Auf dem Weg in eine andere Moderne. Frankfurt a. M.: Suhrkamp.

Boltanski, Luc and Ève Chiapello 2003 [1999]: Der neue Geist des Kapitalismus. Konstanz: UVK.

Brinkmann, Ulrich, Hae-Lin Choi, Richard Detje, Klaus Dörre, Hajo Holst, Serhat Karakayali und Catharina Schmalstieg 2008: Strategic Unionism: Aus der Krise zur Erneuerung? Wiesbaden: VS Verlag.

Brinkmann, Ulrich und Oliver Nachtwey 2010: Krise und strategische Neuorientierung der Gewerkschaften, in: Aus Politik und Zeitgeschichte 13/14, 21–29.

Brinkmann, Ulrich und Oliver Nachtwey 2013: Postdemokratie, Mitbestimmung und industrielle Bürgerrechte, in: Politische Vierteljahresschrift 54. 3, 506–533.

Brinkmann, Ulrich, Oliver Nachtwey und Fabienne Décieux 2013: Wer sind die 99%? Eine empirische Untersuchung der Occupy-Proteste. Arbeitspapier der Otto-Brenner-Stiftung: Frankfurt am Main.

Burzan, Nicole und Peter A. Berger (Hg.) 2010: Dynamiken (in) der gesellschaftlichen Mitte. Wiesbaden: VS Verlag.

Calhoun, Craig 1991: The Problem of Identity in Collective Action, in: Joan Huber (Hg.): Macro-Micro Linkages in Sociology. Newbury Park: Sage, 51–75.

Calhoun, Craig 1993: »New Social Movements« of the Early Nineteenth Century, in: Social Science History 17. 3, 385–427.

Castel, Robert und Klaus Dörre (Hg.) 2009: Prekarität, Abstieg, Ausgrenzung. Frankfurt a. M. und New York: Campus.

Dahrendorf, Ralf 1957: Soziale Klassen und Klassenkonflikt in der industriellen Gesellschaft. Stuttgart: Enke.

Dahrendorf, Ralf 1992: Der moderne soziale Konflikt. Stuttgart: DVA.

Dingeldey, Irene 2007: Between Workfare and Enablement. The Different Paths to Transformation of the Welfare State: A Comparative Analysis of Activating Labour Market Policies, in: European Journal of Political Research 46. 6, 823–851.

Dittrich, Irene und Wilfried Kalk 1987: Wir wollen nicht länger Menschen zweiter Klasse sein – Der Metallarbeiterstreik in Schleswig-Holstein 1956/57, in: Demokratische Geschichte. Jahrbuch für Schleswig-Holstein 2, 351–394.

Dörre, Klaus 2010: Überbetriebliche Regulierungen von Arbeitsbeziehungen, in: Fritz

Böhle, G. Günter Voß und Günther Wachtler (Hg.):Handbuch Arbeitssoziologie. Wiesbaden: VS Verlag, 873–912.

Dörre, Klaus, Karin Scherschel, Melanie Booth, Tine Haubner, Kai Marquardsen und Karen Schierhorn 2013: Bewährungsproben für die Unterschicht? Soziale Folgen aktivierender Arbeitsmarktpolitik. Frankfurt a. M. und New York: Campus.

Dribbusch, Heiner 2009: Streik-Bewegungen. Neue Entwicklungen im Arbeitskampf, in: Forschungsjurnal Neue Soziale Bewegungen 22. 4, 56–66.

Dribbusch, Heiner 2012: Sozialpartnerschaft und Konflikt: Gewerkschaftliche Krisenpolitik am Beispiel der Automobilindustrie, in: Zeitschrift für Politik 59. 2, 123–143.

Ellguth, Peter und Susanne Kohaut 2012: Tarifbindung und betriebliche Interessenvertretung: Aktuelle Ergebnisse aus dem IAB-Betriebspanel 2012, in: WSI-Mitteilungen 65. 4, 297–305.

Engels, Friedrich 1973 [1881]: Ein gerechter Tagelohn für ein gerechtes Tagewerk, in: Karl Marx und Friedrich Engels: Werke. Band 19. Hg. vom Institut für Marxismus-Leninismus beim ZK der SED. Berlin: Dietz, 247–250.

Fleckenstein, Timo 2012: The Politics of Labour Market Reforms and Social Citizenship in Germany, in: West European Politics 35. 4, 847–868.

Fraser, Nancy und Axel Honneth 2003: Umverteilung oder Anerkennung? Eine politischphilosophische Kontroverse. Frankfurt a. M.: Suhrkamp.

Geiger, Theodor 1949: Die Klassengesellschaft im Schmelztiegel. Köln: Kiepenheuer.

Greenberg, Michael 2013: Occupy und die New Yorker Polizei, in: Westend. Neue Zeitschrift für Sozialforschung 10. 1, 111–134.

Habermas, Jürgen 1973: Legitimationsprobleme im Spätkapitalismus. Frankfurt a. M.: Suhrkamp.

Habermas, Jürgen 1981: Theorie des kommunikativen Handelns. Band 2: Zur Kritik der funktionalistischen Vernunft. Frankfurt a. M.: Suhrkamp.

Haipeter, Thomas 2012: Sozialpartnerschaft in und nach der Krise: Entwicklungen und Perspektiven, in: Industrielle Beziehungen 19. 4, 387–411.

Hamann, Kerstin, Alison Johnston und John Kelly 2013: Unions Against Governments: General Strikes in Western Europe 1980–2006, in: Comparative Political Studies 46. 9, 1030–1057.

Hauser-Ditz, Axel, Markus Hertwig und Ludger Pries 2012: Verbetrieblichung und betrieblicher Konflikt, in: Kölner Zeitschrift für Soziologie und Sozialpsychologie 64. 2, 329–359.

Heitmeyer, Wilhelm (Hg.) 2002–2012: Deutsche Zustände. Folge 1–10. Frankfurt a.

M.: Suhrkamp.

Honneth, Axel 1994 [1992]: Kampf um Anerkennung. Zur moralischen Grammatik sozialer Konflikte. Frankfurt a. M.: Suhrkamp.

Honneth, Axel 2013: Verwilderung des sozialen Konflikts. Anerkennungskämpfe zu Beginn des 21. Jahrhunderts, in: Axel Honneth, Ophelia Lindemann und Stephan Voswinkel (Hg.): Strukturwandel der Anerkennung. Paradoxien sozialer Integration in der Gegenwart. Frankfurt a. M. und New York: Campus, 17–39.

Kittner, Michael 2005: Arbeitskampf. Geschichte – Recht – Gegenwart. München: C. H. Beck.

Kraushaar, Wolfgang 2012: Der Aufruhr der Ausgebildeten. Vom Arabischen Frühling zur Occupy-Bewegung. Hamburg: Hamburger Edition.

Lessenich, Stephan 2008: Die Neuerfindung des Sozialen. Der Sozialstaat im flexiblen Kapitalismus. Bielefeld: transcript.

Linden, Markus und Winfried Thaa (Hg.) 2011: Krise und Reform politischer Repräsentation. Baden-Baden: Nomos.

Lockwood, David 2000: Staatsbürgerliche Integration und Klassenbildung, in: Jürgen Mackert und Hans-Peter Müller (Hg.): Citizenship. Soziologie der Staatsbürgerschaft. Wiesbaden: Westdeutscher Verlag, 157–180.

Marshall, Thomas H. 1992 [1950]: Staatsbürgerrechte und soziale Klassen, in: ders.: Bürgerrechte und soziale Klassen. Zur Soziologie des Wohlfahrtsstaates. Frankfurt a. M. und New York: Campus, 33–94.

Marx, Karl 1973 [1865]: Lohn, Preis, Profit, in: Karl Marx und Friedrich Engels: Werke. Band 16. Hg. vom Institut für Marxismus-Leninismus beim ZK der SED. Berlin: Dietz, 103–152.

Moore, Barrington 1982 [1978]: Ungerechtigkeit. Die sozialen Ursachen von Unterordnung und Widerstand. Frankfurt a. M.: Suhrkamp.

Mooser, Josef 1984: Arbeiterleben in Deutschland 1900–1970. Frankfurt a. M.: Suhrkamp.

Müller-Jentsch, Walther 1997 [1986]: Soziologie der industriellen Beziehungen. Eine Einführung. Frankfurt a. M. und New York: Campus.

Müller-Jentsch, Walther 2008: Arbeit und Bürgerstatus. Studien zur sozialen und industriellen Demokratie. Wiesbaden: VS Verlag.

Nachtwey, Oliver 2010: Legitimationsprobleme im Spätkapitalismus revisited, in: Karina Becker, Lars Gertenbach, Henning Laux und Tilman Reitz (Hg.): Grenzverschiebungen des Kapitalismus. Umkämpfte Räume und Orte des Widerstands. Frankfurt a. M. und New York: Campus, 359–379.

Nachtwey, Oliver 2011: Großbritannien: Riot oder Revolte, in: Blätter für deutsche und internationale Politik 9, 13–16.

Neckel, Sighard 2011: Refeudalisierung der Ökonomie. Zum Strukturwandel kapitalistischer Wirtschaft, in: WestEnd. Neue Zeitschrift für Sozialforschung 8. 1, 117–128.

Neckel, Sighard und Kai Dröge 2002: Die Verdienste und ihr Preis: Leistung in der Marktgesellschaft, in: Axel Honneth (Hg.): Befreiung aus der Mündigkeit. Paradoxien des gegenwärtigen Kapitalismus. Frankfurt a. M. und New York: Campus, 63–116.

Neckel, Sighard und Greta Wagner (Hg.) 2013: Leistung und Erschöpfung. Burnout in der Wettbewerbsgesellschaft. Berlin: Suhrkamp.

Piven, Frances Fox und Richard A. Cloward 1986: Aufstand der Armen. Frankfurt a. M.: Suhrkamp.

Pollak, Reinhard 2010: Kaum Bewegung, viel Ungleichheit. Eine Studie zu sozialem Aufund Abstieg in Deutschland. Berlin: Heinrich Böll Stiftung.

Rucht, Dieter 1999: Gesellschaft als Projekt – Projekt in der Gesellschaft, in: Ansgar Klein, Hans-Josef Legrand und Thomas Leif (Hg.): Neue Soziale Bewegungen – Impulse, Bilanzen und Perspektiven. Opladen: Westdeutscher Verlag, 15–27.

Rucht, Dieter und Mundo Yang 2004: Wer protestierte gegen Hartz IV?, in: Forschungsjournal Neue Soziale Bewegungen 4, 21–27.

Schmalz, Stefan und Nico Weinmann 2013: Zwei Krisen, zwei Kampfzyklen: Gewerkschaftsproteste in Westeuropa im Vergleich, in: Stefan Schmalz und Klaus Dörre (Hg.): Comeback der Gewerkschaften? Machtressourcen, innovative Praktiken, internationale Perspektiven. Frankfurt a. M. und New York: Campus, 76–98.

Streeck, Wolfgang 2009: Re-Forming Capitalism. Institutional Change in the German Political Economy. Oxford: Oxford University Press.

Streeck, Wolfgang 2013: Gekaufte Zeit. Die Krise des demokratischen Kapitalismus. Berlin: Suhrkamp.

Tarrow, Sidney 1998: Power in Movement. Social Movements and Contentious Politics. Cambridge: Cambridge University Press.

Thompson, Edward Palmer 1980: Plebeische Kultur und moralische Ökonomie. Aufsätze zur englischen Sozialgeschichte des 18. und 19. Jahrhunderts. Frankfurt a. M. und Berlin: Ullstein.

Vogel, Berthold 2009: Wohlstandskonflikte. Soziale Fragen, die aus der Mitte kommen. Hamburg: Hamburger Edition.

Voswinkel, Stephan 2001: Anerkennung und Reputation. Die Dramaturgie industrieller Beziehungen. Konstanz: UVK.

Voswinkel, Stephan 2012: Arbeit und Subjektivität, in: Klaus Dörre, Dieter Sauer und Volker Wittke (Hg.): Kapitalismustheorie und Arbeit. Frankfurt a. M. und New York: Campus, 302–315.

Wagner, Peter 2013: Provinz und Welt. Demokratie und Kapitalismus in Europa, Brasilien und Südafrika, in: Westend. Neue Zeitschrift für Sozialforschung 10. 1, 38–59.

Wehler, Hans-Ulrich 2013: Die neue Umverteilung. Soziale Ungerechtigkeit in Deutschland. München: C. H. Beck.

오늘날의 자본주의 비판
그레이버와 호네트의 이론과 실천

빅토르 켐프

비판이론의 자본주의 비판은 지금까지 다양하게 변모해왔다. 비판이론의 기획이 경험적 주체들이 갖고 있는 규범적 신념에 얼마만큼이나 연계될 수 있는지가 시대적 변화에 따라 정말로 다양하게 평가되었기 때문이다. 마르크스와 엥겔스가 여전히 프롤레타리아 공산당의 선구적 사상가로 이해되었던 1930년대에도 이미 호르크하이머와 아도르노는 이들의 이론적 기획이 해방적 실천으로 이어질 것이라는 희망을 버렸다. 호르크하이머와 아도르노에게는 총체적으로 관리되는 세계, 그리고 문화산업을 통해 조작되는 세계 속에서 주체들은 이미 이에 동화된 양상을 보이고 있기 때문에, 사회적 행위자들의 의식과 삶을 변혁하는 것에서 비판적 사회이론의 준거점을 삼는다는 것은 요원해 보였다.

나는 이 글에서 비판이론과 사회적 실천의 관계를 역사적으로 추적해 가고자 하지는 않는다. 나는 오히려 오늘날 자본주의를 비판하는 저항들이 어떻게 이론적 기획과 관계를 맺고 있는가 하는 점을 추적하려고 한다. 그리고 이를 위해 이 글에서는 아주 다른 두 가지 입장, 즉 악셀 호네트와 데이비드 그레이버의 입장에 주목할 것이다.

호네트(Honneth 2011b: 15)는 경제와 정치가 갖는 사회 도덕적 틀의 의미상실이라는 뜻에서 "탈규범화" 테제를 제시한다. 이에 따르면 오늘날에는 경제적, 정치적 관계의 분열된 모습에 대항하여 "사회적 자유"가 요구되지도 않을뿐더러, 이러한 영역에 대한 평가를 위한 공적으로 공유된 규범적 신념 또한 사라져버렸다. 따라서 이제 남은 것은 신자유주의적 자본주의를 개인적으로 수용하거나, 아니면 야만화된 인정투쟁이라는 무질서한 상태가 확산되는 것뿐이다. 이러한 상황에서 비판이론은 무기력하게 뒤로 물러설 수밖에 없다. 왜냐하면 실천에 내재한 추동력을 관철시키기 위해 비판이론이 갖는 비판적 지향성을 따라가는 것은 더 이상 가능하지 않기 때문이다. 이런 점에서 호네트는 비판이론이 그 대상을 잃어버렸다고 말한다(앞의 책: 9 이하; Honneth 2011a: 459 이하 참조).

경제와 정치의 탈규범화라는 현상이 도전받기 시작한 것은 월스트리트 점령운동 같은 최근의 저항 운동 때문은 아니다. 호네트의 테제가 주로 다루고 있는 1990년대와 2000년대에도 몇몇 저자들은 세계적 규모로 몰아치는 자본주의에 대한 저항을 진단한 바 있다. 즉 마이클 하트와 안토니오 네그리, 그리고 데이비드 그레이버 역시 대안 세계화 운동 속에서 신자유주의적 자본주의에 대한 영향력 있는 해방적 도전들을 간파해내었다(Hardt/Negri 2002 [2000], 2004/2010 [2009]; Graeber 2002, 2003a, 2003b; Graeber/Grubačić 2004 참조). 이런 점에서 "공개적 봉기의 증대"에 대한 "광범위하고 폭넓은 징후"가 보이지 않는다는 호네트의 주장(Honneth 2011b: 15)은 네그리와 그레이버의 분석이 의거하고 있는 사회 운동과 투쟁들을 간과한 것이다. 이들의 지적인 노력은 이러한 운동들을 역사적 맥락과 역동적 구조 속에서 파악하고, 이런 운동들이 가하는 자본주의 비판의 규범적 내용을 명료화할 뿐 아니라, 이를 통해 이들의 관심사를 반성적 차원에서 지원하는 데 있다.

이하의 글에서 나는 데이비드 그레이버의 작업을 토대로 자본주의를 비판하기 위한 오늘날의 실천운동들을 어떻게 이론적 차원과 연결시킬 수 있는지를 보여줄 것이다(I, II). 그리고 나는 비판적 사회이론에 대한 호네트의 구상이 어떻게 그레이버의 입장과 연결될 수 있는지를 탐구할 것이다(III, IV).

I.

데이비드 그레이버는 무정부주의자이자 인류학자로서 독일에서는 특히 점령운동의 지적 대표자로서 주목받고 있다. 그레이버는 일찍부터 대안 세계화 운동에 활동가이자 비평가로서 참여한 바 있으며, 이미 2002년부터는 (포스트)마르크스주의적 리버럴 좌파 저자들에 대한 대립적 위치에 자리매김하게 되었다.[1] 이들의 입장에서 보면, 그레이버가 지적하고 있듯이, 반세계화 운동에는 주로 반동적이고, 폭력적이고, 이데올로기적으로 모호한 자본주의 비판적 저항들이 뒤섞여 있다. 그

1 그레이버가 이들 저자들을 지목하고 있는 것은 아니지만, 그는 학계에 주류를 형성하고 있는 리버럴 좌파적인 사회이론가들을 다음과 같이 특징짓고 있다. 즉 이들은 "개인적 자유의 확장과 사회적 정의 추구에 관심이 있지만, 그 방식에 있어서 자본이나 국가 같이 현재 군림하고 있는 제도들에 대해 진지하게 도전하지는 않는다." 이러한 규정을 볼 때 호네트 역시 이들 중 하나로 보는 것은 잘못된 것이 아닌 것 같다.

레이버는 오늘날의 비판적 저항에 대한 이런 식의 체념적 거리두기로부터 자신을 구별하기 위해 이러한 저항들이 갖는 초국가적이고 비폭력적인 특징뿐 아니라, 이데올로기적 측면 역시 강조한다(Graeber 2002, 2003a).

데이비드 그레이버와 안드레이 그루바치치는(Graeber/Grubačić 2004) 대안 세계화 운동의 이런 모습이 "소문자 a 아나키즘" 속에서 나타나고 있다고 본다.[2] 이런 식의 소문자 아나키즘이 중요한 이유는 이것이 세계화를 비판하는 핵심적 활동가들에게 교조적 사유구조를 제공하기 때문이 아니라, 실천상 중요한 윤리적 원칙들을 제공하기 때문이다. 그레이버와 그루바치치는 "소문자 a 아나키즘"이 내포하는 세 가지 핵심 태도를 다음과 같이 규정한다. "반(反)국가주의, 반(反)자본주의, 예시적 정치(prefigurative politics)."(앞의 책: 5) 이러한 급진적 정치의 목표는 혁명적 전복 이후가 아니라, 바로 혁명적 실천 자체 속에서 실현되어야 한다. 즉 이른바 유토피아가 "예시적 정치"를 통해 현실로 전화된다는 것이다. 이런 주장에 따르면 저항 캠프의 일상 속에서는 이미 지배 없는, 평등하고 소외되지 않은 사회성이 선취되고 있다. 따라서 무정부적인 참여는 "목적이 수단을 정당화한다는 사고를 거부"하며, "핵심 원칙, 즉 탈중앙집권화, 자발적 결사, 상호부조, 네트워크 모델"에 정향되어 있다(앞의 책: 2). 그레이버는 대안 세계화 운동의 무정부주의적 핵심인 "예시적 정치"를 직접민주주의 형태의 의사결정을 통해 설명한다. 즉 예시적 정치는 가능한 수평적 의사소통 전제하에서 이뤄지는 합의를 목표로 하며, 지역화된 "친화 집단"을 통한 의사결정에 대해 정치적 대표 체

2 정확히 말하면 "소문자 a 아나키스트"이다.

제가 자립화되는 것을 막으려 한다(Graeber 2003a: 365).

그레이버에 따르면 최근의 반자본주의적 저항 흐름이 갖는 이데올로기적 측면은 이러한 저항에 대한 참여자적 관찰을 통해 드러난다. 그레이버는 또한 이로부터 비판적 지성인이 갖는 참여의 관점을 얻어낸다. 즉 "분명히 내가 제안하는 것은 가정하건대 궁극적으로는 아마도 특정한 유토피아를 외부로부터 삽입시키는 자율적 민속학 형태의 작업이다. 이는 특정한 형태의 급진적 실천에 전제되어 있는 전략적 논리나 원칙을 세우는 문제이며, 따라서 이들 공동체에 분석을 제공하는 것이 아니라, 새로운 비전을 수립하기 위해 이 공동체를 이용하는 것이다." (Graeber 2003b: 11) 여기서 그레이버의 머리에 아른거리는 것은 호네트가 『자유의 권리』(Honneth 2011a)에서 풍부한 자료를 통해 상술하고 있는 비판적 사회이론의 이념과 매우 유사하다. 그레이버 역시 실천 속에서 영향력을 발휘하는 규범적 방향으로부터 이론적 반성을 위한 비판적 관점을 재구성적으로 획득하려고 한다(앞의 책: 7; Graeber 2003a: 366 참조). 즉 한편으로 그레이버는 실천으로부터 유리된 이론적 아방가르드가 갖는 불충분성을 피하려 하지만, 그렇다고 사회 운동의 모형을 단순히 이론적 반성을 통해 반영하려 하지도 않는다. 오히려 그에게는 변혁적 외삽 과정에 있는 사회적 실천이 지금까지 의식되지 못한 제한적 상태를 넘어서 추진되어야 한다. 또한 그레이버는 많은 전제가 필요한 아나키즘적 원칙들을 지키기 위해 임의적 사회운동을 무비판적으로 옹호하는 것을 막으려 한다. 이것 역시 호네트의 입장과 형식적인 면에서 일치한다.

그렇다면 소문자 a 아나키즘은 실제로 얼마나 영향력 있고 사회적으로 중요한 방안이 될 수 있을까? 그레이버의 강한 테제에 따르면, 이미 이런 식의 아나키즘은 21세기 혁명적 활동의 주도적 윤리로 나타나고 있다. 그레이버는 이를 통해 일상생활을 지속적으로, 그리고 포괄적으로 혁신함으로써 생산양식을 한 번에 바꾸는 거대한 변혁으로서의 마르크스주의적 혁명관을 대체한다(Graeber/Grubačić 2004: 2 이하). 바바라 엡슈타인 역시 이러한 아나키즘이 적어도 대안 세계화 운동의 급진파에게는 핵심적 중요성을 갖는다고 본다(Epstein 2001: 1). 또한 엡슈타인 역시 전염성 있는 아나키즘적 경향의 이론적 특성이 아니라, 실천적 특성을 강조한다. 또한 엡슈타인은 나오미 클라인에 의거하여 대안 세계화 운동을 위해서는 네트워크 방식의 개방된 아나키즘적 실천들이 효과적임을 지적하고 있다. 왜냐하면 이런 실천들은 스스로 아나키스트라고 생각하지 않은 행동가들의 참여 역시 촉진시키기 때문이다(앞의 책: 6 이하). 여기서 소문자 a 아나키즘은 어떤 신앙고백을 요구하는 이론이라기보다는, 무엇보다도 저항 행위 자체의 내적 동기로 이해된다.

그레이버와 엡슈타인은 대안 세계화 운동의 맥락에서 아나키즘이 갖는 매력에 대해 어떤 경험적 증거를 제시하기보다는 이것이 무엇인지를 해명하는 편이다. 그럼에도 불구하고 이 둘은 결정적인 점을 지적한다. 즉 우리가 직접행동네트워크(Direct Action Network), 글로벌인민행동네트워크(Network Peoples' Global Action) 또는 세계사회포럼(World Social Forum) 등을 되돌아본다면, 이런 식의 저항 결사체 형태 속에서 반권위적인 아나키즘적 원칙뿐 아니라, "예시적 정치"의 요구 또한 재인식할 수 있다는 것이다.

II.

그레이버는 지금까지 서술한 비판적이고 실천 내적인 이론관을 『부채—그 첫 5000년』(Graeber 2012 [2011])에서 그동안 위기적 상황을 보이고 있는 신자유주의적 자본주의에 적용한다. 이 책을 통해 그레이버는 경향적으로 이윤에서 금융지대로 전환된 자본주의가(Lazzarato 2012; Hardt/Negri 2010 [2009]: 155 이하) 사회 각 부분에 광범위하게 부과한 엄청난 부채를 탕감하자는 공적 논의에 대답한다. 그레이버는 인류학적 관점에서 근대 부채 사회로의 발전을 인륜성 조직으로부터 문명이 소외되는 과정으로 서술하려고 하며, 이에 따르면 인륜성을 되살리기 위해서는 특히 도덕적 부담을 갖는 채무 관계를 집단적으로 해결하는 것이 허용되어야 한다(앞의 책: 25, 410 참조). 『부채』의 영어 원본이 출간된 것은 2011년 가을에 벌어진 점령운동이라는 자본주의 비판적 저항 운동의 전초전이었다. 점령운동은 『부채』에서 전개된 사고 과정 및 주제와 몇 가지 접목점을 갖는다. 즉 점령운동 역시 채무자들의 저항으로서 이들이 대항한 정책은 은행들을 구제함으로써 그 불안정성을 첨예화시켰다(이에 대해서는 Graeber 2012a, 2012c). 그레이버 자신은 점령운동의 핵심 활동가였다. 또한 그는 신속하게 점령운동에 대한 아나키즘적 해석을 내놓았다(Graeber 2011a, 2011b, 2011c, 2012a, 2012b). 그레이버는 점령운동의 급진파에 속했으며, 구체적 요구들을 회피함과 동시에 저항과 위기에 대한 체제 내적이고, 사회민주주의적인 해법을 명확하게 거부했다. 그레이버는 종종 신문에서 점령운동의 지도자로 소개되곤 했다. 이런 규정이 적합한 것인지는 말하기 어렵다. 특히 그레이버의 입장이 그 규범적 논변의 날카로움과 전문성이란 점에서 부채 논쟁에서 점령운동의 특정한 활동가 집단을 대표하는지 역시 열려 있는 문제이다.

이런 점에도 불구하고 이하의 글에서는 그레이버가 "소문자 a 아나키즘"의 윤리를 어떻게 경제적 관계와 관련하여 개진하고 있으며, 또한 인류학적 관점에서 어떻게 위치지우고 있는가 하는 점을 다룰 것이다. 그리고 이를 위해 나는 "부채 사회"에 대한 그레이버의 비판뿐 아니라(1), 그가 의도하고 있는 대안적 인륜성 구조에 대해 서술할 것이다(2).

1. 그레이버는『부채』에서 경제적 거래 및 의무관계의 발전과정에 대한 광범위한 역사적 분석을 시도하면서 이러한 관계에 토대가 되는 규범적 전제를 재구성한다. 이러한 작업을 통해 그레이버가 의도하고 있는 것은 인류학적 토대를 갖는, 그러나 억제되어버리고 만 인륜성을 토대로 오늘날 "부채 사회"의 인륜성을 비판하는 것이다. 이 글에서는 이러한 비판이 전제한 규범적 관념에 주목할 것이다.

『부채』는 채무의 규범적 특성에 대한 초역사적인 두 가지 평가에 대한 서술로 시작된다. 즉 한편으로 "점잖은" 인간은 채무 상환의 의무가 있다고 느끼지만, 다른 한편으로 금전적 채무 거래를 통해 형성된 상호주관적 의무는 채무의 양적 특성상 비인격적인 것으로 전도된다. 그레이버가 설명이 필요하다고 본 것은, 이렇듯 채무의 소외된 형태가 어떻게 도덕적 의무에 대한 주관적 감정을 야기할 수 있는가 하는 점이다(Graeber 2012 [2011]: 8 이하). 그레이버는 니체처럼 도덕적 의무감을 채무자가 채권자의 강제권에 동화된 결과로 보지 않고, 오히려 다른 설명 전략을 따른다. 그레이버는 채무의 소외된 형태 자체 속에서 상환 행위를 단지 강제를 통한 것이 아닌 어떤 내재적 동기를 통해 설득력 있게 만드는 인륜적 관계를 발견한다.

이 인륜적 관계는 등가교환 속에서 작용하고 있다. 즉 교환이라는 전제 하에서는 채무로 인해 부등가 상황이 발생할 경우 의도적으로 채무를 변제해야 한다는 생각이 항상 동반되고 있다는 것이다. 그레이버의 서술에 따르면, "채무란 [다시] 완전히 동등해지지 않은 한 각자의 길을 갈 수 없는 두 측의 관계자 사이에 존재하는 것이다. 그러나 여기에는 완전한 동등함이라는 그늘이 드리워져 있다. 채무 관계자들이 완전한 동등함에 도달한다면 이들 간의 관계의 토대가 무너진다. 그리고 그동안 일어났던 모든 것도 사라진다." 따라서 동등함이 복구된다면 다시 개인적 자율성을 획득하게 된다(앞의 책: 114). 그레이버에 따르면 자율성이라는 규범으로부터 부채 변제에 대한 도덕적 동기의 핵심이 드러난다. 그러나 그의 분석에 따르면 이런 동등함 추구는 주권적이지만 고립된 채 서로에게 맞서고 있는 주체들 간의 완전한 무관계성이라는 해악을 일으키는 경향이 있다.

추가적으로 그레이버는 이러한 무관계성을 극적으로 만든다. 즉 채무 관련자들은 상호적인 의무가 청산될 때 항상 다시 자신이 주권적인 시장 주체임을 입증한다는 점에서 이들은 역설적으로 구조적 예속 상황을 재생산하고 있다는 것이다. 노예가 납치되면서 인간관계 망에서 빠져나오게 되듯이 채무의 변제는 인간 상호 간의 의무와 의존이라는 생활세계적 맥락을 무화시킨다(앞의 책: 170 이하). 주권적 시장 주체가 형성되는 근대적 과정은 한편으로 이들이 자유롭게 되는 과정이지만, 다른 한편으로 이러한 과정은 시장 이전의 연대를 붕괴시키기도 했다. 따라서 고립된 주체들은 이러한 연대의 보호 없이 시장을 지배하는 냉정한 계산 논리에 따라 자신을 표현할 수밖에 없었다.[3] 『부채』는 계급 분석적 측면을 상당할 정도로 배제한다. 물론 그레이버는 비록 주변적인 것이지만 이런 표현방식이 주로 무산자 계급의 경험임을 밝히고 있기도 하다. 특히 여기서는 임금 노동자 계급 역시 고려의 대상이 되고 있다(앞의 책: 217, 369 이하 참조).

분명 노예에 대한 비유는 논란거리가 된다. 그러나 신성 모독이라는 문명화 과정이 주체들의 특수한 결속 관계를 해체시켰다는 것은 그레이버에게 확고한 사실이며, 이러한 해체는 "상업적 경제", 즉 양화 가능한 상품들이 돈을 통해 조절되는 등가교환 경제를 통해 확산되었다. 그런데 이러한 교환 형태가 몰아낸 것이 단지 무정형의 상호작용 망만은 아니다. 이는 동시에 그레이버의 용어로 표현한다면, "인간적 경제"를 통해 형성된 생활세계의 연관망 역시 파괴하였다(앞의 책: 같은 곳).

2. "인간적 경제"라는 제목 하에 그레이버가 묘사한 것은 그에게 현존 사회를 비판하는 토대이자 현실적 대안의 토대가 되는 인륜성 모델이다. 그레이버에 따르면 이런 경제에서 인간적이라는 것은 생산과 물질적 재화의 유통 과정 전체가 바로 상호주관적 관계망과 연계됨으로써 이를 통해 규정되는 곳에서 볼 수 있다(앞의 책: 217 이하). "인간적 경제"에서는 거래 행위가 아직 시장이라는 익명의 매개를 통해 자립화되지 않으며, 오히려 양자(兩者)적 관계나 집단적 정체성의 생산 및 재생산을 위한 통합적 구성요소로 수행된다(Graeber 2006: 70 이하, 2012 [2011]: 137).[4] "인간적 경제"에서는 전적으로 "사회적 통화"와 같은 "원시적 화

3 이에 반해 상호적 채무 변제 관계가 중단된다면, 채무자와 채권자가 어느 정도 경제적 이윤증식의 논리에서 벗어나 염려와 의존이라는 친밀한 관계를 실현한다. 그레이버의 등가교환 비판의 배후에는 이러한 가정이 있는 것 같다(이런 관계의 인륜성에 대해서는 본 글의 II-2를 참고하시오).

폐"가 존재할 수 있다(Graeber 2012 [2011]). 그러나 이것이 채무를 변제하는 데 사용되는 것은 아니다. 그레이버에 따르면 "인간적 경제에서 우선적으로, 그리고 무엇보다도 인정해야 할 점은, 결코 보상될 수 없는 부채가 등장하고, (…) 이러한 절대적 부채에 대한 인정으로부터 화폐가 등장한다는 점이다."(앞의 책: 144)

여기서 그레이버가 말하는 부채란 우주, 신 또는 사회에 대한 빚짐이 아니라, "누군가에게 생명을 선사한 인간에 대한 절대적 빚짐"이다(같은 곳). 사회적 통화에 대한 그레이버의 인류학적 이해에 따르면 이 절대적 빚짐이 갖는 실천적 의미는 치명적인 복수로부터 구해주었거나 후손을 안겨준 사람에 대해 한 인간이 느끼는 고도의 실존적 부채감과 결합되어 있다(앞의 책: 138 이하). 이미 앞에서 노예제도를 통해 명백히 했듯이 그레이버는 매우 일반화된 사실들을 설명하기 위해 극단적인 사건들을 끌어들인다. 여기서 생명을 선사하는 행위가 의미하는 것은, 개인의 생명이란 오직 구체적 타자에 대한 기존의 연대 관계를 배경으로 재생산될 수 있다는 점이다(앞의 책: 105 이하 참조). 그레이버에 따르면 이런 식의 의존성은 "절대적 채무" 속에서 발견할 수 있다. 이는 그 액수를 책정할 수 없으며, 전적으로 구체적 타자에게 실천적으로 관련된 것이다(앞의 책: 85, 105, 166).[5]

그렇다면 우리가 이런 의존성을 형성하고, 또한 이를 접하게 되는 사

4 교환된 재화는 단순히 세속적인 상품이 아니며, 무엇보다도 공감이나 소속감 등을 통한 소통 관계에 기여한다(같은 곳).

5 "절대적 채무"에 대한 인정은 혈연적이고 원자화된 자연 상태로부터 질적으로 도약하여 사회적 영역 자체로 진입한 것을 인정하는 감사의 기억으로 이해될 수 있다. 그레이버가 "사회적 통화"라고 예시한 피, 또는 신부 값을 지불하는 데서 항상 이런 질적 도약이 일어난다. "인간적 경제"의 다른 모든 관계는 이런 실존적 경험을 배경으로 규범성을 갖는다는 것이 나의 해석이다.

회적 형식은 어떤 것일까? 분명 이것이 등가교환일 수는 없다. 등가교환은 항상 원리적으로 볼 때 교환에 참여할 수 있는 시장 주체들 사이에 형성된 양화 가능하고, 따라서 유한한 채무를 갚는 것을 목표로 하기 때문이다. 그레이버가 제시하고 있는 것은 "기초적 공산주의"로서 이는 구체적 타자에 대한 무한한 의무가 상호주관적 형태를 갖는 인륜성 조직망을 말한다(앞의 책: 104).

그레이버가 말하는 공산주의란 "능력에 따라, 필요에 따라"라는 원칙에 따라 작동한 "모든 인간관계"를 의미한다(앞의 책: 100). 그레이버는 이러한 원칙을 공상적 사회주의자인 루이 블랑으로부터 도출하고 있으며, 또한 이를 표트르 크로포트킨의 아나키즘적 전통에 위치시킨다. "기초적 공산주의"라는 개념은 평등한 혹은 집단적 소유 질서를 가리키지 않으며, 이는 자연적으로 성장하는 인간관계의 유형을 말한다. 즉 "공산주의는 마법적 유토피아가 아니며, 생산수단의 소유 여부와 관련이 없다. 공산주의는 이곳 오늘날에도 존재한다."(앞의 책: 101) 그리고 그것도 구조적인 방식이 아니라, 상호부조의 정신 속에서 항상 반복해서 상황적으로 실현되고 있다(앞의 책: 103 이하). 여기서 중요한 것은 실천적이고, 계산 불가능한 지원을 통해 물질화된 구체적 타자의 욕구에 공감을 갖고 관여하는 것이다. 가족 간이나 사랑을 통한 결속이 그레이버에게는 가장 확실한 공산주의적 관계의 전형이다. 이를 통해 분명해진 것은 "기초적 공산주의"가 무엇에 기초하고 있는가 하는 점이다. 즉 그것은 우정, 공감, 애정, 결속의 감정, 따라서 일반적으로 말하면 "사랑"이다(앞의 책: 405). 그러나 "기초적 공산주의"가 친밀성 관계로 제한되는 것은 아니다. 이는 두 사람 간의 관계를 넘어서 집단적 연관으로도 확장될 수 있으며, 여기서 다양한 종류의 "공유지"를 형성할 수 있다(앞의 책:

106). 그러나 이러한 확장은 그 토대가 정서적 요인이라는 점에서 개별적 공동체의 경계에 머물게 된다(앞의 책: 104, 106 참조).

"기초적 공산주의"는 "소문자 a 아나키즘"의 윤리가 경제적 관계에 대해 갖는 의미를 밝히려는 그레이버의 시도로 이해될 수 있다. 그레이버는 자연발생적으로 형성된 인간 상호 간의 관계망이라는 상호부조 모델을 통해 크로포트킨이 말하는 아나키즘적 공산주의 경제를 재구성하고 있으며(Kropotkin 2011 [1902]), 이를 통해 실현되는 윤리적 원칙을 "부채 사회"의 도덕과 대립시키고 있다. 또한 그레이버는 상호부조 관계 속에서 등가교환 논리를 벗어난 인륜성 관계망의 토대를 확보할 것을 주장한다. 물론 그에게는 "기초적 공산주의"만이 아니라, 교환과 위계가 여전히 고유한 도덕적 토대를 갖는 경제 관계 모델로 존재한다(Graeber 2012 [2011]: 109 이하). 그러나 "기초적 공산주의"가 여타의 경제 관계 모델의 가능조건이란 점에서 우선권을 갖는다(앞의 책: 102). 즉 "기초적 공산주의"가 확고하게 펼쳐진 관계망 없이는 사회 전체의 연결은 쪼개지고 만다는 것이다.[6] "기초적 공산주의"의 구성적 기능에 대한 의식은, 『부채』에 따른다면, 채무자 계급의 다음과 같은 의식을 강화한다. 즉 등가교환 영역 속에서 비인격적 부채라는 명목 속에 축적된 의무들이 도덕적 구속력을 상실하고, "기초적 공산주의"를 배경으로 새롭게 협상될 수 있고, 또한 그렇게 되어야 한다는 의식 말이다(Graeber 2012 [2011]: 404 이하를 보라).

6 생활세계적 틀을 이루는 다소 제한된 영역에서 타당성을 갖는 "기초적 공산주의"의 원리에 대해 "상업적 경제"가 자립화된 것은 사회적인 것 전체의 존립 조건을 위태롭게 할 수밖에 없다. 칼 폴라니를 떠올리게 하는 이러한 관점의 첫 번째 단초는 『부채』 마지막 장에 산재되어 있다(앞의 책: 406, 409).

III.

『부채』에서 전개된 규범적 관념은 분명 상세한 논의를 필요로 한다. 그러나 여기서는 이에 대한 재구성은 보류해두고, 그레이버가 제시한 비판 모델이 호네트의 사회이론과 어떤 관계를 갖는지를 논의할 것이다.

호네트는 탈규범화 테제의 이론적 맥락을 보여주는 『자유의 권리』에서 비판사회이론을 위한 자신의 프로젝트를 두 가지 핵심 기준을 통해 규정한다. 즉 한편으로 비판의 규범적 척도는 역사적으로 형성된 인정 질서 내에 포함된 사회적으로 영향력 있는 가치 정향으로부터 얻어질 수 있다. 이는 그의 재구성적 작업 요구에 상응하는 것이기도 하다(Honneth 2011a: 20 이하 참조). 그러나 다른 한편으로 비판적 사회이론이 이러한 척도를 자신의 것으로 만들기 위해서는 반성적 관점에서 기존의 인정 질서에 대한 규범적 보편화에 이의를 제기하는데 이 척도가 적합하다는 결론에 도달해야 한다(앞의 책: 28 이하; Honneth 1992: 270, 280 이하). 호네트가 자신의 사회이론적 반성을 통해 촉진시키려는 것은 "사회적 자유", 즉 모든 개인이 동등하게 자율적 행위를 할 수 있게 하는 자유의 제도적 실현을 목표로 하는 사회적 인륜성이다(Honneth 2011a: 81). 그리고 호네트는 이를 통해 아직도 충족되지 않은 사회적 근대의 자유주의적 약속에 의무감을 표한다(앞의 책: 35 이하 등등; Honneth 2001: 16 이하). 호네트에 따르면 근대적 자유 약속의 규범적 핵심은 경제와 정치 영역에서 포괄적인 민주화로 추진되었다. 경제적 관계에서 보자면 "사회적 자유"의 실현은 충분한 평등적 소유 질서의 수립을 요구한다. 그러고 난 다음에야 모든 시장 행위자가 실제로 자유로운 계약에 참여할 수 있는 출발 전제가 만들어진다(Honneth 2011a: 347 이하).

호네트는 이런 식으로 이해된 규범적 요구가 신자유주의적 헤게모니 하에서 이들 영역에서 사라졌다고 본다. 그것은 아마도 현존하는 경제, 정치 제도의 규범적 토대가 해체되었기 때문일 것이다. 적어도 이런 현상이 심층적으로 진행되고 있다는 점은 경험적으로 설득력을 갖는다. 왜냐하면 최근 사회적 문제가 공적으로 주제화되는 것을 보면 자본주의에 대항하여 『자유의 권리』에서 강조되고 있는 근대적 시장에서의 자유 약속이 신자유주의적 상황 하에서 결국 주변적으로만 자신의 주장을 급진화하고 있음을 관찰할 수 있기 때문이다. 그럼에도 불구하고 비판은 오히려 예의범절 준수나 생계유지라는 척도로부터 동력을 얻고 있다. 이런 사실은 또한 사회적 투쟁의 "야만화"라는 주장에 모순된다. 왜냐하면 호네트의 재구성적 비판 모델 외에도 경제적인 것을 규범적으로 주제 삼을 수 있는 광범위한 영역이 존재하기 때문이다.

우리가 그레이버를 따른다면, 기존의 제도망 밖에서 구체화된 규범적 관점들과 만나게 된다. 그레이버는 "소문자 a 아나키즘" 윤리는 집단적 의사형성이라는 왜곡되지 않은, 그리고 평등하고 동의 지향적 관계를 주장하고 있다는 점에서 지금 여기에서 "이상적 담화 상황"을 목표로 하는 하버마스의 담론윤리적 의사소통 모델을 급진적으로 재활성화한 것처럼 보인다(Habermas 1984: 104 이하, 159 이하). 물론 여기에는 호네트에 대한 친화성 역시 존재한다. 호네트의 "사회적 자유" 개념은 모든 주체가 동등하게 자신의 제도적 인정관계에 대해 아무런 강제 없이 담론적으로 협상할 수 있게 하는 사회적 실천 조건이기 때문이다(Honneth 2011a: 357 이하).

이렇게 볼 때 그레이버가 자신의 비판적 이론 프로젝트를 통해 재구성적으로 전개하고자 한 규범성은 그 내용상 전적으로 호네트가 다루고 있는 척도와 일치한다. 그러나 이 둘 사이의 커다란 차이는 이런 규범성을 사회이론적으로 어디에 위치시키는가 하는 점에 있다. 호네트의 재구성적 비판은 이를 주도하는 규범적 관점이 "제도 속에 뿌리박고 있는 원칙들"과 일치한다는 점에서 비판의 대상이 되는 제도적 구조 자체 내에 내재되어 있으면서도 아직 역사적으로 이행되지 않은 인정 약속의 관철을 요구할 수 있다(Honneth 2011b: 14). 따라서 호네트에 따르면 근대적 인정 질서는 왜곡되고 제한된 상태를 넘어서기 위한 초월 과정을 추동시킬 수 있는 해방적 잠재력을 갖고 있다(Honneth 2000: 731 이하, 2003a: 219 이하, 2003b: 280 이하). 이런 기본적 가정을 볼 때 호네트의 비판 모델은 변증법적으로 특징 지워질 수 있다.[7] 이에 반해 그레이버는 비판 모델의 규범적 원천을 명시적이면서도 원칙적으로 현존하는 제도의 타당성 토대로부터 끌어내지는 않는다(Graeber 2001b, 2012a). 소외되고 부패한 자본과 국가 제도를 민주화하는 대신 이를 극복하기 위한 추동력은 사회적인 것의 직접적 층으로부터 획득될 수 있기 때문이다. 그레이버는 자신의 이론 프로젝트가 갖는 규범성을 근대적 제도들의 연결망 밖에 위치시키고 있다는 점에서 변증법적으로 이해된 호네트의 재구성적 비판을 명백하게 거부한다.

또한 『부채』에서 볼 수 있듯이 그레이버의 비판이 갖는 규범적 내용은 호네트의 규범적 척도와도 분명히 다르다. 그레이버가 근대적 "부채 사회"에 반대하는 것은 무엇보다도 그가 등가교환의 규범적 함축이 갖

7 물론 경제와 정치의 "탈규범화"라는 진단은 변증법적 비판 모델의 역사적 한계를 보여준다. 이러한 진단이 맞다면, 변증법적 비판 모델은 사회적 세계에서 자신의 자리를 잃게 되는 위험에 빠진다. 그레이버는 이러한 문제에서 벗어나 있다. 왜냐하면 그의 비판 모델은 완전히 다른 곳에서 단초를 찾고 있기 때문이다.

는 가면을 벗겨내었기 때문이다. 즉 시장 주체들 사이의 상호적 채무를 변제한다는 것은 이들의 지위를 서로 독립적이며, 따라서 자율적인 행위자로 보장하지만, 동시에 이는 시장 주체들이, 여기서는 특히 무산자 계급이 노예처럼 복종하는 비인격적인 계약 및 소유 관계의 강제성을 강화시키는 것이기도 하다. 흥미롭게도 그레이버는 임금 노동자의 부자유를 비판할 때 등가교환 자체에 내재되어 있는 규범적 전제가 사실적으로 훼손되었음을 그 척도로 사용하지 않는다. 즉 그에 따르면 자본주의적 시장 상황에서 비판가치가 있는 것은 이것이 갖는 구조적 비대칭성이라기보다는, 보다 심층적 차원에서 인간 간의 의무가 갖는 의미를 몰아내는 익명성과 사물성이라는 것이다.

이런 점에서 그레이버는 『부채』에서 근대 사회의 부르주아적 이상에 기초한 비판 전통을 넘어선다. 그는 공간적으로 가깝고 개인적으로 결속된 행위자들 사이의 상호부조 모델로 돌아감으로써 비판의 규범적 원천을 확보하고 있기 때문이다.[8] 그러나 『자유의 권리』에서 묘사된 호네트의 입장은 근대적 제도를 통한 매개 현상 속에는 포함되어 있지 않은 이러한 연대성에 반하는 것이며, 또한 개별적 공동체 형성의 윤리를 확언하는 것과도 배치된다. 여기서 "사회적 자유" 개념이 강조하는 것은 개인적 자율성에 대한 보장으로서 상호주관적 등가성과 경제적 자립성이라는 의미에서 주체적 독립성을 제도적으로 실현하는 데 있다 (Honneth 2011a: 352). 그레이버가 "채무 사회"의 냉정한 강제에서 벗어

8 그레이버는 이러한 규범적 모델을 단순히 반(反)사실적 이념, 혹은 사라진 가치의 재활성화로 보지 않는다. 오히려 그는 "기초적 공산주의" 개념을 통해 오늘날에도 여전히 영향력을 발휘하는 행위 지향을 구별해내려 한다(Graeber 2012 [2011]: 101). 또한 『부채』에서는 "기초적 공산주의"의 일상적 실천이, "소문자 a 아나키즘"의 "예시적 정치"에 상응하여, 대안적이며 소외되지 않은 경제 관계의 가능성이 선취되고 있다고 독해될 수 있다.

나기 위해 그 중요성을 강조하고 있는 개별적 결속은 호네트의 시각에서 볼 때 아마도 불투명한 의존성으로 해독될 수밖에 없으며, 제도적 중립화로 대체되어야 할 것이다.

호네트는 경제가 정서적으로 얽힌 초보적 관계(사랑, 우정, 가족)로부터 분화됨으로써 가족관계, 우정, 그리고 지역적 결속과는 다른 것일 뿐 아니라, 이로부터 독립하여 행위 주체들에게 자기 확증의 가능성을 열어주었고, 따라서 이들의 자립성의 범위 역시 구조적으로 확장시켜 사회적 인정 영역 역시 실현되었다고 본다(Honneth 2003a: 169). 그레이버가 "인간적 경제" 개념을 통해 염두에 두었던 것처럼 보이는 이러한 분화 과정에 다시 주목한다면, 물론 생산수단에 대한 관계에 따라 달라지겠지만, 호네트가 말하는 자율성 증대를 다시 끌어들일 수 있다. 또한 근대 사회의 규범적 성과를 상실했다는 주장을 계속해서 발전시킨다면 합리적으로 구속력 있는 척도에 따라 경제적 관계를 비판하는 것도 가능할 것이다. 왜냐하면 정서적이고 개인적인 관계가 갖는 임의성과 개별성으로부터 물질적 재생산이라는 사물적인 영역이 분리됨으로써 경향적으로 볼 때 경제를 정당화시킬 뿐 아니라 이를 비판할 수 있는 보다 합리적인 규범적 척도가 등장하기 때문이다. 아마도 이러한 근대적 합리화 과정은 시장 관계가 "기초적 공산주의" 관계로 전환된 것을 역전시킬지도 모른다. 부르주아 사회의 이성법적인 범주들, 즉 노동, 소유, 계약과는 반대로 "기초적 공산주의"에 결정적인 친근성과 애정이라는 감정은 결코 담론적으로 이의를 제기할 수 있는 타당성 요구와 결합된 것이 아니다.

IV.

호네트와 그레이버의 관점에 대한 나의 비교는 이들 사이의 공통점과 차이점을 조명해주었다. 이 둘은 자신들의 비판적 이론 프로젝트를 재구성적 비판 작업으로 만들기 위해 실천상 중요한 규범적 행위 정향에 의거할 것을 주장한다. 호네트의 비판 모델은 현재 관찰 가능한 제도화된 경제적, 정치적 인정 영역의 "탈규범화" 때문에 "당혹감"에 빠져 있다(Honneth 2011a: 460). 그레이버는 완전히 반대이다. 그는 근대적 제도망 밖에 있는 대안 세계화 운동의 실천 속에서 "소문자 a 아나키즘"의 생생한 힘을 발견할 수 있기 때문에 그의 비판 모델을 철저히 유지할 수 있다. 그러나 "소문자 a 아나키즘"의 급진민주주의적 방향은 하버마스의 담론윤리에 영향을 받은 호네트의 규범적 척도에 상당히 일치한다. 따라서 호네트의 이론이 제도화된 인정 질서에 얽매이지 않고, 그레이버가 목표로 하고 있는 사회적 실천의 규범적 추동력과 결합된다면, 그의 이론이 자본주의 비판적인 사회적 실천의 규범적 추동력과 연결될 수 있는 것은 아닐까?

그러나 아마도 이런 연결은 호네트의 입장에 대한 현저한 왜곡이라는 대가를 치러야 가능한 것일 수도 있다. 그레이버의 시각에서 보면 "사회적 자유"의 보편화라는 호네트의 이념 속에는, 여기에 결합된 보편화된 시민성이라는 함의와 함께, 근대적 "채무 사회"의 간파되지 못한 흔적이 표현되어 있다면, 호네트의 시각에서 볼 때 자연발생적 연대성에 호소하는 그레이버의 입장은 근대 사회의 규범적 성과 이전으로 돌아가는 것처럼 보일 것이다. 내 생각에 그레이버에 대한 이런 비판은 정당하고 또한 필연적이다. 그러나 이런 비판에는 역사적으로 볼 때 상당한 정도로 공격받은 계몽적 "근대 프로젝트"의 규범성을 무력하게 고집한다는 위험성이 있다. 이에 반해 전근대적인 것처럼 보이는 "기초적 공산주의"라는 인류성은 오늘날의 자본주의 비판 운동의 자기이해를 결정적으로 규정하고 있다. 사실 점령운동의 "내부 운동"에서 나타난 캠프 내의 고유한 실천과 제도들은—인민 및 수프 식당, 도서관, 의복 장터 등—바로 "예시적 정치"의 일환으로 파악되었다(Gitlin 2013: 4, 9). 이에 따르면 금전이 아니라, 욕구에 정향된 구체적 타인들 사이에서의 상호적이고 지근거리에서의 지원형태는 이미 대안적이고, 실제로 공산주의적 경제의 초석이다. 말리아 사프리(Maliha Safri)는 이런 의식을 『점령하라!』 공보지에서 다음과 같이 정리했다. "마르크스는 종종 공산주의가 포함하고 있는 세부적 비전을 제시하지 않았다고 비판받는다. (…) '각자 지불할 수 있는 능력에 따른다'는 신자유주의적 만다라를 거부하면서 우리들 중 수많은 사람은 (…) 우리 자신과 타인들을 위해 우리들의 능력에 따라 생산하려고 노력하고 있다. 이런 노력은 바로 먹을 것과 작업장을 생산하는 것은 아니지만, 이는 새로운 경제 모델을 암시하고 있다. 그리고 이러한 노력은 미시적 변혁을 통해 우리가 추구하는 거시적 변혁을 구현하고 있다."(Safri 2011: 16)

여기서 공산주의 경제는 개인 상호 간의 관계라는 지역적 맥락에서 사고된 것으로서 네트워크 논리를 통해 세계화되어야 한다. 이런 입장은 선물 경제나 공유재(Commons)에 대한 다양한 논의 계열 속에 편입되어 있다(Eisenstein 2013 [2011]; Helfrich/Heinrich-Böll-Stiftung 2012). 물론 이로부터 "기초적 공산주의" 개념을 통해 실현되는 규범적 행위 방향이 점령운동의 급진적 핵심을 대표한다는 결론이 도출될 수 있는 것은 아니다. 그렇지만 그레이버의 "기초적 공산주의" 개념을 통해 오늘날 자본주의 비판의 중요한 경향을 알 수 있다. 즉 그것은 제도화된 인정 질서를 넘어서 "탈규범화"라는 빈 공간을 다른 규범성 유형으로 채우는 것이다.

호네트에 따르면 "탈규범화"는 신자유주의적 변화 과정을 통해 근대적 인정 질서가 갖는 규범적 요구가 곡해되고 비워져버린 결과이다 (Honneth 2000: 735 이하; Honneth/Hartmann 2004: 4 이하, 14 이하; Honneth/Sutterlüty 2011; 79 이하 참조).[9] 이런 역사적 과정은 앞서 말한 자본주의 비판적 경향의 동기가 되는 토대로서 성찰되어야 할 것이다. 즉 자본주의 비판은 규범적으로 부패되었고, 또한 남용된 근대에 대한 실망 때문에 "기초적 공산주의"라는 제도 이전의 연대성으로 되돌아가야 하는 것인가?

호네트의 비판이론에서는 그레이버가 자신의 운동 경험과 연결시켰던 역사적 경험 지평에 대한 사회이론적 탐구가 결여되어 있다면, 특히 그레이버의 저작들 자체는 이 경험 지평이 담고 있는 교훈적인 통찰에 대해 탐문한다. 아마도 이러한 토대 위에서 호네트의 사회이론은 다시금 자본주의 비판적 저항과 연결될 수 있으며, 비판의 관점인 근대의 규범적 내용을 연계성 있게 정당화시킬 수 있을 것이다.

번역_문성훈

9 근대 시장의 인정 질서와 관련하여 사회연구소는 이미 "탈규범화"라는 시대사적 과정을 인지하고 있었다. 즉 경제 엘리트들은 지난 몇 십 년 동안 자신들의 특권을 고착화시키기 위해 성과 정의 요구를 강탈해 갔다(Honneth 2011b: 11, 16). 또한 성과는 신자유주의적 자본주의 하에서 점차 단순 성과와 동일시됨으로써 근대 시장의 정당성 토대가 사회정의와 기회평등과의 연관성을 상실하게 되었다. 더구나 여기에 더하여 신자유주의적 담론 정치는 기회평등 규범을 "기회 정의 규범", 즉 누구나 어떤 식으로든 고용될 수 있다는 기대를 정당화시키는 "부분 참여 정의"로 축소시켰다(Draheim/Reiz 2004).

참고문헌

Bennett, Drake 2011: David Graeber, the Antileader of Occupy Wall Street, in: Bloomberg Businessweek Magazin, 26. Oktober. www.businessweek.com/magazine/david-graeberthe-antileader-of-occupy-wall-street-10262011.html.

Draheim, Susanne und Tilman Reitz 2004: Work Hard and Play by the Rules. Zur Neubesetzung des Gerechtigkeitsbegriffs in der SPD-Programmdiskussion, in: Das Argument 46. 3/4, 468–482.

Eisenstein, Charles 2013 [2011]: Ökonomie der Verbundenheit. Wie das Geld die Welt an den Abgrund führte – und sie dennoch jetzt retten kann. Berlin und München: Scorpio.

Epstein, Barbara 2001: Anarchism and the Anti-Globalization Movement, in: Monthly Review 53. 4. monthlyreview.org/2001/09/01/anarchism-and-the-anti-globalizationmovement.

Gitlin, Todd 2013: Occupy's Predicament. The Moment and the Prospects of the Movement, in: British Journal of Sociology 64. 1, 3–25.

Graeber, David 2002: The New Anarchists, in: New Left Review 13, 61–73.

Graeber, David 2003a: The Globalization Movement and the New New Left, in: Stanley Aronowitz und Heather Gautney (Hg.): Implicating Empire. Globalization and Resistance in the 21st Century World Order. New York: Basic Books, 356–370.

Graeber, David 2003b: The Twilight of Vanguardism. o. O.: The Anarchist Library.

Graeber, David 2006: Turning Modes of Production Inside Out. Or, Why Capitalism is a Transformation of Slavery, in: Critique of Anthropology 26. 1, 61–85.

Graeber, David 2011a: Occupy Wall Street's Anarchist Roots, in: Aljazeera, 3. November. www.aljazeera.com/indepth/opinion/2011/11/2011112872835904508.htm.

Graeber, David 2011b: Occupy and Anarchism's Gift of Democracy, in: The Guardian, 15. November. www.theguardian.com/commentisfree/cifamerica/2011/nov/15/occupyanarchism-gift-democracy.

Graeber, David 2011c: »You're creating a vision of the sort of society you want to have in miniature.« Interview von Ezra Klein mit David Graeber, in: The Washington Post Blog, 3. Oktober. www.washingtonpost.com/blogs/wonkblog/post/youre-creating-a-visionof-the-sort-of-society-you-want-to-have-in-miniature/2011/08/25/gIQAXVg7HL_blog. html.

Graeber, David 2012a: Can Dept Spark a Revolution?, in: Nation, 5. September. www.thenation.com/article/169759/can-debt-spark-revolution#.

Graeber, David 2012b: Occupy's Liberation from Liberalism: the Real Meaning of May

Day, in: The Guardian, 7. Mai. www.theguardian.com/commentisfree/cifamerica/2012/may/07/occupy-liberation-from-liberalism.

Graeber, David 2012c: After the Jubilee, in: tidal 2. 3, 26–28.

Graeber, David 2012 [2011]: Schulden. Die ersten 5000 Jahre. Stuttgart: Klett-Cotta.

Graeber, David und Andrej Grubačić 2004: Anarchism, or the Revolutionary Movement of the Twenty-first Century. o. O.: The Anarchist Library.

Habermas, Jürgen 1984: Vorstudien und Ergänzungen zur Theorie des kommunikativen Handelns. Frankfurt a. M.: Suhrkamp.

Hardt, Michael und Antonio Negri 2002 [2000]: Empire. Die neue Weltordnung. Frankfurt a. M. und New York: Campus.

Hardt, Michael und Antonio Negri 2004: Multitude. War and Democracy in the Age of Empire. New York: Penguin.

Hardt, Michael und Antonio Negri 2010 [2009]: Common Wealth. Das Ende des Eigentums. Frankfurt a. M. und New York: Campus.

Hart, Keith 2012: In Rosseau's Footsteps. David Graeber and the Anthropology of Unequal Society, in: Memory Bank, 4. Juli. thememorybank.co.uk/2012/07/04/inrousseausfootsteps-david-graeber-and-the-anthropology-of-unequal-society-2/.

Helfrich, Silke und Heinrich-Böll-Stiftung (Hg.) 2012: Commons. Für eine neue Politik jenseits von Markt und Staat. Bielefeld: transcript.

Honneth, Axel 1992: Kampf um Anerkennung. Zur moralischen Grammatik sozialer Konflikte. Frankfurt a. M.: Suhrkamp.

Honneth, Axel 2000: Rekonstruktive Gesellschaftskritik unter genealogischem Vorbehalt. Zur Idee der »Kritik« in der Frankfurter Schule, in: Deutsche Zeitschrift für Philosophie 48. 5, 729–737.

Honneth, Axel 2001: Leiden an Unbestimmtheit. Eine Reaktualisierung der Hegelschen Rechtsphilosophie. Stuttgart: Reclam.

Honneth, Axel 2003a: Umverteilung als Anerkennung. Eine Erwiderung auf Nancy Fraser, in: Nancy Fraser und Axel Honneth: Umverteilung oder Anerkennung? Eine politischphilosophische Kontroverse. Frankfurt a. M.: Suhrkamp, 129–224.

Honneth, Axel 2003b: Die Pointe der Anerkennung. Eine Entgegnung auf die Entgegnung, in: Nancy Fraser und Axel Honneth: Umverteilung oder Anerkennung. Eine politischphilosophische Kontroverse. Frankfurt a. M.: Suhrkamp, 271–305.

Honneth, Axel 2011a: Das Recht der Freiheit. Grundriß einer demokratischen Sittlichkeit. Berlin: Suhrkamp.

Honneth, Axel 2011b: Verwilderung des sozialen Konflikts. Anerkennungskämpfe zu Beginn des 21. Jahrhunderts. MPIfG Working Paper 11/4. Köln: Max-Planck-

Institut für Gesellschaftsforschung.

Honneth, Axel und Martin Hartmann 2004: Paradoxien des Kapitalismus. Ein Untersuchungsprogramm, in: Berliner Debatte Initial 15. 1, 4–17.

Honneth, Axel und Ferdinand Sutterlüty 2011: Normative Paradoxien der Gegenwart. Eine Forschungsperspektive, in: WestEnd. Neue Zeitschrift für Sozialforschung 8. 1, 67–85.

Kropotkin, Pjotr 2011 [1902]: Gegenseitige Hilfe in der Tier- und Menschenwelt. Aschaffenburg: Alibri.

Lazzarato, Maurizio 2012: Die Fabrik des verschuldeten Menschen. Essay über das neoliberale Leben. Berlin: B_Books.

Neckel, Sighard 2010: Refeudalisierung der Ökonomie. Zum Strukturwandel kapitalistischer Wirtschaft. MPIfG Working Paper 10/6. Köln: Max-Planck-Institut für Gesellschaftsforschung.

Safri, Maliha 2011: Globalizing Zuccotti, in: Occupy! Gazette 1. 1, 15–16.

논단

논단

보편적 기본소득

왜 유토피아적 사유가 중요하며, 어떻게 사회학자들은 이에 기여할 수 있는가[1]

필리프 판 파레이스

1516년 12월 루뱅의 대학가에서 라틴어로 쓰여진 이상한 소책자가 출간되었다. 그 지역의 학자들 중 가장 순응적이지 않았으나 또한 가장 존경받던 데시데리위스 에라스무스(Desiderius Erasmus)의 중재 덕분이었다. 이 작은 소책자는 한 포르투갈인 여행자가 들려준 다수의 이상한 이야기들과 주장들을 담고 있었다. 그 여행자는 수세기 후 미국을 방문한 토크빌처럼, 그가 방문했던 곳들에 대해 통찰력을 보여준 관찰자였다.

예를 들어 그 여행자는 스스로에게 묻고 있었다. 왜 영국에서는 도둑

1 이 논문은 "현실의 유토피아들"이라는 제목으로 2013년 6월에 발간된 『정치와 사회』(*Politics and Society*) 특별호의 일부분이다. 원래 이 논문들은 콜로라도 덴버에서 열린 2012년 미국사회학회 연례모임에서 발표된 것이다. 이 컨퍼런스의 주제는 "현실의 유토피아: 해방의 프로젝트들, 제도적 디자인들, 가능한 미래들"이었다. 더 상세한 정보는 이 특별호에 실린 서문을 보라.

과 살인 모두에 대해 사형이라는 형벌이 가해짐에도 그렇게 수많은 도둑질과 살인이 일어나는 것일까? 살인의 경우, 그 이유는 매우 단순하다고 여행자는 말했다. 도둑질이 발각되었을 때, 도둑은 목격자를 죽이는 것이 더 낫다. 만약 그가 체포된다 하더라도 어차피 형벌은 똑같을 것이고, 목격자가 누구든 그가 죽여 버리기만 한다면 체포 가능성이 줄어들기 때문이다. 따라서 살인을 줄이기 위해서는 도둑질에 대한 형벌을 완화하는 것이 최선의 방편이 되는 것이다. 그렇다면 도둑질을 줄이기 위해서는 어떻게 해야 할까? 이제 그는 우선 그 원인을 살펴보아야 한다고 말한다. "지상의 그 어떤 형벌도 사람들이 훔치는 일을 멈출 수는 없습니다. 만약 그 도둑질이 음식을 얻을 수 있는 유일한 수단이라면 말이지요." 나아가 여행자는 당시 공유지의 사유화로 인해 그와 같은 사람들이 수없이 많았음을 상세히 후술했다. 이러한 맥락에서 그는 다음과 같이 말했다. "이러한 끔찍한 형벌을 가하는 대신, 모든 사람들에게 어떤 생계수단을 제공하는 것이 훨씬 더 중요할 것입니다. 그렇게 한다면 그 누구도 도둑이 되고 나아가 시체가 되는 끔찍한 필연성 아래 놓이지는 않은 것입니다."[2] 달리 말해, 독창적으로 사유하고, 급진적으로 사유하며, **유토피아적으로** 사유하라는 것이다.

2 "Decernuntur enim furanti gravia atque horrenda supplicia, cum potius multo fuerit providendum, uti aliquis esset proventus vitae." Thomas More, *De Optimo Reipublicae Statu deque Nova Insula Utopia* (1st edition, Lovanium 1516; English edition, *Utopia*, Harmondsworth: Penguin, 1978), 36.

유토피아적 사유

적어도 여러분 중 일부가 추측하고 있듯이, 1516년 루뱅에서 출간된 이 소책자는 토머스 모어(Thomas More)의 『유토피아』(*Utopia*)이다. 만약 이 소책자가 출간되지 않았거나, 혹 다른 제목으로 출간되었다면, 500년 후 지금 현재의 우리가 콜로라도의 덴버에서 사방이 벽으로 둘러싸인 채 꼼짝하지 못하며 "현실의 유토피아"를 보고 있지는 않을 것이다. 나는 내가 간략하게 논하고자 하는 구체적인 현실의 유토피아와 앞서 살펴본 주장이 실질적으로 연관되어 있기 때문에 그 책자에서 이 부분을 선택했다. 하지만 나는 우선 유토피아와 사회학의 관계에 대해 몇 마디 언급하려 한다. 좀 더 정확하게 말하자면, 왜 유토피아적 사유가 단지 사회학자라는 직업의 주변부에 있는 소수 구성원들만의 조금은 당혹스러운 취미가 아니라, 모든 존중받을 만한 사회학자들의 작업의 핵심적인 영역이 될 수 있다고 내가 믿고 있는지를 설명할 것이다.

물론 사회학과 유토피아 사이에는 낡고 그다지 전도유망하지 않은 관계도 있다. 이 학문에 그 이름을 붙여준 오귀스트 콩트(Auguste Comte)의 경우를 살펴보자. 그의 수많은 발상 가운데, 콩트는 노르망디 규모의 60개의 공화국으로 구성되는 유럽연합이라는 멋진 계획을 만들어냈다. 각국은 각각 농업, 산업, 무역에 전문성을 지니고 있으며 세 명의 통치자(triumvirate), 세 명의 은행가들이 이룬 집단(!)에 의해 통치되는데, 이들은 최소한 마흔두 살이어야 했고 그렇게 되면 이들이 자신들의 신뢰성을 증명할 충분한 시간을 가지게 된다고 콩트는 주장했다.[3] 모두가 다 그의 주장을 터무니없는 것으로 간주하는 것은 아니지만, 또 다른 선구자인 칼 마르크스(Karl Marx)도 있다. 20세기 말까지 시도된 사회주의 유토피아의 모든 변형들의 노골적인 실패는 유토피아적 사유가 사회과학자들이 시간을 투여할 만한 것이 아님을 증명하는 결정적인 증거인 것은 아닐까?

결코 그렇지 않다. 실제로는 완전히 정반대이다. 마르크스의 문제—마르크스에게는 아주 큰 문제가 있다—는 유토피아적 사유가 과했던 것이 아니라 오히려 충분하지 않았다는 것이기 때문이다. 사회주의 사회는 어떤 제도들을 가져야만 하는가, 이 제도들이 만들어낼 수 있는 문제들은 어떤 것인가, 이런 문제들에 대한 해결책은 있는가와 같은 유토피아적 질문들은 마르크스의 저작에서 아주, 아주 작은 부분을 차지하고 있으며, 최초의 사회민주주의 정당의 프로그램, 고타강령에 대한 방주(marginal notes) 안에 본질적으로 갇혀 있다.[4] 런던 하이게이트 묘지에 있는 마르크스의 무덤에는 그가 남긴 가장 유명한 문장들 중 하나가 번역되어 특별히 남아 있다. "철학자들은 단지 세상을 다양한 방식으로 해석할 뿐이다. 그러나 문제는 세상을 바꾸는 것이다."[5] 마르크스 선생, 그렇습니다. 그렇고말고요. 그러나 세상을 더 낫게 바꾸고자 준비하길 원한다면, 예를 들어 세상을 기술하고, 분석하고, 설명하고, 비판하며

3 Auguste Comte, *Système de politique positive, ou traité de sociologie instituant la religion de l'Humanité*, Paris, 1854, Vol. 4, excerpted in P. Arnaud, ed., *Politique d'Auguste Comte* (Paris: Armand Collin, 1965), Vol. 4 ch. 4, 298-301.

4 Karl Marx, "Randglossen zum Programm der deutschen Arbeiterpartei"(1875), in K. Marx & F. Engels, *Werke* Vol. 19 (Berlin: Dietz, 1962), 15-32.

5 이 문장은 포이어바흐에 대한 열한 번째 테제로 알려져 있다. 이 문장은 1845년 마르크스가 브뤼셀에서 (단지 백여 미터 떨어져 있던) 프리드리히 엥겔스의 옆집에 살 당시 작은 종잇조각에 날려 쓴 글이다. 마르크스의 사후 엥겔스가 이 문장을 출간했다. 읽기가 매우 어려운 원래의 문장은 다음과 같다. "Die Philosophen haben die Welt nur verschieden *interpretiert*, es kommt drauf an, sie zu *verändern*." Karl Marx, "Thesen über Feuerbach", in K. Marx & F. Engels, *Werke* Vol. 3 (Berlin: Dietz, 1978), 3-7에 있는 복사본을 보라.

"다양한 방식으로 세상을 해석하는 데" 시간을 보내는 것으로는 충분하지 않다. 두어 개 이상의 슬로건들을 두고 위험을 무릅쓰는 일과 어떤 사회가 좋은 혹은 더 나은 사회이며, 정의로운 혹은 더 정의로운 사회인지를 명백히 설명하는 일은 동등하게 중요하다. 다시 말해, 유토피아적 사유에 관여하는 것은 핵심적인 일이다. 이런 일을 함에 있어 규범적, 윤리적, 철학적 사유에 대한 공간이 있으며 이에 대한 절대적 필요가 존재한다. 그러나 철학자들은 자신들 스스로 이 모든 일을 하려 해선 안 된다. 그리고 이 모든 일을 경제학자들에게 넘겨주려 해서도 안 된다. 아마도 기괴하게 들리겠지만, 경제학은 후생경제학과 이후 사회적 선택이론이라는 명백하게 의미 있는 규범적 분야를 발전시켰던 유일한 사회과학이다. 그러나 경제학과 다른 사회과학 분야 사이에 존재하는 명백한 불균형의 근본적인 원인은 없다. 각각의 사회과학 분과가 그들만의 규범적 부속물(normative appendix)을 개발하는 것이 아니라, 각각이 그들의 구체적인 연구방법과 설명유형들을 가지고 유토피아적 사유가 반드시 필요로 하는 집단적 작업에 관여함으로써 이루어지는 훨씬 더 큰 균형이야말로 바람직하며 달성 가능한 것이다.

이러한 유토피아적 사유의 목적은 완전한 사회가 어떤 것인지에 대한 모든 작은 세부사항을 구체화하는 것은 아니어야 한다. 오히려 그 목적은 (1) 현 사회질서에 대한 급진적 개혁을 위한 제안들을 형성하는 것, (2) 숙고를 통해 헌신하고자 하는 규범적인 원칙들 또는 가치들을 참조하여 정당화하는 것, 이때 그 제안들이 다루고자 하는 문제들의 근본 원인들에 대한 최대한 가능한 과학적 분석이 결합되어야 하고, (3) 모든 가능한 왜곡된 결과를 쉼 없이 살펴보며, 모든 것을 명백한 규범적 고려들의 차원에서 평가하며 이 제안들을 느슨하지 않게 비판적으로 탐구하는 것이어야 한다. 그러한 유토피아적 사유는 가치중립을 의미하는 것이 아니다. 그러나 이런 사유는 사회과학적 진리가 이미 평가된 판단들에 의존하도록 만들지 않는다. 이러한 유토피아적 사유는 가치중립적인 것으로 간주되지 않으며, 가치판단에 기댄 사회과학적 진리를 만들어내지 않는다. 유토피아적 사유는 일어날 만한 결과, 공존가능성 및 지속가능성에 대한 수많은 사실적 질문에 답할 것을 요구한다. 이러한 사실적 **질문들**에 대한 선택이 가치판단에 의해 지침이 내려지는 것은 온전하게 정당하지만 이러한 질문들에 대한 **대답들**이 우리의 이익들과 가치들, 양자에 따라 추론되는 것으로부터 보호되어야 한다는 점은 본질적이다. 유토피아적 사유를 희망사항(wishful thinking)과 혼동해서는 안 된다. 유토피아적 사유는 우리가 진실이기를 바라지만 실제로는 그렇지 않은 믿음과 단언으로부터 우리를 단념시키기 위해, 여러 전문 분야의 과학적 공동체를 통한 고된 단련을 요구한다. 그러나 학문적 충실성이라는 이러한 결정적 요구가 더 나은 실현 가능한 미래를 디자인하도록 돕고, 우리 세대와 다가올 세대에게 합당한 희망을 제공하도록 도우며, 현실적인 유토피아를 만들어내는 우리의 집단적 임무로부터 우리를 도망치게끔 해선 안 될 것이다.

아주 간단한 유토피아

이를 설명하기 위해, 나는 이제 **기본소득**으로 일반적으로 알려져 있는 아주 간단한 현실의 유토피아로 화제를 전환하려 한다. 기본소득이란 (1) 개인을 기반으로, (2) 자산조사 없이, 그리고 (3) 노동에 대한 요구 없이 사회 구성원들 모두에게 무조건적으로 지급되는 소득을 말한다.[6]

이 발상은 서두에 인용된 문단에서 토머스 모어가 제안한 것과 연관되어 있으나 꼭 같은 것은 아니다. 모어의 마음에 있었던 최저생활보장(guaranteed subsistence)은, 『유토피아』가 나오고 10년이 지난 이후 그의 친구이자 동료 인문주의자인 후안 루이스 비베스(Juan Luis Vives)가 『빈자들에 대한 원조에 대하여』(*On Assistance to the Poor*)라는 제목으로 출간한 소책자에서 발전시킨 체계와 좀 더 유사하다. 이 체계는 지방정부가 빈자들로부터 일을 하겠다는 동의를 얻는 엄격한 조건 하에 그들에게 배타적으로 지급하는 최저소득이다.[7] 이것이 세계의 그 어느 곳에서도 실현되지 않았던 그 당시의 "유토피아"였다. 물론 오늘날 이 체계는 더 이상 유토피아가 아니다. 세계의 모든 곳에 존재하는 공적 원조는 비베스가 제안한 체계의 온화한 유형으로 간주할 수 있다.

무조건적 기본소득은 사회보장으로 환원될 수 없는 현금이전이라는 측면에서 볼 때 이 체계와 유사하다. 무조건적 기본소득이 현재의 연대로부터 이득을 얻기 위해 과거에 기여를 한 사람들에게만 엄격히 제한되는 것이 아니기 때문이다. 그러나 무조건적 기본소득이 비베스의 체계와 결정적으로 다른 이유가 있다. 이 기본소득은 (1) 수혜자가 누구와 함께 살고 있는지와 상관없이, (2) 수혜자에게 얼마의 소득이 있는지와

6 이 정의는 '지구적 기본소득 네트워크'(the Basic Income Earth Network, http://www.basicin-come.org)가 채택한 것이다. 이에 대한 간략한 일반적 소개는 Philippe Van Parijs, "Basic Income: A Simple and Powerful Idea for the Twenty First Century", in E. O. Wright ed., *Redesigning Distribution* (London & New York: Verso, 2006), 3-42를 보라. 최근의 종합적인 선집으로는 Karl Widerquist, José Noguera, Jurgen De Wispelaere, and Yannick Vanderborght, eds., *Basic Income: an Anthology of Contemporary Research* (New York: Wiley & Oxford: Blackwell, 2013)를 보라.

7 Vives, Johannes Ludovicus, *De Subventione Pauperum* (Bruges, 1526). 영어 번역본은 *On the Assistance to the Poor* (Toronto: University of Toronto Press, 1999)이다.

상관없이, (3) 수혜자가 일을 하고자 하는 의지가 있는지와 상관없이 지급된다. 미친 발상이라고? 그렇지 않다. 이는 위대한 발상이다. 혹은 적어도 나처럼 자유와 평등 양자에 헌신하는 이라면 그 누구에게라도 아주 호소력이 있는 발상임에 틀림없다. 자유에 대한 헌신은 순전한 권리 혹은 순수하게 형식적인 자유로 이해되는 것이 아니라 효과적인 가능성 혹은 진정한 자유로 이해된다. 이러한 맥락에서 평등에 대한 헌신은 이런 진정한 자유가 부자들의 전유물이 아니어야 하며 분배되어야 함을 의미한다. 만약—아마도 반생산적일 수 있는—평등분배가 아니라면 적어도 최소한의 자유를 가진 사람들이 이를 가능한 한 많이 가질 수 있는 그런 방식으로 분배되어야 한다.

모어-비베스 체계와는 상반되게, 무조건적 기본소득은 배타적으로 소득 혹은 소비력의 분배에 대한 것이 아니며 궁극적으로도 이에 대한 것이 아니라는 점에 주의하자. 기본소득은 상사, 관료, 배우자의 명령에 '아니'라고 말할 수 있는 힘에 대한 것이다. 그리고 급여가 매우 적게 지급되거나 전혀 지급되지 않는 활동들, 그럼에도 그 자체로 매력적이거나 그 활동이 제공하는 훈련과 접촉들 때문에 매력적인 활동들에 대해 '예'라고 말할 수 있게 하는 힘에 대한 것이다. 여기에 대해 기대할 수 있는 바는, 좀 더 균형 있게 이런 '예'라고 혹은 '아니오'라고 말할 수 있는 힘, 이런 협상력을 퍼뜨리는 일이 우리 사회를 좀 더 평등하게 만들 뿐 아니라, 다른 구조적 제한들에 복속시킬 수만 있다면 자본주의 노동시장의 작동을 통해 노동의 질도 체계적으로 향상시킬 수 있으리란 점이다. 비록 모든 이들이 하나의 권리로서 일부 불로소득(unearned income)을 얻게 되지만, 기본소득의 도입은 앞서 언급한 사실 때문에 자본주의 사회를 계급 없는 곳으로 만들지는 않을 것이다. 여러 측면에서 계급균열은 여전히 존재할 것이다. 그러나 무조건적인 기본소득의 도입과 점차적인 증가는 거의 틀림없이 마르크스가 "유토피아적 사회주의자들"이라고 무시했던 이들과 공유했던 '단조로운 일로부터 해방된 세계'라는 이상에 이르는 자본주의적 노선을 형성할 것이다.[8]

걱정할 필요는 없다. 나는 기본소득 유토피아의 거주자들이 누리는 목가적인 삶을 기술하는 데 여러분의 시간을 낭비하지 않을 것이다. 무조건적인 기본소득이 타당한 사회정의관에 의해 함의를 지닐 수 있는지—혹은 대조적으로 양립 불가능한 것인지—를 두고 지난 20년간 발전되어온 철학적 문헌을 살펴보려 하지도 않을 것이다.[9] 대신 나는 우선, 이미 현재 보편적인 기본소득이 단지 철학적인 몽상 그 이상의 것임을 시사하는 네 가지 사실을 언급하려 한다. 그리고 그 다음에는 기본소득 제안들이 일으키는 일부 이슈들을 언급하고자 하는데, 이는 사회학자들의 기여가 진정으로 요구되는 진지한 유토피아적 사유의 영역이다.

8 Robert J. van der Veen and Philippe Van Parijs, "A Capitalist Road to Communism", *Theory and Society* 15 (1986): 635-55. Also in Philippe Van Parijs, *Marxism Recycled* (Cambridge: Cambridge University Press, 1993), 155-75; and in *Basic Income Studies* 1 (2006)을 보라. 『기본소득연구』에는 이에 대한 여섯 개의 논평과 저자의 답변이 실려 있다.

9 Philippe Van Parijs, *Real Freedom for All. What (if anything) Can Justify Capitalism?* (Oxford: Oxford University Press); Angelika Krebs, ed., *Basic Income? A Symposium on Philippe Van Parijs's "Real Freedom for All"*, special issue of *Analyse & Kritik* Vol. 22, no. 2 (2000); Andrew Reeve and Andrew Williams, eds., *Real Libertarianism Assessed. Political Theory after Van Parijs* (Basingstoke: Palgrave Macmillan, 2003); Gijs Van Donselaar, *The Right to Exploit. Parasitism, Scarcity, and Basic Income* (Oxford: Oxford University Press, 2009); Simon Birnbaum, *Basic Income Reconsidered: Social Justice, Liberalism and the Demands of Equality* (New York: Palgrave Macmillan, 2012).

이제 네 가지 사실을 지역적인 것으로부터 글로벌한 순서로 제시한다.

1. 여러분 대부분이 알고 있듯이, 진정한 무조건적 기본소득이 30년 이상 작동 중인 곳은 세계에서 단 한 곳밖에 없다. 이는 알래스카 영구기금(Alaska Permanent Fund)이 해마다 알래스카 주의 모든 주민들에게 지급하는 배당금으로, 모든 세대의 알래스카 사람들이 주의 석유 세입으로 혜택을 누리도록 만드는 방식이다. 이 방식으로 분배되는 양은 주식시장과 함께 요동치지만 한 해에 한 명당 2000불 이상으로 오르지는 않는다.[10]

2. 좀 더 적은 숫자의 사람들이 알고 있듯이, 2010년 9월 한 국가가 더 낮은 수준이긴 하지만 더 큰 규모로 무조건적 기본소득으로 간주할 수 있는 제도를 도입했다. 바로 이란이다. 이 역시 석유와 연관되어 있지만, 그 논리는 상당히 다르다. 이란 정부는 세계시장에서 구입할 수 있는 가격보다 훨씬 더 낮은 수준으로 국내시장의 석유가격을 책정하는 것이 경제적으로 불합리함을 깨달았다. 그래서 이란 정부는 점차 국내 가격을 국제시장 가격수준으로 상승시키는 결정을 했다. 이란 주민들, 특히 가장 빈곤한 자들의 생계에 대한 영향을 상쇄하고자 이란 정부는 부가적인 석유 세입의 일부분을 현금혜택의 형식으로 분배하기로 결정했다. 커다란 비공식 경제를 지니고 있는 이란 정부 당국은 그렇게 할 수 있는 유일한 방법이 보편적이며 자산조사가 없는 혜택이라는 형

10 Michael W. Howard and Karl Widerquist, eds., *Alaska's Permanent Fund Dividend: Examining its Suitability as a Model* (London: Palgrave-MacMillan, 2012)을 보라.

식뿐이란 결론을 내렸다.[11]

3. 유럽연합의 사람들은 즉각적인 계기들을 넘어서는 유로존 위기의 근본 원인이, 미국의 50개 주(states)가 공유하고 있는 통화의 안정성과는 대조적인, 다음의 두 가지 주요 완충 메커니즘의 부재임을 천천히 깨닫기 시작하고 있다. (1) 국가 간의 이주(inter-state migration)로, 미국의 이주는 유럽연합보다 대략 6배 정도 강도가 세다. (2) 초국가 간 이전들(trans-state transfers)로, 사용되고 있는 해당 지표에 따르면 미국이 20-40배 정도 높다. 언어의 상이함 때문에 유럽연합에서 더욱더 중요해지고 있는 이주라는 첫 번째 완충의 기회는 거의 없다. 그러므로 유로의 지속가능성에 대해 유일하게 진지한 희망은 두 번째 완충 메커니즘, 이전을 강화하는 것이다. 그러나 유럽연합은 결코 수많은 복지국가들을 하나의 결속된 대형 복지국가로 통합해내지 못할 것이다. 그러므로 이 완충 메커니즘이 취할 수 있는 유일한 형식은 아주 간단한 것이다. 내재적인 고질적 문제로 고통받는 상당수의 체계들을 제외하는 순간, 유럽연합 차원 혹은 유로존 차원의 기본소득 이외에는 남을 것이 그다지 없다. 이런 차원의 기본소득은 현존하는 국내적 복지국가들에 대한 대체재가 아니라 그들의 생존력을 보장하기 위해 그 아래에 놓인 맞춤식 바닥이다.

4. 세계적 수준에서, 그리고 심지어 이 나라[미국]에서도, 기후 변화는 심각한 문제로 널리 인정되고 있다. 많은 사람들은 이 문제에 접근하는 최상의 방법이 (1) 가장 높은 가격을 제시한 이들에게 한계점을 초과하지 않는 한 모든 배출권들을 파는 것에 있으며, 나아가 (2) 이런

11 Hamid Tabatabai, "The Basic Income Road to Reforming Iran's Price Subsidies", *Basic Income Studies* 6, no. 1 (2011).

연간 판매로부터 얻은 거대한 세입을 지상의 자연자원들—우리 대기의 흡수능력(absorption power of our atmosphere)을 포함하여—을 가질 자격이 있는 모든 이들, 바로 모든 인류에게 분배하는 데 있다고 믿는다.

이 이질적인 몇몇 사실들은 무조건적 기본소득이란 발상이 현재는 그것이 처음 만들어진 때와는 달리, 예를 들어 1796년 토머스 페인(Thomas Paine)에 의해, 혹은 1848년 조지프 샤를리에(Joseph Charlier)와 존 스튜어트 밀(John Stuart Mill)에 의해 형성되었던 시기의 순전한 몽상과 달리, 그 이상의 것임을 가리키는 데 충분하리라 본다.[12] 그러나 기본소득은 여전히 하나의 유토피아로 남아 있다. 그것이 (세 번째와 네 번째로 언급된 사실들처럼) 여전히 즉각적으로 시행될 수 있을 것이라는 아주 작은 전망도 없는 하나의 제안에 불과한 것이기 때문이거나, (첫 번째와 두 번째로 언급된 사실들처럼) 실제로 이행되기는 하지만 그다지 대단하지 않은 수준에서 이루어지고 있기 때문이다. 다른 모든 유토피아들처럼, 이 기본소득 유토피아는 많은 사실적인 이슈들을 다루기 위해 지적인 학제적 추론(speculation)을 요구한다. 가장 결정적인 것들 가운데 일부를 포함하여 이들 가운데 일부는 사회학자들의 목소리를 들어야만 하는 이슈들이다. 나는 우선 무조건적 기본소득의 경제적 지속가능성과 관련되어 있는 일부 이슈들을 언급하고 그 다음으로 정치적 지속가능성과 관련되어 있는 다른 이슈들을 언급하려 한다.

12 Thomas Paine, "Agrarian justice" (1796), in P. F. Foner, ed., *The Life and Major Writings of Thomas Paine* (Secaucus, New Jersey: Citadel Press, 1974), 605-623; Joseph Charlier, *Solution du problème social ou constitution humanitaire*, Bruxelles, Chez tous les libraires du Royaume, 1848; John Stuart Mill, *Principles of Political Economy*, 1848 edition (London: Longmans, Green & Co, 1904)을 보라.

경제적 지속가능성

그 어떤 정확한 추론도 기본소득 수준, 기본소득이 대체하려 하는 것, 그리고 기본소득이 모금하려고 하는 규모를 구체화함 없이 순조로이 시작될 수는 없다. 선진국의 전형적인 제안들은, 그 첫 번째 단계로서, 현재 다른 소득이 없는 부부들에게 지급되고 있는 자산조사 복지혜택의 절반수준에 해당하는 개별 기본소득의 도입과 관계되어 있는데, 이는 독신에 대한 자산조사 할증(supplements) 및 개인 소득세 체계상 세금면제의 폐지와 연관되어 있다. 좀 더 야심적이며 장기적인 제안들은 무조건적 기본소득을, 설령 혼자 산다 하더라도, 괜찮은 삶을 살기에 충분한 수준까지 겨냥하기 때문에, 결과적으로 자산조사 체계의 완전한 대체와 연관되게 된다. 그러나 이 체계의 수준과 다른 특징들이 어떠하건간에, 이 경제적 지속가능성에 대한 탐구의 핵심은 소위 소득효과와 제안된 체계의 노동공급에 대한 대체효과를 포획하려 하는 단순한 경제모델들의 형식을 취하는 경향이 있다.

만약 보편적인 체계가—부분적으로 혹은 완전히—자산조사 체계를 대체하려 한다면, 소위 빈곤의 덫이 줄어들거나 심지어는 제거되어서 결과적으로 소득규모(earning scale)의 최하위에 있는 사람들의 노동공급이 증가할 것이라는 기대를 가질 수 있다. 이들이 일할 때도 기본소득을 유지할 수 있기 때문에 이들의 실질적인 한계세율은 줄어들고, 그들의 노력에 대한 보상은 증가하여, 이들은 자신들의 혜택이 철회되지 않을까라는 두려움 속에서 빈곤이라는 덫에 갇히지 않게 된다. 그러나 빈자들의 노동공급에 대한 긍정적인 효과와 그렇게 하여 생겨나는 이 체계의 경제적 지속가능성은 다른 두 개의 효과로 인해 온전한 것 이상으로 상쇄될 수 있다. 첫째, 소득규모 상위층에게 부정적인 대체효과를 가지는데, 이는 자산조사 한계점 이상의 소득에 대한 한계세율이 불가피하게 증가할 것이기 때문이다. 결과적으로 노동공급뿐 아니라 기술을 취득하려는 경향과 더 높은 지위로 올라가기 위해 열심히 일하는 성향이 줄어드는 일이 광범위한 노동자들에게 일어날 수 있다. 둘째, 필연적으로 소득효과가 있다. 만약 여러분의 노동행위가 주로 특정한 총소득 수준을 달성하려는 관심사에 의해 지배된다면, 최소한 세금의 증가가 기본소득 수준에 미치지 못하여 결과적으로 여러분의 총소득이 그 이전보다 높은 상태인 범위 내에만 있다면, 기본소득권을 부여하는 일은 열심히 훈련받고 일하려는 여러분의 욕구, 그리고 이와 동등한 다른 것들을 감소시키는 성향이 있을 것이다.

이처럼 간단한 모델화는 불가피한 것이지만, 이런 모델화는 일부 사회학적 세심함이 때로는 의미 있는 기본소득의 경제적 지속가능성에 대한 사례를 강화함으로써, 때로는 이에 대해 회의주의를 불어넣음으로써 지적인 유토피아적 사유에 대한 가치 있는 기여를 하도록 만드는 일부 중요한 이슈들을 놓치고 있다. 이를 몇 가지 사례를 통해 설명해보자.

1. 소득의 절대적 수준은 노동자의 눈에는 그 상대적 수준과 이와 연계된 인정, 신분 혹은 위신보다 훨씬 덜 중요한 것일 수 있다. 그러므로 중간 그리고 그 이상의 과세 범위에서 더 높은 한계세율은 이 범위의 노동공급과 노동투입(work effort)에 대해 거의 영향을 미치지 않는다. 따라서 사람들의 노동행위에 절대적 혹은 상대적 소득에 대한 고려가 팽배하게 된 사회적 및 문화적 조건들에 대한 조사를 통해, 적정 수준의

기본소득이 지속가능한지, 만약 그렇지 않다면 어떻게 그렇게 만들 수 있는지라는 질문에 대한 핵심을 밝힐 수 있을 것이다.

2. 소득—절대적 혹은 상대적 소득—은 직업에서 문제가 되는 단지 일부일 뿐이다. 자기존중, 존엄성, 자아실현 역시 동등하게 강력한 동기들이다. 그러므로—보편적 기본소득이 하려는 일처럼—빈곤의 덫을 제거하는 일, 노동과 비노동 사이에 상이한 소득을 형성하는 일은 현존하는 자산조사 체계와 비교할 때 낮은 수익력을 가진 이들의 노동공급에 거의 차이를 만들지 못할 수 있다. 그렇기에 기본소득을 선호하는 빈곤의 덫 주장은 그 힘을 상당히 잃을 수도 있다.

3. 이것이 만들어내는 소득격차 이상으로, 자산조사 체계를 보편적 체계로 대체하는 일은, 빈자들이 정기적으로 들어오는 혜택의 중단에 대한 두려움 없이 과감히 직업을 취하게 만듦으로써 빈자들의 효과적인 노동공급에 영향을 미칠 수도 있다. 보편적인 기본소득이 제거한 그 덫은 단지 엄두도 못 낼 만큼 비싼 실질적인 과세의 문제만이 아니다. 이는 또한 사회복지사들이 자주 언급하지만 일반적으로 경제학자들이 간과하는 불확실성의 덫일 수도 있다.

4. 한 사회에 하나의 노동윤리가 더 많이 팽배해 있을수록, 경제학자들이 분석하는 소득과 대체효과는 모든 기술의 수준에서 노동공급과 노동투입에 덜 적합한 것이 될 것이다. 이런 이유로 무조건적 기본소득이 지속 가능할 수 있는 수준은 더욱 높아질 것이다. 그러므로 노동 에토스의 증진과 무조건적 기본소득의 도입은 멋진 그러나 역설적인 동맹이 될 것이다. 그러나 강력한 노동 에토스가 곧 게으름에 대한 강력한 사회적 제재를 의미하는 것이 되어버린다면, 사람들은 이 에토스가 기본소득이라는 해방적 효과를 상쇄시킨 상태에 이른 것은 아닌가라

는 질문에 맞닥뜨리게 될 것이다. 혹은 심지어 가장 강력한 노동윤리가 동반된다 하더라도, 여전히 무조건적 기본소득은 미숙련 노동자들에게 노동윤리가 그들에게 요구하는 성과에 있어 더 넓은 선택권을 준다는 사실을 지적하는 것만으로 충분한 것일까? 법적 규범과 사회적 규범 간 유사성과 차이성의 미묘함이 여기서 중요하다. 그러나 경제학자들의 유용한 그러나 과장된 "실현 가능한 장치들"의 도움을 받아 이를 포획하기는 어렵다.

5. 거의 틀림없이, 보편적 기본소득을 선호하는 주된 경제적 주장은 소위 빈곤의 덫을 제거함으로써 미숙련 노동자의 노동공급을 증가시키는 일과 관련이 있다기보다, 인적 자본을 풍성하게 하는 일과 관련이 있다. 보편적 기본소득으로 인해 젊은이들은 급여가 없거나 아주 낮은 인턴십이나 견습직에 더 쉽게 접근할 수 있다. 그리고 저급여 노동자들은 좀 더 쉽게 그들의 노동시간을 줄이거나 더 나은 직업훈련을 받기 위해 직장을 그만둘 수 있다. 또한 기본소득을 통해 노동시간을 줄이거나 아이들이 가장 필요로 하는 시기에 함께 더 많은 시간을 보낼 수 있도록 좀 더 쉽게 직장생활의 공백기를 가질 수 있다. 예측컨대 남성보다 여성들이 더 많이 이 마지막 가능성을 좀 더 이용할 것이라는 사실은 문제로 간주되어야 할까? 만약 그렇다면, 이런 사실은 보편적인 기본소득에 대한 사례가 의존하고 있는 사회정의관의 측면에서 결정적인 반론을 제기하는 것일까? 혹 기본소득 유토피아는 이 문제를 경감시킬 수 있는 다른 부차적 수단을 통해 (만약 그런 것이 있다면) 풍요로워질 수 있는 것일까?

6. 내가 지금까지 말해왔던 것들은 보편적 기본소득 도입을 고려할 수도 있는 정치 단위들(political entities)이 인구의 내부유입과 외부유출

을 제한받는다는 사실을 전혀 고려하지 않았다. 작은 지방 자치체 수준에서 기본소득은 전망이 밝지 않은데, 순기여자들(net contributors)의 기회주의적 이탈(exit)과 순혜택자들(net beneficiaries)의 기회주의적 진입(entry)에 대한 취약성 때문이다. 그러나 실제적이고 가상적인 양자 모두에서 초국가적 이동성이 강화됨에 따라 단지 지방 자치체들뿐 아니라 국가들 역시 이런 불편한 위치에 놓여 있다. 그러나 고용으로의 진입과 이탈처럼, 한 국가로의 진입과 이탈은 단순한 경제 모델들이 우리로 하여금 믿게 만들고 있듯이 단지 순소득 차이의 문제만은 아니다. 좀 더 다양한 요소들에 대해 잘 훈련된 사회학자들이 진입과 이탈에 대한 결정에 영향을 미치는 더 풍부한 일련의 고려사항들을 살펴보는 일은 글로벌화된 경제 속에서 국가적인 기본소득 체계의 경제적인 지속불가능성에 대한 두려움을 다소 덜어주거나 이 체계들의 경제적 지속가능성이 향상될 수 있는 방식을 제시할 것이다.

정치적 지속가능성

그러므로 기본소득에 대한 유토피아적 사유는 명백하게 그 경제적 실행가능성과 연관되어 있어야만 한다. 그러나 이에 대한 논의를 경제학자들에게만 남겨두어선 안 된다. 그렇다면 정치적 실행가능성은 어떠한가? 제안된 유토피아를 선호하거나 선호하지 않는 정치적 다수는 존재하는가? 여론 조사에서 이에 대한 의미 있는 지지를 찾을 수 있는가? 이런 질문들은 유토피아적 사유에는 거의 적합하지 않다. 유토피아적 사유가 정치적 의지가 형성되는 민주적 과정의 핵심적인 요소이기 때문이다. 유토피아적 사유는 그것이 형성하고자 하는 것을 제약으로 여겨선 안 된다. 이것이 곧 유토피아적 사유가 그것이 탐구한 제안들이 일단 자리를 잡기만 하면 정치적으로 지속 불가능한 것으로 판명날 수 있는 가능성을 무시할 수 있다는 뜻은 아니다. 다시 한 번 여기에서 사회학적인 통찰이 가장 유용할 수 있을 것이다. 여기 세 개의 예가 있다.

1. 보편적 기본소득의 경제적 지속가능성은 그것이 분배되고 기금이 형성되는 규모와 함께 증가한다고 주장할 수 있을 것이다. 그러나 현 유럽의 논쟁이 때때로 고통스럽게 설명하고 있듯이, 재분배 체계에서 몇몇 국가를 포함하는 일은 순기여 국가의 여론이 자기잇속만 차리는 방식으로 민족주의적인 상투적 문구들을 쓰는 현상을 이내 만들어낸다. 예를 들어 거의 모든 독일인들이 그리스인들은 게으르다고 확신하고 있음은 틀림없다. 통계에 따르면 그리스의 노동시간이 다른 유럽 국가들보다 긴데도 말이다. 더욱이 비록 누군가 단순한 상투적 문구들로부터 벗어난다 하더라도, 초국가적 이전 체계들은 경제와 관련 있는 문화적 차이들의 표현에 취약하다. 예를 들어 한 국가가 부모들에게 정규직을 잡도록 더 많은 압력을 넣는다면, 혹은 그 국가의 주민들이 매년 금식에 많은 시간을 보내지 않는다면, 그 국가는 좀 덜한 순수혜국이 될 수도 있을 것이다. 무엇이 정당하게 성장을 제한할 수 있는가와 관련하여 여론의 구별성과 문화적 차이는 초국가적 체계들의 정치적 안정성을 필연적으로 위험에 빠뜨리는 것일까? 아니면 초국가적 재분배가 이런 도전에 좀 덜 취약하게 이루어질 수 있는 방법이 있는 것일까?

2. 알래스카 체계가 어떻게 정치적으로 지속 가능한 것으로 판명되었는지는 매우 충격적이다. 공적인 자금을 유치원이나 고속도로에 투자하는 대신 이런 방식으로 더 이상 낭비하지 말자는 요구가 때로 있었

다. 그러나 여론과 정치정당들 양자의 지지는 이 배당금이 알래스카 사람들의 공적생활의 [신성시되어 비판할 수 없는] "성우"(聖牛, sacred cow)로 만들었다. 어떻게 이런 일이 일어난 것일까? 이 체계가 일부 사람들이 열심히 일해 거둔 성과의 일부를 분배하는 것이 아닌, 함께 소유한 자산의 이익률로 제시되고 이해되었기 때문이라는 이유는 매우 타당하다. 앞서 언급한 이란 체계의 정치적 지속가능성 혹은 배출권의 판매 과정에서 나온 기금으로 이루어진 기본소득의 정치적 지속가능성은 유사하게 보장될 수 있을까? 여론이 심지어 임금에 대한 과세로 기금이 형성된 기본소득을 오늘의 노동이 만든 열매 한 조각을 분배하는 것이 아닌, 노동자의 생산물이 자연, 지난 과거의 축적과 혁신, 그리고 다행스런 개인적 환경들에 빚지고 있는 그 규모의 일부를 분배하는 것으로서 인식하게끔 만드는 일은 진정 가능한 것일까? 우리 노동자들이 우리가 생산하는 것들의 전체 가치의 원천이라는 환상을 움켜지는 것은 너무 지나친 것일까? 만약 그렇다면, 이는 자연자원에 대한 과세와는 다른 수단으로 기금이 형성된 기본소득은 결코 알래스카 배당 체계와 같은 정치적 지속가능성을 누릴 수 없다는 의미일까?

3. 대부분의 서구 국가 내에서 이주와 내생적인 구별 덕분에 현재 중대한 문화적 차이가 존재하고 있다. 일부 문화적으로 구분되는 공동체의 삶의 방식은 이들을 어느 포괄적인 이전 체계에서도 순수혜자로 만든다. 그리고/혹은 이들을 그렇게 인식하도록 만든다. 예를 들어 몇몇 유럽의 자치주의 집시들과 일부 도시에 있는 무단점유 공동체들을 생각해보자. 이런 일이 중대하고도 현저해진다면 그 어떤 무조건적 체계라도 그 정치적 안정성이 문제가 될 위험성은 없는가? 만약 그럴 위험성이 있다고 한다면, 기본소득을 고등학교 이후 자원봉사 조직 혹은 의

무적인 공무원 조직을 위한 일과 같은 온건한 조건과 결합하여 이런 위험을 경감시킬 수 있을까?

이런 몇 가지 예들이 기본소득 유토피아가 여러분과 같은 사람들의 더 많은 도움으로 할 수 있는 방식을 나타내는 데 충분하길 바란다. 그러나 이 예들은 좀 더 일반적인 메시지를 설명하기 위한 것이었다. 이제 그 메시지를 보자. 우리의 세계는 곤경에 빠져 있다. 인정하건대 일부 지역이 다른 지역만큼 그런 것은 아니며, 모든 곳이 과거만큼 그런 것도 아니다. 세계는 더 나빠졌을 수도 있다. 그러나 세계는 또한 더 나아질 수 있다. 위스콘신 매디슨 대학교 드라마 전공 학생들은 이를 다음과 같이 표현했다. "이봐, 무언가 더 나은 것이 있을 거야, 무언가 다른 것이 있을 거야."(There's gotta be something better, man. There's gotta be something different)[13] 분명히 그러하다. 현재 세계가 존재하는 방식에 가장 고통받는 이들에게는 특히 그러하다. 이 세계를 더 나은 세계로 만들기 위해 유토피아적 꿈들로는 충분치 않다. 풀뿌리의 격분과 상황에 적합한 땜질 역시 본질적이다. 유토피아적 사유로는 충분치 않다. 그러나 모든 사회과학들의 수단들과 통찰들, 그중에서도 특히 가장 광범위한 사회학의 지적이며, 비판적이고, 세심하며, 느슨하지 않은 사회학의 유토피아적 사유는 그 어느 때보다 더욱 필수불가결하다.

번역_김만권

13 2012년 미국사회학회의 연례모임 본회의가 시작되었을 때, 위스콘신 매디슨 대학교의 '첫 번째 물결'(First Wave)이란 프로그램에서 온 학생 집단이 현실의 유토피아들에 대한 구연 공연을 했다. 이 인용문은 스티븐 로드리게즈(Steven Rodriguez)가 공연한 작품에서 온 것이다.

참고문헌

Birnbaum, Simon 2012: Basic Income Reconsidered. Social Justice, Liberalism and the Demands of Equality. New York: Palgrave Macmillan.

Charlier, Joseph 1848: Solution du problème social ou constitution humanitaire. Bruxelles: Chez tous les libraires du Royaume.

Comte, Auguste 1965 [1854]: Système de politique positive, ou traité de sociologie instituant la religion de l'Humanité, in P. Arnaud (Hg.): Politique d'Auguste Comte, Vol. 4 ch. 4. Paris: Armand Collin, 298-301.

Glaeser, Edward 2011: The Triumph of the City. New York: Penguin.

Howard, Michael W. und Karl Widerquist (Hg.) 2012: Alaska's Permanent Fund Dividend. Examining its Suitability as a Model. London: Palgrave MacMillan.

Krebs, Angelika (Hg.) 2000: Basic Income? A Symposium on Philippe Van Parijs's "Real Freedom for All", Special issue of Analyse & Kritik 22. 2.

Marx, Karl 1962 [1890/91]: Kritik des Gothaer Programms [Randglossen zum Programm der deutschen Arbeiterpartei], in: ders. und Friedrich Engels: Werke. Band 19. Berlin: Dietz, 13–32.

Marx, Karl 1978 [1888]: Thesen über Feuerbach, in: ders. und Friedrich Engels: Werke. Band 3. Berlin: Dietz, 3–7.

Mill, John Stuart 1904 [1848]: Principles of Political Economy. London: Longmans, Green & Co.

More, Thomas 1978 [1516]: Utopia. Harmondsworth: Penguin, 36.

Paine, Thomas 1974 [1796]: Agrarian Justice, in: Philip Sheldon Foner (Hg.): The Life and Major Writings of Thomas Paine. Secaucus: Citadel Press, 605–623.

Reeve, Andrew und Andrew Williams (Hg.) 2003: Real Libertarianism Assessed. Political Theory after Van Parijs. Basingstoke: Palgrave Macmillan.

Tabatabai, Hamid 2011: The Basic Income Road to Reforming Iran's Price Subsidies, in: Basic Income Studies 6. 1.

van der Veen, Robert J. und Philippe Van Parijs 1986: A Capitalist Road to Communism, in: Theory and Society 15, 635–655.

van Donselaar, Gijs 2009: The Right to Exploit. Parasitism, Scarcity, and Basic Income. Oxford: Oxford University Press.

Van Parijs, Philippe 1995: Real Freedom for All. What (if anything) Can Justify Capitalism? Oxford: Oxford University Press.

Van Parijs, Philippe 2006: Basic Income. A Simple and Powerful Idea for the Twenty First Century, in: Bruce Ackerman, Anne Alstott und Philippe Van Parijs (Hg.):

Redesigning Distribution. Basic Income and Stakeholder Grants as Cornerstones For an Egalitarian Capitalism. London und New York: Verso, 3–42.

Van Parijs, Philippe 2012: No Eurozone Without Euro-Dividend. Vortrag für den 14. Kongress des Basic Income Earth Network. München, September. www.fondsri-coeur.fr/photo/No%20Eurozone%20without%20Eurodividend.pdf.

Vives, Juan Luis 1999 [1526]: On Assistance to the Poor. Toronto: University of Toronto Press.

Widerquist, Karl, José A. Noguera, Jurgen De Wispelaere und Yannick Vanderborght (Hg.) 2013: Basic Income. An Anthology of Contemporary Research. New York: Wiley und Oxford: Blackwell.

국가자본주의와 관리되는 세계 이론
프리드리히 폴록과 그 영향

토비아스 텐 브링크

비판이론 1세대들이 경제학에 대해서 그들 나름의 체계적인 접근을 시도한 바가 전혀 없다는 생각이 사회과학계에 여전히 널리 퍼져 있다. 그러나 이러한 견해는 프리드리히 폴록, 헨릭 그로스만, 프란츠 노이만, 오토 키르히하이머와 같은 초기의 몇몇 주역들이 바이마르 공화국 후기 그리고 파시스트의 권력 장악 이후 시기 사회경제적 상황에 대한 포괄적 연구를 수행한 바 있다는 사실을 간과하고 있다. 이와 관련해서 수많은 단행본들과 일련의 논문들이 산출되었으며, 이 논문들은 무엇보다도 먼저 『사회조사연구지』(*ZfS*)에 게재되었다. 물론 이런 공헌들은 회고해보건대 비판이론의 역사철학적이고 문화비판적인 성찰들과 비교해보면 단지 부차적인 주목을 받았을 뿐이다.[1]

그러나 나는 여기서 이러한 사회경제적인 연구들은, 그것들이 가지는 약간의 문제점들에도 불구하고, 매우 중요한 의미를 갖는다는 점을

Tobias ten Brink

보여주고자 한다. 이를 위해 나는 프리드리히 폴록의 작품들을 회고하고 오늘날에는 거의 망각되어버린 그의 공헌들에 주목하면서 국가자본주의라는 폴록의 강력한 개념이 호르크하이머와 아도르노 사회이론의 근본가정에 영향을 미쳤다는 사실, 다시 말해 그러한 가정의 '물적 토대'를 제공하였다는 사실을 입증해보고자 한다.

아래에서 나는 첫째, 폴록의 경제학적인 분석들을 재구성했다. 둘째, 비판이론의 정식화와 관련하여 국가자본주의 개념이 가지는 의미를 설명했다. 폴록은 1929년 대공황 이후 자본주의는 새로운 형태의 중앙 통제적 탈자유주의 국면으로 이행하게 되었고, 자본주의의 위기경향은 극복되었으며, 이후 경제적 문제들은 단지 '관리 문제'로 전환되어버렸다는 견해를 가지고 있었다. 그리고 이러한 그의 견해는 모든 희망이 상실된 폐쇄적이고 야만적인 체계라고 할 수 있는 관리되는 사회 이론을 위한 정치경제학적인 토대가 되었다. 셋째, 폴록의 비판과 관련하여 나는 국가자본주의 분석을 1세대 비판이론이 시도했던 연구계획에 포용하는 데서 나타나는 몇 가지 문제들을 다루었다. 이를 통해서 정치와 경제의 탈분화에 대한 주장과 같은 경제적 관계에 대한 단순한 이해가 이후 이론적인 경제학적 분석들을 소홀히 하게 만들었다는 사실이 밝혀지게 될 것이다.

1 이 논문은 프랑크푸르트 대학 사회과학부에서 교수자격논문 취득을 위해 행한 강연(2012.11.19.)을 다듬은 것이다. Sidonia Blättler, Hermann Kocyba, Ulrich Rödel의 자극과 비판적 토론에 감사를 표한다.

"종말을 고한 것은 자본주의가 아니라 자본주의의 자유주의 국면일 뿐이다."
(프리드리히 폴록, 『경제위기에 대한 진술들』, 68쪽)

1994년 롤프 비거스하우스가 프리드리히 폴록은 "프랑크푸르트학파 성원들 중에서 널리 알려지지 않은 마지막 인물"일지 모른다고 말한 것은 결코 놀랄 일이 아니다(Wiggershaus 1994). 사실 폴록은 아도르노는 말할 것도 없고, 그와 가장 가까웠던 평생의 동료 호르크하이머와 비견될 만큼 영향력 있는 저술을 공표한 적이 결코 없다. 그럼에도 불구하고 그는 경제학 연구를 통해서—폭넓고 학제적이었지만 결국은 실현되지 못한 과정으로서—비판이론을 정식화하는 데 큰 기여를 하였다.

1920년대의 자유로운 지적 분위기 속에서 무엇보다도 『1917년에서 1927년까지 소비에트 연방에서의 계획경제 시도』(Pollock 1929)에 대한 연구로 이름을 알렸고, 거기서 다른 동시대인들과 비교해볼 때 이러한 시도에 대해 냉정한 평가를 내렸던 폴록이 경제학 분야에서 호르크하이머에게 도움을 주었다는 것은 분명한 사실이다.[2] 새로운 세대의 다른 많은 비판적 사회과학자들처럼 폴록 역시 트라우마를 남겼던 정치적 희망의 미몽에서 깨어난 시대 분위기 속에서 자신의 이론적 성찰을 수행하였다. 호르크하이머와 꼭 마찬가지로 폴록 역시 다음과 같은 인식 속에서 그의 작업을 시작했다. 이미 확립된 마르크스주의 이론에 따르면, 그 경제적이고 물질적인 조건에서 볼 때 당시 사회는 근본적 변혁이 이루어질 만큼 "성숙"했지만, "객관적으로" 가능해진 혁명은 일어

2 Grossmann, Gurland, Kirchheimer, Mandelbaum, Meyer, Wittfogel 등이 폴록과 더불어 사회경제적 문제들을 다루었으며, 이를 통해 초기 비판이론에 영향을 주었다(Grossmann et al. 1985 [1937] 참조; 파시즘에 관한 논쟁은 Dubiel/Söllner 1981 참조).

나지 않았고, 이로 인해 사회적인 과정들과 현실에 순응하는 인간의 주관적 정신 사이에 "시차(時差)"가 나타나고 있다는 것이다. 당시 사회의 진보를 막고 있는 객관적인 원인을 밝히는 것이 바로 1930년대 폴록의 관심사였다. 이와 관련하여 당시 호르크하이머와 마르쿠제, 이어서 아도르노는 노동자를 체계 내로 통합시키고, 해방적 행위 잠재력을 억누르는 비합리적인 구속력에 주로 집중하거나 문화이론적 분석의 도움을 받아 대중문화를 연구하였다. 반면에 폴록은 사회연구소 내부의 분업을 통해서 이러한 새로운 상황이 발생하게 된 경제적 기초가 무엇인지를 밝히는 과업을 부여받았다.[3]

1930년대 초 폴록은 특히 세계경제 위기와 그 영향을 연구하는 데 집중했으며, 그의 연구 성과들은 당시 『사회조사연구지』(*ZfS*)에서 특별한 위치를 차지하고 있었다. 시장의 무정부성을 중심으로 하는 마르크스주의 위기론을 수단으로 폴록은 위기의 원인과 그것이 세계경제 질서에 미친 영향에 대해 몇 가지 해답을 제시하고자 했다. 여기서 위기의 영향에 대한 폴록의 설명, 즉 사적이고 자본주의적인 경제교류의 보존을 목적으로 하는 국가 개입에 대한 설명은 특히 유익한 것이었다. 그러한 설명은 최근의 세계경제 위기와 관련하여서도 결코 시대에 뒤떨어진 것이 아니다. "오늘날 산업과 은행 영역에서는 너무나 많은 거대 기업들이 생겨났기 때문에, 비록 그것이 여전히 자유주의적으로 행동하고자 한다 하더라도, 그 어떤 국가 권력도 그러한 거대 기업들의 몰락을 안일하게 바라보고만 있을 수는 없다. 상당한 규모의 자본을 형성한 기업들은 당연히 오직 자기 자신만의 이익을 주장하게 되며, 위기

3 이러한 분업이 매우 기능적인 방식으로 상호 결합되었다는 사실은 나중에야 비로소 밝혀졌다(Honneth 1990 [1987]).

는 다수의 세금 납부자들에게로 전가된다."(Pollock 1975 [1932]: 24) 또한 폴록은 사회적 생산의 증대에서 무기 생산이 차지하는 비중이 점차 늘어나게 될 것이라는 사실을 예견한 최초의 정치경제학자들 중 한 사람이었다. 잘 알려진 바와 같이 무기 생산은 독일의 경제성장을 위한 중요한 동력이었으며, 1945년 이후에는 미국의 경우 역시 마찬가지였다.

국가자본주의 개념은 1940년대 초『사회조사연구지』에 실린 두 편의 논문을 통해 더욱 발전된다. 거기서 폴록 자신은 국가자본주의 분석을 하나의 '도식', 즉 경험적 경향들을 체계화하는 이상형적인 구성으로 특징짓는다. 여기서 경험적 경향이란 바로 국가사회주의 시기 독일에서 그리고 또한—뉴딜 시기와 무기산업이 형성되는 시기—미국에서 발견된다고 그가 믿었던 바로 그 경향을 말한다(Pollock 1975a [1941]: 각주 1).

국가자본주의 분석의 시발점은 이미 1930년대에 정식화된 다음과 같은 가정에서 발견된다. 대공황은 자유주의적 경제정책이라는 수단에 과부하가 걸리게 만들었으며, 독점이 확대되는 시대 속에서 시장의 자기규제 메커니즘으로서의 경쟁은 점차로 무력화되었다는 것이다. 포괄적인 위기로부터 (물론 처음부터) 사람들이 그것을 명확히 의식한 것은 아니었지만 다음과 같은 통찰이 나타나게 되었다. 오로지 시장에 대한 "총체적인" 통제와 조직화를 통해서만 위기경향이 극복될 수 있다는 것이다. 국가자본주의 개념에 따르면, 자유주의적 경쟁자본주의 이후에는 탈자유주의 국면이 등장하게 되며, 이 국면에서 국가는 시장의 조정 및 기업가 역할을 자신의 중심과업으로 떠맡게 된다.

이러한 "자본주의적 계획경제"에서 간접적인 통제도구로서의 시장은 직접적인 계획체계를 통해서 대체된다. 이제 국가는 경제의 중심 행위자로 발전한다. 폴록은 국가사회주의 시기 기업의 국가화 및 강압적 카르텔 형성 경향을 통해서 자신의 분석을 경험적으로 입증하였다. 이 시기에는 국가관료, 당, 군대 그리고 기업의 수뇌들이 "융합"되면서 출현한 강력한 관료주의가 이러한 경향을 주도하였다. 이제 전체 시장경제 과정은 정치권력이 강요하는 계획의 틀 속에서 진행된다. "국가 활동의 모든 영역(국가자본주의 하에서 이는 결국 사회적 삶의 전 영역을 의미한다)에서 추측이나 조치들은 과학적 지도 원리에 복종한다."(같은 책: 78 이하) 다른 사회 영역에서 나타나는 기술적 합리성의 관철에 대한 요구들 역시 이를 통해 설명된다.

국가자본주의에서 가격은 희소성 지표로서 그것이 가지는 기능을 상실하게 된다. 이윤에 대한 관심이 사라지는 것은 아니지만 보다 상위에 존재하는 "공공복지"와 관련된 경우 이윤에 대한 관심은 계획에 복종해야만 한다. 사적 소유가 폭넓게 존재함에도 불구하고 최종 심급에서 볼 때 사적 소유는 국가 통제에 종속된다. 당시 등장하고 있던 경영자 지배에 대해 기술했던 (슘페터, 벌리와 민즈 혹은 버넘과 같은) 그 시대의 다른 경제학자들과 유사하지만 더욱 급진적인 방식으로 폴록은 전통적 자본가들이 지대수령자가 되어버렸고, 산업과 금융의 수뇌들은 종속적인 지배의 대리인에 지나지 않게 되었다고 주장했다. 한편 폴록은 권위적인 형태의 국가자본주의 이외에 민주적인 국가자본주의도 가능하며, 그것은 소망할 만한 것이라고 간주하였고, 또한 어느 정도 그것이 등장할 개연성도 있다고 생각했다.

국가의 지도는 경제위기의 가장 중요한 원인들을 해소하고 완전고용과 성장을 보장했으며, 이를 통해 "실업의 채찍"은 "정치적 공포로 대체"되었다(같은 책: 83). 이제 "비경제적인 한계들"로 간주될 수 있는 것은 원자재 부족이나 엘리트 내부의 권력투쟁과 같은 것들뿐이다. 폴록은 다음과 같이 요약하고 있다. "이제 우리는 더 이상 국가자본주의의 기능을 방해하는 고유한 경제적 힘이나, 그것이 오래된 것이든 새로운 것이든, '경제법칙'과 같은 것들을 발견할 수 없다."(같은 책: 91) "경쟁자본주의"의 법칙을 통해 권력 엘리트들까지 지배했던 20세기 전반기의 무정부적 체계와는 전혀 다른 국면이 등장하게 된 것이다.

관리되는 세계 이론을 위한 토대

폴록은 초기 비판이론을 정식화하는 데 어떤 영향을 미쳤는가? 이 물음에 답하기 위해서 나는 1970년대와 80년대에 제시되었지만 지금은 잊혀져버린 두 가지 주장들을 제시해보고자 한다(특히 Dubiel 1978; Honneth 1990 [1987]; Gangl 1987; Marramao 1973 참조).

(1) 거의 모순이 사라진 것 같은 탈자유주의적 자본주의에 대한 폴록의 분석은 사회통합을 포기하고 결국은 체념에 빠져버린 형태의 비판이 등장하게 하는 결정적인 정치경제학적 토대가 되었다. 특히 호르크하이머의 두 저작 『유대인과 유럽』(1980 [1939]) 그리고 『권위주의 국가』(1987 [1942])에서는 세부적인 측면에서까지 폴록과의 개념적 연관성이 명확하게 나타난다.[4] 『계몽의 변증법』(1944/1947)은, 비록 폴록의 개념을 덜 차용하고는 있지만, 그 내용적 연관성은 더욱 강화된다. 『계

4 이를 통해 호르크하이머는 다음과 같은 정치적 테제를 국가자본주의 분석에 통합시켰다. 이러한 테제는 이미 폴록도 제시한 바 있지만 호르크하이머는 이를 다음과 같이 보다 분명하게 정식화했다. 국가자본주의 하에서 노동조합 조직은 관료화 과정에 순응하며 이로 인해 결국 그 독립성을 상실하게 된다는 것이다. 이외에도 마르쿠제는 이미 1934년에 폴록과 관련하여 『사회조사연구지』에 국가자본주의 분석에 상응하는 이데올로기 비판적 글을 실은 바 있다. "Der Kampf gegen Liberalismus in der totalitären Staatsauffassung"(Marcuse 1980 [1934]).

몽의 변증법』이 폴록에게 헌정된 것은 단지 폴록이 당시 사회연구소의 중요한 조직자이자 관리자였기 때문만은 아니었다. 호르크하이머와 아도르노의 역사철학적 성찰은 익명적인 관료구조라는 형태로 역사 속에서 관철되는 도구적 기술적 이성을 역사를 추동하는 힘으로 기술했다. 이러한 그들의 성찰은 자본주의적 계획경제에 대한 테제, 그리고 포괄적인 의식(意識) 산업에 의해 인도되는 욕구에 대한 총체적 통제라는 테제를 강력하게 연상시킨다.

1930년대 이전에는 계획과 국가개입이 이성적인 사회 조직에 대한 약속을 말해주는 것처럼 보였지만, 이제 이는 이러한 최초의 희망과는 정반대의 것을 의미하게 되었다. "비사회주의적 조건"(Dubiel 1978: 99) 하에서 정치에 대한 경제의 우위가 종말을 고하게 되었다. 경쟁자본주의의 비합리적 합리성에 뒤이어 방법에 대한 광기가 도래했다.

(2) 폴록이 제시한 분석의 영향 속에서 비판이론은 해방적 의도를 가진 사회과학적 시대진단이라는 기획으로부터 부정적인 역사철학으로, 이성의 자기파괴에 대한 진단으로 나아가게 되었다. 그리고 이는 결국 다음과 같은 결과를 초래하게 된다. 이런 형태로 정식화된 비판이론은 이제 본래 학제 간 연구기획의 한 요소로 간주되어왔던 사회경제적인 상황 분석을 무시할 수 있게 된다는 것이다. 비록 그가 "국가자본주의 하에서 사회과학으로서의 국민경제학은 그 대상을 상실해버렸다. (…) 이전의 경제학자들이 교환과정의 수수께끼를 푸는 데 골몰한 반면, 이제 국가자본주의 하에서 경제학자들은 단지 관리의 문제들만을 발견하게 된다"(Pollock 1975a [1941]: 91)라고 쓰고는 있지만, 어쨌든 폴록이 당시 비판이론가들로 하여금 사회경제적인 분석을 소홀히 하게 만든 데 기여한 것만은 사실이다. 국민경제학의 종말이라는 폴록의 일관된 테

제에 따르면, 이제 새로운 지배형식과 사회적 발전과정은 경제학적인 범주들로는 결코 파악될 수가 없다. 이러한 그의 테제는 이론가들로 하여금 (비판적인) 경제학적 고찰에 전념할 부담을 면제해준다. 이렇게 폴록은 경제적인 "토대"에 대한 분석으로부터 관리되는 사회의 "상부구조", 즉 문화, 이데올로기, 소비 형태들에 대한 분석으로 연구의 무게중심이 이동하게 만드는 데 기여하였다. 그리고 이러한 상부구조 분석에서는 그와 연관된 사회경제적 동학이 가지는 중요성이 고려되지 않는 경우가 매우 많았다. 결국 비판이론이 더 이상 경제학을 진지하게 연구하지 않게 되었던 것이다.

폴록은 민주적 형태의 국가자본주의라는 개념을 통해서 이미 호르크하이머와 아도르노가 1945년 이후 생각했던 자본주의 사회와 같은 형태의 사회질서를 예감하고 있었다. 그러한 사회는 그 어떤 실현 가능한 탈출구도 없는 사회이기는 하지만 보다 완화된 형태의 순응성을 강요하는 사회다.[5] 비록 국가자본주의라는 개념이 결국 폐기되고 이후 후기자본주의나 그와 유사한 개념들이 사용되기는 하였지만, 폴록의 분석은 여전히 비판이론의 토대를 제공했다.

5 비록 폴록이 경제계획이 가지는 긍정적 가능성을 보다 강력하게 부정하기는 했지만, 현대 기업에서의 자동화 과정에 대한 사회학적 이해를 도모한, 그의 가장 성공적인 저작이라고 할 수 있는 *Automation*(1956)에서도 폴록은 이러한 그의 근본가정을 고수했다. 아도르노는 호르크하이머와 비교하여 폴록에 대해 보다 유보적인 태도를 보인 것이 분명하다. 또한 이미 세계대전 와중에 아도르노는 폴록에 대해 모순적인 사회에서 비적대적인 경제를 상상할 수는 없다고 비판한 바 있다. 그리고 1950년대 들어 아도르노는 노이만의 분석을 폴록에 대한 명확한 비판으로 해석했다(Braunstein 2011). 물론 그럼에도 불구하고 역사적이고 경제학적으로 정초된 고찰을 포기하려는 경향은 지속되었다. 비판이론의 다음 세대(특히 하버마스)가 비로소 새로운 길을 모색한다. 거기서 "후기자본주의" 위기이론은 자본주의의 통제가능성을 문제 삼기보다는 오히려 사회문화적인 정당화가능성을 문제 삼게 된다.

폴록은 중대한 결과를 야기했던 1929년 이후 세계경제 변화를 비판적 관점에서 분석했던 최초의 경제학자들 중 한 사람이었다. 그의 글들은, 비록 그의 국가자본주의 분석에서 1930년대 비판적 정치경제학이 가지는 몇몇 미흡함이 나타나고 있음에도 불구하고, 이런 이유만으로도 충분히 읽어볼 가치가 있다. 이렇게 폴록의 이론이 관리되는 세계 이론에 통합되면서 당시 비판이론이 가지는 맹점들은 더욱 두드러지게 된다. 아래에서 나는 폴록의 정치경제학적 맹점을 보다 정확히 제시한다는 목적 하에 이러한 맹점들 중 일부만을 간략히 다루어보고자 한다.

관리되는 세계 이론과 관련하여 자본주의의 탈자유주의적 국면에 대한 진단은 이미 밝힌 바와 같이 학제적 이론 기획이라는 목표를 포기하게 만들었으며, 점차로 문화적 분석은 경제적 분석과 분리되어 자립화되었다. 이와 동시에 초기 비판이론에 고유한 환원주의가 등장한다. 물론 파시즘과 스탈린주의의 압력 하에서 나타났던 중앙 집중화된 지배, 문화적 통제와 개인의 순응이라는 상이 이에 대한 역사적 정당화를 제공했다. 그러나 체계적 관점에서 볼 때 이는 "이론적 오류를 갖는 구성의 산물"(Honneth 1990 [1987]: 37)이었다. 예를 들면 이러한 구도 속에서는 사회적 행위의 여지가 체계적으로 배제될 수밖에 없다. 행위이론적으로 말하자면 이러한 구도에는, 예를 들어 경로 의존적인 동시에 경로 형성적인 과정들이라고 할 수 있는, 제도적 변화 그리고 구조와 행위 사이의 상호작용에 대한 역사적으로 뒷받침된 이해가 결여되어 있다. 기업가들도 포함하는 익명적 통제에 굴복한 수동적 주체들이라는 상은 이 주체들이 그들의 고유한 해석수행을 통해서 사회통합 과정에 참여한다는 사실, 보다 구체적으로 말하자면, 사회적 제도의 발전과 변화에 참여한다는 사실을 무시하게 만들었다.

폴록에 의해 정치경제학적 분석을 활용하는 데서 일련의 문제 있는 구상들이 제기되었고, 이러한 그의 연구는 그와 밀접한 관련을 맺고 있는 비판이론 "내부 그룹"을 넘어 이미 노이만이나 키르히하이머 주변의 "외곽 그룹"에 의해서도 주목되었다(같은 책: 45 이하). 프란츠 노이만은, 탈자유주의적 자본주의의 통제가능성이 갖는 한계를 지적하면서, 『베헤모스』(Neumann 1984 [1944])에서 국가자본주의 개념에 대한 그럴듯한 대안을 제시한 바 있다. 노이만은 폴록이 경쟁과 시장의 종말에 관한 테제를 관철시키기 위해서 (국가)독점을 경쟁의 "변증법적" 대립물로 보지 않고 추상적으로 대립시켰다고 비판했다.[6] 폴록에 맞서서 노이만은 새로운 발전의 국면에서도 사적 자본주의의 착취와 위기경향이 지속된다고 주장하면서, 동시에 완벽한 지배를 원했던 나치 정권 하의 정치적 대립전선들에 대해서도 설명하였다. 노이만에 따르면, 폴록은 국가사회주의("천년 제국")의 자기선전과 매우 모순적인 경험적 현실을 혼동했던 셈이다.

보다 최근의 정치경제학적인 작업들을 통해 보면, 더 많은 문제점들이 발견된다(예를 들어 Brenner 2006; Deutschmann 2008; Dörre/Lessenich/Rosa 2009; Streeck 2013; ten Brink 2013: 1장 참조). (당대의 비판적인 정치경제학자들과 마찬가지로) 폴록의 일면적인 일반화도 시장, 기업, 국가에 대

6 역사적으로 볼 때, 비록 그것이 과점(寡占)을 넘어섰다고 하더라도, "독점자본"은 항상 경쟁의 압박을 받는 불안한 상태에 있었다. 기술변화와 역동적인 국제시장은 대체 상품을 만들어 냈으며, 이로 인해 새로운 경쟁자의 시장 진입과 위험한 구조변화가 야기되었다(예를 들어 역사적으로 볼 때 철도는 자동차 및 항공 운송과 경쟁관계에 있었다).

한 단순한 이해에서 기인한다. 폴록은 정치와 경제라는 범주를 뒤섞었고, 정치의 우위를 야기하는 국가와 시장의 융합 경향으로부터 성급하게 자본주의의 구조적 원리가 소멸한다는 결론을 도출하였다. 초기의 다른 비판이론가들의 경우와 마찬가지로 고전적인 자유주의적 시장자본주의는 이제 마치 국가자본주의의 대립물이라도 되는 것처럼 간주되었으며, 이를 통해 시장자본주의는 점차 이상화되었다. 여기에 자본주의는 그 근본 형태에서 볼 때 그 어떤 국가의 활동도 필요로 하지 않는다는 부적절한 가정까지 덧붙여진다. 또한 폴록은 시장의 기능장애를 주로 불균형 이론을 통해서 설명하기 때문에, 즉 시장의 무계획적 성격에서 나타난 결과로만 보기 때문에, 위기이론 측면에서도 부족한 점이 있다. 오늘날 우리가 알고 있는 바와 같이 위기분석은 보다 복잡한 요인들을 발견하기 위해 노력해야만 하며, 여기서는 시장 수준은 물론 생산영역, 화폐영역, 분배와 소비 영역 등과 같이 서로 구별되는 제도들이 고려되어야 한다.

탈자유주의적 자본주의의 전 세계적 영향력과 동종화 그리고 정치의 우선성에 대한 요청이라는 설득력 없는 가정에는 더 큰 문제들이 존재한다. 실제로 1929년 세계경제 위기를 통해 국가개입은 더욱 강화되었다. 세계적인 차원에서 정치의 기능은 확대되었으며 자유주의 내부에서조차 통제와 계획경제에 대한 진지한 토론이 진행되었다. 폴록은 국가자본주의의 민주적 형태와 권위적 형태를 구별했음에도 불구하고 국가자본주의의 상이한 형태를 동일시하는 경향이 있었다. 이는 역사적이고 경험적으로는 물론 체계적으로 볼 때도 잘못된 생각이었다. 무기생산 중심의 미국적 케인스주의와 스웨덴의 좌파적 케인스주의는 그것들이 가지는 커다란 차이에도 불구하고 전후 상황에서 모두 자유민주적 자본주의로 간주되었으며, 이로 인해 그들 사이의 차이는 간과되었다. 또한 관리되는 세계 이론은 전후에 이루어진 합의를 사회주의적인 경제계획으로 나아가는 과정이라고 비난했던 보수주의적 입장의 논거로도 활용되었다.

게다가 탈자유주의적 자본주의의 안정화가 끝없이 지속되지도 않았다. 1945년 이후 역사적으로 볼 수 없었던 장기호황이 이어졌으며 국가의 통제능력 향상은 이에 많은 기여를 하였다(Kidron 1971; Lutz 1984 참조). 그러나 우리는 이러한 장기호황이 종말을 고한 이후 서구에서 다음과 같은 상황이 전개되었음을 이미 알고 있다. 부분적인 경제의 정치화에도 불구하고 자본주의 동학은 다양한 형태의 자본주의 속에서 (물론 신자유주의 시대에도) 주기적으로 작동해왔으며, 특히 1970년대 중반이나 2007년 이후와 같은 심각한 위기도 야기했다는 것이다. 근대적 국민경제의 국제화 및 초국적화가 확대되면서 경쟁 기제와 시장 세력의 힘은 제어되는 것이 아니라 오히려 전대미문의 수준으로 자립화되었다. 기업가를 국가 차원의 경제계획에 순종하는 공무원들처럼 생각했던 국가자본주의적 구상과는 반대로 기업가들은 전후자본주의의 제도적 설계를 주도하면서 사회적 협력을 위한 협정 자체를 파괴했다.

이제 지금까지의 논의를 요약해보자. 지금까지 나는 초기 비판이론이 제시한 사회경제적 전개과정에 대한 분석에서 나타난 역설적 결과들에 대해 집중하였다. 다시 말해 경제학자인 폴록의 작업들은 결국 경제학을 소홀히 하는 것을 정당화하는 기능을 수행했다는 것이다. 물론 이러한 지적이 이제 폴록의 논의는 전혀 현실성이 없다는 사실을 의미하는 것은 아니다. 그의 몇몇 성찰들, 예를 들어 이윤의 사유화 및 위기와 관련된 손실의 사회화에 대한 그의 테제는 자본주의 분석과 관련하여 여전히 흥미 있는 주장들이다. 또한 자본주의의 역사적 **국면들**을 사유하는 그의 성찰 역시 일면적인 구조주의적 분석을 방지하고 "자본주의"의 역사적이고 현실적인 다양성을 고찰하는 데 유익한 통찰을 제공한다. 만일 거대한 위기를 통해 새로운 자본주의의 전개 국면이 도래한다는 그의 통찰이 옳다면, 오늘날 우리는 "신자유주의적 금융시장자본주의" 이후 전개될 최초의 국면에 관하여 물어야만 할 것이다. 마찬가지로 폴록의 주장은 (기업, 금융시장의 행위자 등과 같은) 좁은 의미의 경제적 제도들에만 주목하고 있는 경제이론들에 맞서서 국가와 시장 사이의 밀접한 (잠재적) 관계를 이해하게 하는 데에도 역시 도움을 주고 있다.[7] 마지막으로는, 이미 설명한 바와 같이, 폴록의 국가자본주의 분석을 통해서 우리는 일면적이고 단순한 위기진단이 이론적으로나 실천적으로나 문제 있는 결과들을 낳게 된다는 사실을 배울 수 있을 것이다.

번역_김원식

7 이와 관련해서는, 비록 이 연구들이 비교정치경제학이나 국제정치경제학이 제공하는 새로운 인식을 통해 구상되고 있기는 하지만, 중국의 특이한 경제나 신흥 시장으로 부상하고 있는 국가들의 경우를 국가에 침윤된 자본주의라는 새로운 변형으로 분석하는 연구들을 언급할 수 있다(ten Brink 2013 참조).

참고문헌

Braunstein, Dirk 2011: Adornos Kritik der politischen Ökonomie. Bielefeld: transcript.

Brenner, Robert 2006: The Economics of Global Turbulence. The Advanced Capitalist Economies from Long Boom to Long Downturn, 1945–2005. London: Verso.

Deutschmann, Christoph 2008: Kapitalistische Dynamik. Eine gesellschaftstheoretische Perspektive. Wiesbaden: VS Verlag.

Dörre, Klaus, Stephan Lessenich und Hartmut Rosa (Hg.) 2009: Soziologie, Kapitalismus, Kritik. Eine Debatte. Frankfurt a. M.: Suhrkamp.

Dubiel, Helmut 1978: Wissenschaftsorganisation und politische Erfahrung. Studien zur frühen Kritischen Theorie. Frankfurt a. M.: Suhrkamp.

Dubiel, Helmut und Alfons Söllner (Hg.) 1981: Wirtschaft, Recht und Staat im Nationalsozialismus. Analysen des Instituts für Sozialforschung 1939–1942. Frankfurt a. M.: Europäische Verlagsanstalt.

Gangl, Manfred 1987: Politische Ökonomie und Kritische Theorie. Ein Beitrag zur theoretischen Entwicklung der Frankfurter Schule. Frankfurt a. M. und New York: Campus.

Grossmann, Henryk, Julian Gumperz, Max Horkheimer und Karl August Wittfogel 1985 [1937]: Diskussion aus einem Seminar über Monopolkapitalismus, in: Max Horkheimer: Gesammelte Schriften. Band 12: Nachgelassene Schriften 1931–1949. Frankfurt a. M.: Fischer.

Honneth, Axel 1990 [1987]: Kritische Theorie. Vom Zentrum zur Peripherie einer Denktradition, in: ders.: Die zerrissene Welt des Sozialen. Frankfurt a. M.: Suhrkamp, 25–72.

Horkheimer, Max 1980 [1939]: Die Juden und Europa, in: Zeitschrift für Sozialforschung 8, 115–137.

Horkheimer, Max 1987 [1942]: Autoritärer Staat, in: Gesammelte Schriften. Band 5: Dialektik der Aufklärung und Schriften 1940–1950. Frankfurt a. M.: Fischer, 293–319.

Kidron, Michael 1971: Rüstung und wirtschaftliches Wachstum. Ein Essay über den westlichen Kapitalismus nach 1945. Frankfurt a. M.: Suhrkamp.

Lutz, Burkhard 1984: Der kurze Traum immerwährender Prosperität. Eine Neuinterpretation der industriell-kapitalistischen Entwicklung im Europa des 20. Jahrhunderts. Frankfurt a. M. und New York: Campus.

Marcuse, Herbert 1980 [1934]: Der Kampf gegen den Liberalismus in der totalitären Staatsauffassung, in: Zeitschrift für Sozialforschung 3. 2, 161–194.

Marramao, Giacomo 1973: Zum Verhältnis von Politischer Ökonomie und kritischer Theorie, in: Ästhetik und Kommunikation 11, 79–93.

Neumann, Franz 1984 [1944]: Behemoth. Struktur und Praxis des Nationalsozialismus. Frankfurt a. M.: Fischer.

Pollock, Friedrich 1929: Die planwirtschaftlichen Versuche in der Sowjetunion 1917–1927. Leipzig: C. L. Hirschfeld.

Pollock, Friedrich 1956: Automation. Materialien zur Beurteilung der ökonomischen und sozialen Folgen. Frankfurt a. M.: Europäische Verlagsanstalt.

Pollock, Friedrich 1975 [1932]: Die gegenwärtige Lage des Kapitalismus und die Aussichten einer planwirtschaftlichen Neuordnung, in: Helmut Dubiel (Hg.): Friedrich Pollock. Stadien des Kapitalismus. München: C. H. Beck, 20–39.

Pollock, Friedrich 1975 [1933]: Bemerkungen zur Wirtschaftskrise, in: Helmut Dubiel (Hg.): Friedrich Pollock. Stadien des Kapitalismus. München: C. H. Beck, 40–71.

Pollock, Friedrich 1975a [1941]: Staatskapitalismus, in: Helmut Dubiel (Hg.): Friedrich Pollock. Stadien des Kapitalismus. München: C. H. Beck, 72–100.

Pollock, Friedrich 1975b [1941]: Ist der Nationalsozialismus eine neue Ordnung?, in: Helmut Dubiel (Hg.): Friedrich Pollock. Stadien des Kapitalismus. München: C. H. Beck, 101–117.

Streeck, Wolfgang 2013: Gekaufte Zeit. Die vertagte Krise des demokratischen Kapitalismus. Frankfurt a. M.: Suhrkamp.

ten Brink, Tobias 2013: Chinas Kapitalismus. Entstehung, Verlauf, Paradoxien. Frankfurt a. M. und New York: Campus.

Wiggershaus, Rolf 1994: Friedrich Pollock – der letzte Unbekannte der Frankfurter Schule, in: Neue Gesellschaft Frankfurter Hefte 8, 750–756.

브라질의 저항운동과 신중산층 문제
인터뷰

제제 소자, 슈테판 포스빙켈

슈테판 포스빙켈(이하 포스빙켈): 올해[2013년] 봄과 여름에 브라질에서 일어난 저항운동은 독일에서도 큰 관심을 끌었고, 압도적인 심정적 지지를 얻었다. 대개 축구, 삼바, 해변으로 알려진, 하지만 과도한 사회적 불평등과 부패 그리고 폭력과도 연결되어 있는 지구상의 한 나라에 보여준 반응들은 가히 놀랄 만했다. 동시에 브라질은 경제적으로 급성장한, 그리고 세계의 미래를 중차대하게 규정할 BRICS 국가들 중 하나다. 저항운동의 주축은 신중산층을 이루고 있는 젊은 세대인데, 이들은 자기의식을 습득한 세대로서, 삶의 질과 이 나라에서의 사회적 관계를 보다 선진화해야 한다고 요구한다. 브라질의 "중산층"(Souza 2010)에 대한 당신의 연구가 보여주듯이 당신은 이미 오래전부터 브라질에서의 신중산층이라는 주제를 비판해 오고 있다. 이 주제는 마르셀루 네리 등과 같은 경제학자에 의해 대변되고 있고, 또 브라질 정부도 이 논지에 깊이 공감하고 있다. 그런데 당신의 비판의 근거는 어디에 있는가?

제제 소자(이하 소자): 당신이 시사한 우리의 책 『전투적 투쟁』(*batalhadores*)에서 우리는 "신중산층"이라 불리는 계층이 "실제" 중산층의 본래적 특권을 갖지 못함을 경험적 자료들을 토대로 보여주었다. 아이들이 가치 있는 문화적 자본을 습득할 수 있으려면 학업을 할 수 있어야 하는데, 신중산층의 아이들은 학업을 위한 자유로운 시간을 가질 수 없다. 그 아이들은 11살, 12살이 되면 이미 일하면서 공부해야 한다. 이 "신중산층"에 속한 자들은 콜센터나 용역업체 혹은 무역회사 등 새로운 일터에서 착취당하며, 심지어 그들을 돋보이게 하는 자동차나 LED TV 등과 같은 소비재를 살 수 있기 위해 주말에도 교대근무를 한다. "신중산층"이라는 말 대신 우리는 이 계층을 "신 난민 노동자층"(neue prekarisierte Arbeiterschaft)이라 부르는 것이 더 좋겠다. 우리는 이 책에서 정부의 성공주의적 독해방식을 비판하고자 했다. 정부는 자신들의 업적을 치장하기 위해 이 신 난민 노동자층을 "신중산층"으로 편입했다.

포스빙켈: 이런 논의 현상은 정말로 흥미롭다. 이 논의는 빠르게 성장하고 있는 브라질의 새로운 자기이해에 적합하기 때문에 그렇게 빠르게 확산되고 있지는 않은가? 이런 연관에서 당신은 지식인들의 역할을 어떻게 평가하는가?

소자: 사실 당신이 상상하고 있는 것과 똑같다. 브라질의 가장 중요하고 깊은 관심사는—모든 사회적 계급들을 망라하여—"제1세계"와 같은 현대적 사회가 되는 것이다. 브라질은 스스로를 멕시코나 아르헨티나와 비교하는 것이 아니라 미국이나 유럽과 비교한다. 이들이 상상하는 사회상은 미국이나 유럽 사회와 같은 "중산층 사회"이다.

우리에게 이런 상이 무비판적으로 형성된 데에는 지식인들의 역할이 결정적이다. 지식인의 의미와 중요성이 대개 올바로 인식되지 못하고 있다. 예를 들어 독일에서는 행위와 사유 사이의 역사적 분리로 인해 이념들을 매번 정치적으로 해석하는 것을 경멸한다. 우리에게도 역시 현실에 대한 대안적 해석들이 얼마나 중요할 수 있는지 보이지 않는다. 이념 하나만 가지고서는 어떤 사회도 변할 수 없지만, 행위에 효력을 미칠 수 있는 이념이 없으면 이 역시 어떤 사회적 변화도 이끌어낼 수 없다. 우리에게는 학문적 논쟁뿐 아니라 공개적 논쟁도 매우 제한되어 있다. 따라서 오늘날까지 문화주의(문화세계)의 헤게모니가 있으며, 그 결과 브라질과 같은 나라들에서 모든 문제는 문화적 특성으로 환원될 수 있고, 이러한 사실은 현실적으로 모든 특권의 재생산에 기여한다. 문화주의에서는 현대화 이론에서와 동일한 중심 개념들이 사용된다. 현대화 이론은 우리가 생각하는 것과 달리 결코 사라지지 않았으며, 도처에서 해석에 대한 중립화된 헤게모니적 존엄을 요구해왔다.

이에 맞춰 지난 수십 년간 **경제주의**—말하자면 현실을 경제적 요소로만 고찰해야 한다는 주장—의 헤게모니가 등장하여 전 세계에 진군했다. 모든 주제들은 양적으로 측정되어야 했으며, 이것은 현실에 대한 놀랄 정도로 피상적인 해석을 낳았다. 새로운 사회 계층에 대한 논쟁에서 이러한 사실은 분명하게 드러난다. 자유주의적 해석은 (예컨대 현재 지우마 정부의 장관인 마르셀루 네리 교수에게서처럼) 계층의 귀속성을 수입 정도에 따라 정의하며, 우리에게 여전히 아주 강력하게 존재하는 마르크스주의적 이해는 (예컨대 노동당의 가장 중요한 지식인에 속하는 마르시우 포시망 교수의 글들에서 보이듯이) 직업의 유무에 우선성을 부여하는데, 경제적 요소만을 강조하는 이 두 입장은 보다 본질적인 물음들에 둔감함을 드러낸다.

이 둔감한 어리석음의 한 가지 중요한 예를 들어보자. 경제주의에 기초한 이러한 연구는 가정에서 일어나는 초기 사회화의 문제에 대해 관심을 두지 않으며, 인간을 계급존재로 구성하는 가족적 계급문화에 내재한 다양한 기질들의 합병양상을 보지 못한다. 그런데 계층의 귀속에 따라 다르게 나타나는 상이한 감정적, 도덕적 그리고 인지적 전제들의 합병을 정확하게 볼 수 없을 경우 사회적 지배라는 중심 질문을 더 잘 해명할 수 없다. 이러한 문제의식은 브라질에서 거의 일어나지 않았다. 그리고 이 문제에 대해 지식인들의 책임도 크다. 브라질은 대학과 연구에 엄청난 돈을 붓고 있지만, 적어도 사회과학에서 가장 중요한 것이 빠져 있다. 말하자면 공개적 논쟁의 전통이 빠져 있다. 학문적 논쟁과 공개적 논쟁이 너무 빈약해서 적어도 부분적으로는 이러한 현실이 발생하게 되었다. 우리의 빈약한 논쟁에서는 그런 불평등한 사회에 대한 본질적 근거들이 거의 드러나지 않는다.

포스빙켈: 당신은 순수하게 수입과 소비에 중심을 둔 중산층 규정에 한계가 있음을 지적하고 있다. 이에 비해 당신은 보다 풍부한 개념, 보다 구체적으로 부르디외의 말로 하자면, 태도(Habitus), 합병된 문화자본 등과 같은 개념을 중심에 둔다. 아마도 여기서 사회적 지위의 경제적 측면과 문화적 측면 사이의 긴장관계, 저항에 기여할 수 있을 이런 긴장관계를 말할 수 있을 것 같다. 이런 배경에서 당신은 저항과 그 담지자들 그리고 이들의 요구를 어떻게 평가하는가?

소자: 우선은 먼저 저항운동의 두 계기를 정확히 구별해야 한다. 브라질의 유명한 여론조사 연구소인 IBOPE가 저항자들을 대상으로 수

행한 조사들은 6월 19일을 기점으로 "실제" 중산층 출신의 그리고 또한 소위 "신중산층" 출신의 젊은 좌파지향 학생들의 구체적 요구들로부터 매우 보수적인 브라질의 "실제" 중산층의 일반적 슬로건으로의 변화가 있었음을 보여준다. 신 난민 노동자층 출신의 학생들은 예컨대 상파울루 변두리 출신의 상대적으로 가난한 젊은 사람들로서 국가의 지원이 있기 때문에 (상대적으로 질이 낮은) 사립대학에 갈 수 있지만, 매일 4, 5시간을 버스나 지하철에서 보낸다. "신 난민 노동자층"은 지금 브라질에서 "중산층"으로 불리기 때문에 이동의 자유, 좋은 교육 그리고 정상적 건강과 같은 권리 역시 누릴 수 있어야 한다고 요구한다. 이것들은 저항 첫날 제기된 구체적 요구들이었다. 첫 번째 저항을 가능하게 했던 학생들의 무료버스이용을 주장하는 좌파 지향적 중산층 학생들이 이들을 보필하고 있었다.

특히 상파울루에서 있었던 경찰의 폭력적 대응은 매체에 분노를 샀고, 곧이어 특권적인 "실제" 중산층의 많은 사람들도 분노했다. 그 이유들에는 언론인들도 경찰의 폭력에 희생되었다는 것이 포함되며, 그 외에 그 폭력이 가난한 자들에 맞춰져 있었기 때문이다. 이 운동은 나라 전체로 퍼졌고, "실제 중산층"의 지도 아래 들어갔다. 이들은 부패한 경찰에 대한 외견상 비판적인 슬로건들을 구사했는데, 나는 그들의 이데올로기적 내용을 좀 더 깊이 탐구하고자 한다.

포스빙켈: 그러면 이 저항운동을 보수적 방향으로 틀게 된 배경은 6월 19일에 있었던 운송요금인상의 철회와 경찰의 폭력이었나? 말하자면 경찰의 폭력적 대응으로 인해 처음에 정치적 요구를 확산시키고자 했던 운동이 경찰폭력에 저항하는 것으로 변했으며, 또한 동시에 "실제

중산층"도 이 운동에 관심을 갖게 만들었다는 것인가? 같은 시기에 일어난 터키에서의 시위와 달리 브라질에서의 시위는 사회적 약자를 위한 운동과 노동운동을 기반으로 출발했던 정부 아래서 일어났다.

소자: 이 엄청난 혼란은 브라질에서 공개적 논쟁이 거의 제한된 데서 비롯되었다. 논쟁이 있어도 브라질의 사회 모델에 대한 현실적인 비판은 거의 수행될 수 없었다. 불평등한 사회, 사회적 약자에 대해 책임지지 않는 사회라는 의제로부터 부패하고 무능한 국가라는 의제로 변하는 문제는 언제나 있어 왔다. 하지만 근본적으로 보수적인 사회에서는 현실적으로 진보정당 혹은 진취적 국가를 위한 여지가 없다.

내 생각에, 거리의 엄청난 생동성과 커다란 용기가 빈자들을 포용하려는 노력의 일환이라고 하기 어려울 것 같다. 우리의 경험적 탐구에서 보자면 오늘날 브라질 인구의 30%를 차지하는 이 빈자들을 우리는 자극적으로 "천민"(*ralé*, Unwürdige)이라고 불렀다(Souza 2009). 저항운동은 부분적으로 천민들보다 더 교양이 있는 "신 난민 노동자층"의 상황도 개선하는 데로 나아가야 했다. 이 두 피억압 계층은 전체 인구의 거의 70%를 차지한다. 룰라와 지우마가 했던 것보다 훨씬 더 많은 일들이 이뤄졌어야 했다. 모든 사람들은 보다 많은 권한을 가진 정부와 보다 좋은 경제적 조건들을 가지고 있었던 룰라를 맘에 들어 했던 것 같다. 그가 더 많은 대중을 보다 일관성 있게 지원했다면 더 좋았을 것이다. 현 대통령인 지우마는 한낱 사념에 불과한 "신중산층"의 형성에 대한 조작적 논의를 기회주의적으로 이용했으며, 이와 더불어 "이미 성취함"이라는 선전에 열을 올림으로써 사회적 약자를 위한 노력의 심화를 그 근본으로부터 방해했다.

동시에 보수적인 거대 언론사와 중산층의 다수는 불평등 문제에 아무런 관심도 보이지 않았다. 말하자면 거리에서 국가적 문제로 다뤄지는 중심 문제는 언제나 개인의 차원으로 환원되는 부패의 문제였다. 가장 큰 정당인 PMDB[1]는 원래적인 의미의 정당이 아니며, 오히려 브라질의 거대 자본, 말하자면 재정자본과 천연자원생산자들의 집합체일 뿐인데, 이 정당은 정치적 지형의 모든 현실적 변화를 불가능하게 만든다. 지우마는 거리의 압력을 이용하고자 했으며, 그녀와 자기 정당이 시험해봤던 모든 정책들, 예컨대 정치개혁, 특히 거대 기업체의 간섭을 없앨 요량으로 계획된 선거의 공적지원의 도입과 같은 정책을 관철시키고자 시도했다. 그러나 그녀가 성공할 전망은 없어 보인다.

포스빙켈: 실바[룰라]와 호세프[지우마] 정부의 성장정책과 사회정치적 척도는 의심의 여지없이 빈곤의 감소를 가져왔다. 당신은 이러한 사실이 특히 하부구조(예컨대 교통체계, 교육체계, 건강체계 등)의 질과 국가의 기능방식의 질에 대한 새로운 요구를 할 수 있게 한 토대라고 생각하는가? 다른 한편 다른 사회정치적 요구들과 과도한 사회적 불평등이라는 주제가 저항자들 사이에서는 거의 어떤 역할도 수행하지 못한 것 같다.

소자: 당신은 아주 결정적인 질문을 제기하고 있다. 여기서 우리는 부

1 PMDB(브라질 민주행동당)는 브라질에서 가장 큰 정당이다(노동당인 PT에 앞서거나 비슷하다). 이 정당의 의원들은 부분적으로 룰라 다 실바의 정부를 지지했고, 또 부분적으로 다른 의원들을 반대했다. 지난 대통령 선거에서 이 정당은 지우마 호세프의 출마를 지지했고, 지금 부통령의 자리를 차지하고 있다. 그 외에 이 정당은 몇몇 지방정부를 통치하고 있는데, 그중에는 리우데자네이루도 포함된다. 이 정당은 자신만의 엄격한 프로그램이 없으며, 오히려 그 구성원들은 다수당에 붙어서 유리한 자리를 차지하는 데 열을 올린다. 그런데 호세프 정부는 이 정당의 지원에 기대고 있으며, 이러한 사실은 그녀와 그녀의 정치가들의 정책에 많은 영향을 주고 있다. [포스빙켈의 주석]

르디외의 핵심개념인 독특한 "상징적 폭력"을 이해해야 한다. 이 개념은 자명한 것으로 간주되는 것의 상징적-의미적 차원에서 지배관계의 수용과 은폐로 이끄는 메커니즘을 표시한다. 이 지배관계의 사회적 담지자는 바로 브라질이 지상에서 가장 불평등하고 가장 완고한 사회의 하나로 되게 하는 데 기여한 "실제" 중산층이다. 이 상징적 폭력은 독특한 내러티브를 통해 그리고 지배질서의 파당인 보수적 언론을 통해 산출된다. 보수적 언론은 이 내러티브를 자신의 핵심 진술로 매일 확산시킨다. 여기서 매우 재미있는 사실은 이 내러티브가 "외견상 비판적인 것"으로 보일 뿐 아니라 그런 저항의 물결에서 엄청난 힘을 발휘할 수 있게 해준다는 점이다.

브라질의 계급투쟁은 결코 일관성 있게 분화되지 않았기 때문에 (모든 덕의 원천으로 간주되는) 시장과 (그 자체로 부패하고 비효율적인 것으로 간주되는) 국가 사이의 오도된 대립이라는 장막 아래서 갈등들은 사라진다. 이것이 바로 내가 보수적 중산층의 "외견상 비판적인" 슬로건이라는 말로 하고 싶었던 말이다. 지배적인 이 내러티브의 핵심에 따르면 브라질의 모든 사회적 문제의 한 가지 원인은 바로 국가의 부패다. 하지만 사람들이 알고 있듯이 국가 내부의 체계적 부패는 시장의 이익과 관련이 없는 것이 없다. 그럼에도 불구하고 지배적인 담론은 책임의 귀속 문제를 개인의 문제로 환원한다. 사실 시장과 국가라는 잘못된 대비는 계급투쟁을 은폐하고 전도시킬 수 있다. 왜냐하면 브라질에서 빈자를 보호하고자 한 모든 역사적 노력은—이런 노력이 진실로 있었다고 한다면—국가로부터 오기 때문이다. 예컨대 공공대학들을 빈자들에게 보다 유리하게 하고자 하는 노력들이 그러한 것이다. 시장의 신성화는 모든 영역을 사유화하고자 하는 곳에 현존할 뿐 아니라, 부가 엄청나게 집중된 나라에도 현존한다.

그런 다음 부패한 정치에 대한 "실제 중산층"의 "외견상 비판적인" 슬로건이 설명될 수 있다. 이 슬로건은 브라질 전체 인구의 1% 미만이지만 전체 국민소득의 다수를 점하고 있는 "자산가"에 대한 중산층의 무반성적 지지이다. 브라질 국민소득의 거의 70%는 자본소득(이자, 이윤 등)이며, 약 30% 정도만 임금과 봉급으로 이뤄져 있다. 유럽의 사회민주국가들에서 이 관계는 정반대를 보이고 있다. 브라질에서의 자본소득과 임금소득의 비율은 유럽인에게 기괴한 것으로 보일 것임에 틀림없으며, 사실상 그렇다. 그럼에도 불구하고 야만적이고 아주 집중화된 자본주의의 모델이 비판되는 것이 아니라 국가에서의 개인화된 부패만 비판된다. 이것이 바로 상징적 폭력의 핵심이다. 하지만 이 상징적 폭력은 거대 기업과 금융자본에 의해 통제되는 거대 언론에 의해 "중립적인 것"으로 서술되며, 매일 등장한다. 오늘날 거의 모든 브라질 사람들은 이런 동화를 믿으며, "실제 중산층"은 이러한 사명의 사회적 담지자이다.

포스빙켈: 당신은 브라질의 거대 언론, 말하자면 신문과 방송집단의 중심적 역할을 강조한다. 우리는 이 언론의 세계가 얼마나 폐쇄적이라고 생각해야 하는가? 사회적 모순과 변화가 여기서 어떤 방식으로도 표현되지 않는가? 예를 들어 드라마들은 도시빈민지역의 빈곤과 관련한 사회적 세계도 새롭게 그려주고 있다. 보수적 중산층을 샅샅이 보여주고 비판하는 의미 있는 반대 담론도 있는가? 아랍의 봄에 중요한 역할을 한 것으로 평가되는 새로운 의사소통의 매체들(인터넷, 사회적 네트워크 등)은 어떤 역할을 할 수 있는가?

소자: 음, 이용될 수도 있는 모순들이 있다. 언론도 투쟁으로 얻어진 장이다. 그러나 역사적 조건들은 사건마다 다르며, 그에 상응하여 운신의 폭이 다르다. 나는 예를 들어 브라질과 내가 살아본 경험이 있는 미국에서 언론과 특히 TV 사이에 큰 차이가 있다는 것을 보지 못한다. 그것들은 가벼움과 오락에 기초해 있으며, 광고와 원래의 프로그램의 경계가 갈수록 작아지고 있다. 그 둘은 안 좋은 의미에서 매우 정치적이다. 왜냐하면 이 양자는 사물들에 대한 헤게모니적 시각에 (혹은 근본적으로 구별되지 않는 매우 작은 시각들에) 묶여 있기 때문이다. 나는 이것이 매체의 근본적 사유화와 관계가 있다고 생각하며, 여기서는 현실에 대한 현실적으로 다른 해석들에 귀를 기울일 가능성이 주어지지 않는다.

1980년대에 공적-법적 TV 방송이 나타나기 시작했으며, 오늘날도 여전히 운영되고 있는 독일은 나에게 반대의 예가 되는 나라다. 독일에서 예컨대 잘 만들어진 방송은 외국의 상황과 관계들을 상세하게 설명하며, 혹은 의견의 충돌의 여지가 상존한다. 우리나라의 경우를 말하자면, 윌리암 와크(William Waack)가 이끄는 〈글로벌 뉴스〉와 같은 정치 방송을 예로 들 수 있다. 이 방송에는 동일한 의견을 가진 사람들만 초대된다. 한 번은 페르난도 엔리케 카르도소[룰라 이전의 브라질 대통령] 연구소의 연구자가, 다른 한 번은 보수적인 사회과학자가, 다른 경우에는 카르도소 정부의 옛 장관이 초대된다. 이러한 일은 예외가 없다. 전체 보고도 대단히 선택적이며, 거대 신문들과 잡지들은 이자와 이윤을—브라질에서 이 둘은 매우 높다—낮출 수 있는 모든 것에 강력하게 저항한다. 선거에서 사람들은 파당정치에 휩쓸려 국민과 가깝게 있는 정치가들을 선동가나 부패한 자로 몰아서 그들을 압박한다.

룰라는 모든 매체로부터 비웃음을 받았다. 왜냐하면 그는 정치를 국민에게 이해시키기 위해 "축구 은유"를 사용했기 때문이다. 가장 많이 팔리는 잡지인 『베자』(*Veja*)의 경우—이러한 사실은 인터넷에서 쉽게 확인할 수 있다—지우마의 사진은 언제나 다소 이상한 것이 실린다. 몇 달간 지속되는 브라질에서 인기 있는 시리즈물인 드라마들의 경우 도시빈민지역민들과 소위 "신중산층"은 대단히 소비에 치중하는 자들로 묘사되며, 그들의 삶을 드라마화하는 전형을 가지고 있다. 인터넷은 다양한 측면들을 제시함으로써 다른 선택지들을 제시할 수 있다. 하지만 지금까지 인터넷의 사회적 효력은 거대 매체들에 비교가 되지 않는다.

포스빙켈: 당신의 진단에 따르면 브라질의 "실제 중산층"은 개인화된 부패가 브라질의 중심 문제라는 생각으로 똘똘 뭉쳐 있다. 이 계층은 왜 그러한 방식으로 보수적인가? 브라질에서 사회적 관계가 변한다고 해도 이 계층은 이로부터 이익을 볼 수 없는가? 예컨대 공적 안전망과 범죄의 문제 등에서 말이다.

소자: 기껏 30%에 불과한 이 중산층은 브라질에서 유럽의 생활수준을 가지고 있고, 시장과 국가에서 명예롭고 봉급이 많은 직장에 몰려 있다. 우리 사회에서 이 계층의 "인지적 우둔함"만이 문제가 되는 것은 아니다. 이 계층은 더 나아가 사회적으로 완전히 무책임한 특권층을 위한 자기 정당화의 논리를 제공해주기도 한다. 사실 이 특권층은 브라질에서 수많은 빈자들을 매일 온갖 종류의 가사일의 수행자로 착취하며, 이로써 자기 자식들에게 학업과 계속된 교육을 위한 자유로운 시간을 제공하고 있지만, 동시에 정치적 불만들에 대한 "외견상의 비판자"로서 엄청난 자기존중을 만들어낼 수 있다. 브라질의 일상적 계급투쟁은 이런 방식으로 계속해서 더 은폐되고, 이런 사회적 관계는 계속 재생산되

며, 합법화된다. 브라질은 세계에서 사회적 불평등이 가장 심한 사회들 중의 하나로서, 이런 불평등의 책임을 거의 허수아비에 불과한 추상적 권력집단인 (관료나 지식인들 등) 엘리트에게 묻는 것은 문제가 있다.

사실 브라질을 특징짓는 것은 국가에서의 부패가 아니다. 물론 그런 부패가 아주 구조적으로 체계화되어 있지만 말이다. 왜냐하면 부패는 자본주의에 생래적으로 내재해 있으며, 시장과 국가의 중간지대, 교차 영역은 어디에서나 투명하지 않고 또 통제될 수 없다. 세계 금융시장은 무엇보다도 미국의 은행들에 의해, 부분적으로는 독일의 은행들에 의해 지배되고 있는데, 바로 지난 금융시장의 위기는 여러 측면에서 "순수한", "정상적" 시장이라는 상을 반박하는 부패한 실제적 요인들을 보여줬다. 이렇듯 투자은행들은 특정한 상품들의 특정한 가격 경향을 원하면서 동시에 원하지 않는 데 "걸도록" 시장을 자극한다. 내부정보들은 이러저러한 방향에서 고유한 이윤의 기회를 넓힌다. 회사들의 결산 혹은 전체 나라들에 대한 평가는 강력한 네트워크에 의해 결정된다. 이러한 사실은 니클라스 루만이 남이탈리아나 브라질의 네트워크를 특징지었던 것과 그다지 다르지 않다(Luhmann 1995 참조).[2] "적절한" 사회와 "부패한" 사회라는 대조는 오늘날까지도 독일과 같은 부유한 나라들의 사회과학들뿐 아니라 일반적인 이해방식을 지배하고 있는데, 이런 대조는 더 이상 유지될 수 없다. 왜냐하면 이런 대조는 추정적으로만 존재하는 "문화적 비축"(이 말은 그 자체로 매우 혼란스럽다)으로부터 사람들 사이의 "존재론적 차이들"을 은밀히 만들며, 따라서 은밀하게 인종주의적 사유방식을 진척시키기 때문이다. 브라질의 주된 문제, 그리고 아마

2 은행들의 음모에 대해 도처에서 공개적으로 논의되었다. 예컨대 2012년 1월 30일자 『슈피겔』지 "Die Zocker AG"를 보라.

도 불평등한 사회를 가진 지상의 모든 나라들의 주된 문제는 문화자본을 어떻게든 습득하고자 하는 전제조건들을 단 한 번도 가져본 적이 없는 사회적 계급이 상징적 폭력에 의해 합법화됨으로써 자연화된다는 것일 것이다. 이를 통해 이 계급은 경쟁적 시장으로부터뿐 아니라 모든 사회 영역으로부터 배제된다.

브라질에서 이 하층민은 전체 인구의 대략 30%가 된다. 지구상 전체로 보면 이보다 훨씬 비율이 높다. 잊혀진, 그리고 굴종적인 이 사람들을 현실적으로 포함하기 위한 에너지와 용기가 거리에서 표출되었으면 좋았을 것이다. 룰라가 수행한 "보우사 파밀리아"(bolsa família) 프로그램[빈곤층 생계비 지원 프로그램]과 이와 유사한 제도들도 이를 수행하기에는 너무나 빈약했다. 이보다 훨씬 더 결정적인 것을 수행했어야 한다. 이제 기회를 잃어버린 것 같다. 적어도 지금까지 우리는 브라질에서 퇴행적이고 보수적인 "봄"을 경험했을 뿐이다.

포스빙켈: 지난 몇 년간 도시빈민가 출신의 아이들도 성공을 거두었다는 얘기들, 예컨대 그 아이들이 대학을 다니게 되었다는 얘기들이 등장한다. 당신은 하층부에 대한 연구에서 이 집단을 천민(ralé)이라 불렀고, 이와 더불어 이 주변부 사람들에 대한 브라질의 중산층과 상층부의 시각을 비판적으로 인용했었다. 이 "최하층"으로부터 사회적 신분상승의 가능성이 있는가?

소자: 물론 있다. 이제 끝나가는 것처럼 보이는 지난 10여 년의 경제적 부흥은 몇몇 사회정치적 프로그램과 연합하여 예컨대 수백만의 새로운 일자리들을 비공식적 시장에서 공식적 시장으로 가져왔다. 또한 자본이익에 대한 봉급의 비율이 어느 정도 성장하기도 했다. 이러한 사

실은 거대 언론이 지난 정부들의 빈약한 노력들을 앞장서서 공격하도록 만들었다. 우리는 당신이 인용한 책에서 이 하층민의 재생산에 결정적으로 중요한 것을 경험적으로 연구했다. 그것은 첫째, 가족에서의 사회화의 결핍에서 오는 악순환이다. 가족에서 아이들은 예컨대 자기개발을 위해 어떤 집중적인 노력도 할 수 없다. 이러한 사실은 이 계층의 아이들이 학교에서 그리고 나중에 노동시장에서 실패하게 되는 조건이 된다. 또 다른 요소로는 자연스런 현상이 된 성적 착취와 이 문제를 공적 논쟁에서 완전히 망각한 것을 들 수 있다. 심지어 보우사 파밀리아 프로그램도 처음에 엄청난 저항에 부딪쳤다.

동시에 이 몰락층에게도 어떤 상승의 가능성이 있는지를 이해하는 것이 우리의 관심사였다. 결정적으로 중요한 요소는 보다 좋은 구조화된 가족이었고, 또한 성령강림운동에서, 그리고 복음주의 교단들과 교회에서 뒤늦게 나타난 종교적 사회화였다.[3] 그 구성원들은 자기 자신을 신뢰하기 위한 자기존중의 전투적 투쟁을 수행했는데, 이것은 중산층에서 일반적으로 일어나는 일이며, 부분적으로 이 중산층의 특권을 설명해준다. 사회적 지배의 가장 간계한 요소들 중 하나는 하층민들에게서 그들 자신에 대한 신뢰를 빼앗는 것임을 우리는 알아야 한다. 신자들의 공동체에 나타나는 인정과 새롭게 습득된 자기존중은 거의 은폐되어 있는 이런 지배효과들을 어느 정도 폭로해준다.

3 오늘날 브라질 인구의 22%가 개신교 교회에 속해 있으며, 그중 12%는 성령강림운동에 속하는데, 이 경향은 폭발적으로 상승하고 있으며, 이들의 정치적 영향력은 꾸준히 증가하고 있다. 녹색당(Partido Verde)의 대통령 후보 마리나 실바(Marina Silva)도 성령강림교회의 구성원인데, 2010년 선거에서 19%의 득표율을 보였다. [포스빙켈의 주석]

포스빙켈: 우리는 여기서 삶을 새롭게 이끌어 가는 수단을 넘어 주변화된 사람들을 통합할 수 있는 "새로운 프로테스탄트 윤리"를 말할 수 있는가? 하지만 이 교회들도 파급효과를 조작하고 또 그 구성원들을 착취하기도 하는 상업적 거대기업으로 생각해야 하는 것은 아닌가?

소자: 당신은 다시 급소를 찌르는 질문을 한다. 사회적 삶에서 거의 모든 것이 그러하듯 사물들은 분열되어 있다. 신 난민 노동자층은 비록 이 새로운 "인정의 샘"으로부터 이익을 취하지만—난민 노동자층의 거의 70%가 이러한 부류의 개신교에 속해 있다는 조사들이 있다—동시에 이들은 이를 위해 많은 것을 희생한다. 하지만 나는 이 부정적 측면을 다소 다르게 본다. 몇몇 개신교 분파들의 "번영의 신학"은 개인들의 경제적 존립에만 방향을 맞추고 있으며, 따라서 특권층들의 사회적 무책임이 낮은 계층들에도 반영되게 하는 데 기여한다. 그뿐 아니라 또한 이러한 부류의 종교의 퇴행적 도덕률은 단순히 경악을 불러일으키기도 한다. 의회에서 복음주의자들의 정당들은 얼마 전—다행히도 성공을 거두지 못했다—예컨대 동성애를 의료적으로 치료하는 데 국가가 지원하는 법안을 도입하고자 했다. 그런 예들은 더 있는데, 예를 들어 낙태반대행동이 그것이다. 이것은 가난한 젊은 소녀들이 어쨌거나 낙태를 하고 말기 때문에 그런 경우 어떤 도움도 줘서는 안 된다고 위선적인 모습을 드러낸다. 하지만 동성애 혐오가 가장 위에 위치한다.

포스빙켈: 당신은 『불평등의 자연화』(Souza 2008)에서 주변화된 사람들의 지위를 "하층위 국가시민"으로 표시했다. 당신은 이 말의 의미를 국가시민으로서의 귀속성과 완전한 배척 사이의 중간단계로 본다. 여기서 배척은 다음을 의미한다. 즉 관련자들의 정체성과 관습적 태도에 각

인된 자기존중의 결여로, 도덕적 주체성의 결핍으로 인해 배제가 생길 수 있는데, 배척은 바로 이 배제의 결과로 인해 발생한다. 당신은 이 배제의 소용돌이를 변화시킬 어떤 시사점을 가지고 있는가? 여기서 저항운동이 어떤 영향을 미칠 수 있는가?

소자: 이 책에서 나는 한편으로 "문화적 개념들" 저편에서, 다른 한편으로 국가적 신화의 저편에서 자본주의의 상징적 재생산을 사유하고자 했다. 일반적으로 우리는 전 지구적 자본주의를 경제적 측면에서만, 말하자면 상품교환이나 자본흐름으로 고찰한다. 그러나 우리가 국제 자본주의의 "상징적 요소들"을 생각해보면 우리는 여전히 "현대화 이론"의 기본 개념들을 가지고 사유하는데, 이번에는 거의 언제나 '적절한 사회' 대 '부패한 사회'라는 프레임으로 귀착되는 새로운 가면을 가지고 있다.

포스트식민주의의 많은 변형들은 종종 분노를 표시하면서 "서구적 사유"의 철폐를 주장하는데, 나는 브라질인으로서 그 경우들을 다루고자 했다. 나는 포스트식민주의와는 반대로 생각한다. 나는 부르디외, 푸코, 호네트 혹은 테일러 등과 같은 사람들의 비판적 사유를 종합하여 국경을 넘어서는 분류 메커니즘들을 선명하게 보여주고자 했다. 무엇보다 "귀족들"(존엄한 자들)을 "천민들"(존엄하지 않은 자들)로부터 분리하는 선, 브라질과 같은 사회에서 아주 중요한 눈에 보이지 않는 선을 드러내고자 했다. 부르디외가 『구별짓기』에서 탐구한 프랑스나 독일 사회만이 아니라 브라질이나 멕시코 사회에서도 교차하며 등장하는 "감수성의 선"처럼 포함된 자와 주변화된 자를 분리하는 "존엄의 선", 어떤 실체적 가치내용을 표시하는 것이 아니라 순수하게 "절차적으로" 이해될 수 있는 "존엄의 선" 역시 존재한다. 말하자면 여기서 "정서적 가풍"

이 중요한 문제로 부각되는데, 그것은 훈육, 자기통제, 적극적 사고, 혹은 집중력 등과 같이 모든 학습과 생산적 노동을 위한 사전 조건을 의미한다. 존엄의 선은 그 자체 비가시적이지만, 정보를 비판적-이론적으로 처리하는 경험적 탐구는 이 선을 아주 선명하게 볼 수 있게 한다. 이론적으로 습득된 이 "존엄의 선"은 우리가 지난 수년간 브라질에서 경험적으로 탐구한 것이었다. 이 선은 재분배를 단행했던 지난 몇 년간 브라질이 보여준 것처럼 철저하게 유동적이다. 그러나 그 선은 무엇보다 경제적으로 개선이 이뤄진다 해도 극복될 수 있는 것이 아닌 "상징적 요소들"에 의존한다.

독일에서 "천민들"의 영역은 브라질이나 인도 혹은 남아프리카 등의 상황과 비교해볼 때 아주 협소하다. 그러나 잘 사는 나라들에서도 그 영역이 커가고 있다. 사람들은 서양을 독자적인 하나의 행성이라도 되듯이 보며, 이 서양을 유럽과 미국으로만 한정함으로써 이론적으로 좋지 않은 지구정치를 반복하는 경향이 있다. 이럴 경우 또한 매우 재미있는 비교와 학습과정이 불가능해진다. 하지만 이런 방식으로 정치적, 국가적 혹은 지역적 한계를 재생산하지 않게 될 경우 우리는 인정관계를 철저히 전 지구적으로 생각할 수 있게 된다는 것이 나의 주장이다.

포스빙켈: 독일에서는 하층을 "지위운명주의"라는 말로 표시하곤 한다. 이들에게는 사회적으로 상승하여 자신의 상황을 개선할 수 있다는 의지나 동기 그리고 그런 기대가 결여되어 있다. 따라서 주변화된 사람들은 자신의 상황에 스스로 책임을 져야 한다. 여기에 국가 차원의 사이비 온정주의가 결합된다. 사이비 온정주의란 일종의 "적극적 노동시장 정책"으로서 주변화된 사람들에게 제재를 가함으로써 노동시장에 대해

활동적 태도를 취하도록 강제하는 시도를 말한다. 내 생각에 인정 개념으로 접근할 경우 여기에 딜레마가 있다. 한편으로 여기서 주변화된 사람들을 "잉여적 존재"로 보는, 즉 노동시장에서 더 이상 노동력을 제공하지 못하는 자로 보는 경멸, 혹은 브라질에서 오랫동안 드러난 것처럼 도시빈민지역에나 어울리는 사람들로 보는 경멸이 드러난다. 다른 한편으로 오순절교회운동의 양식에 따라 수행되는 적극적 구직정책 혹은 교육은 사람들의 자기규정이라는 권리 문제를 제기한다. 이런 관점에서 보면 보우사 파밀리아 프로그램도 비판이 된다. 왜냐하면 이 프로그램은 아주 빈약한 사회적 도움을 주면서 학교를 의무적으로 다니게 하며, 예방접종을 의무적으로 하게 하기 때문이다. 이것은 매우 유럽적 고찰방식인가? 당신은 이런 인정 딜레마에 대해 어떻게 생각하는가?

소자: 한편으로 주변화된 사람들에게서 의지와 힘을 강탈한다는 것, 다른 한편으로 책임을 희생자에게 전가한다는 것, 이 두 상황은 사실이다. 그렇지 않다면 사회적 지배가 비천한 자들에 의해 그리고 이 질서의 상실자들에 의해서도 감내되지 않았을 것이다. 그러나 나는 보우사 파밀리아를 다르게 판단한다. 나는 아이들의 학교 등교를 의무로 한 것을 아주 훌륭한 것으로 본다. 왜냐하면 이 프로그램은 아이들의 등교에서 아무런 의미도 보지 못하는 부모들에게서 아이들을 보호하기 때문이다.

포스빙켈: 올 초에 있었던 저항운동에 대한 당신의 평가는 매우 체념적으로 들린다. 당신은 인터뷰 초에 브라질 같은 보수적 사회에는 진보적 국가와 진보적 정당을 위한 여지가 없다고 말했다. 내가 당신을 올바로 이해했다면, 이 말은 사회적 책임감과 공동의 복리에 대한 방향설정이

거의 없는 사회에서 정치적인 것의 힘이 협소할 수밖에 없다는 것을 의미하는 것 같다. 이런 상황에서 저항운동에 의해 적합한 사회정치적 프로젝트가 즉각 선명해질 것이라고 기대하지 않은 것 같다. 하지만 사회적 하부구조 시설들(교육체계, 의료제도, 혹은 자동차나 헬리콥터 등이 아닌 공공교통 등)이 강화되어야 하고, 또한 개인에게만 맡겨진 삶이 극복되어야 한다는 요청들이 제기되는데, 이것은 일종의 진보 아닌가? 물론 당연히 보수적 중산층과 신자유주의적 시장지지자들에 의해 도구화될 위험이 있지만 말이다. 다른 말로 하자면 다음과 같다. "신 빈민 노동자층"이 그 실제적인 사회적 상황에 맞지 않게 "중산층"으로 언급된다면, 바로 그 때문에 이 계층은 이제 중산층에 어울리는 삶의 질을 공식적으로 요청할 수 있다면, 이러한 사실은 결과적으로 보수적 사회의 사회적 무책임성을 흔들어 놓지 않을까?

소자: 그렇다. 당신의 말이 완전히 옳다. 여기서 나의 실망이 나온다. 최초의 희망 가득한 저항의 물결이 지금까지도 올바르게 인지되지 않은 채 보수적 매체들과 특권층들에 의해 수용되는 모습은 나에게 매우 중차대했다. 나는 이 저항이 얼마나 퇴행적인 힘들에 의해—적어도 아주 많은 경우에—아주 정교하게 방해되고 있음을 알지도 못한 채 외국의 훌륭한 사람들에 의해 환영받고 있음을 알고 있다. 나는 그늘에 가려 있는 것을 밝히고자 했다.

하지만 확실히 좋고 긍정적인 요소들도 있다. 첫째, 정부가 "이미 성취함"이라는 무감각에서 벗어났다는 것이다. 이제 예를 들어 모든 사람들은 2014년의 선거가 어찌 될지 모른다고 알고 있다.[4] 둘째, 학생들

4 지금까지 사람들은 브라질에서 지우마 호세프와 그녀의 당이 확실히 승리할 것이라고 알고 있었다. [포스빙켈의 주석]

의 슬로건들을 보면 특히—지난 몇 년간 엄청난 소비 상승의 결과로 나타난—자동차들로 넘쳐나는 도시들에서 질 좋은 대중교통 수단을 위한 중요한 여지가 보인다. 그리고 이러한 사실은 자동차를 **소비의 목표**로 여기는 사회에서 이뤄낸 것이다. 셋째, 막스 베버가 언젠가 말했듯이, 인민이 왕의 머리를 자를 수 있다는 사실을 아는 것은 이 인민에게 아주 중요하다. 이것이 나에게는 가장 중요하다. 공개적인 저항이 합법적인 것으로 받아들여졌고, 생동적인 민주주의의 구성요소로 수용되었다. 이것은 실제로 매우 중요한 정치적 학습과정이다.

그러나 보수적 힘들은 브라질에서 여전히 고귀한 자리에 앉아 있다. 편견으로 가득 찬 문화주의적 이론 및 경제적으로 왜곡된 이론을 소화하여 확산하는 대학들에서 시작하여 거의 독서도 반성도 하지 않는 사회에서 엄청난 힘과 권력을 가진 매체들을 지나 경제와 정치 그리고 공론장을 결합하고 통제하는 "권력의 장"에 이르기까지 어떤 명료하고 분명한 반대 담론도 형성되지 않았다. 따라서 결론적으로 말해서 여기서는 "허무주의적 낙관주의"라는 말이 좋을 것 같다. 변화를 목표로 하는 힘들이 전개되었다. 이것은 첫걸음이다. 다행스럽게 사람들은 자기 발로 걷고자 시도할 때 넘어지는 가운데서도 배운다.

번역_정대성

참고문헌

Luhmann, Niklas 1995: Kausalität im Süden, in: Soziale Systeme 1. 1, 7–28.

Souza, Jessé 2008: Die Naturalisierung der Ungleichheit. Ein neues Paradigma zum Verständnis peripherer Gesellschaften. Wiesbaden: VS Verlag.

Souza, Jessé 2009: A ralé brasileira – quem é e como vive. Belo Horizonte: Editora UFMG.

Souza, Jessé 2010: Os batalhadores brasileiros. Nova classe média ou nova classe trabalhadora? Belo Horizonte: Editora UFMG.

WEST END

한국판 특집

정당정치를 향한 시민들의 도전

This Korean special edition is independently edited by Korean editorial staff irrespectively of German edition.

'한국판 특집'은 독일판 『베스텐트』와 별도로 한국 편집진이 독립적으로 편집하였습니다.

한국판 특집 / 정당정치를 향한 시민들의 도전

한국판 특집에 부쳐
이것도 '민주주의'이다

김 만 권

"저항과 봉기", 여전히 유효한가

『베스텐트』 4호의 주제는 '저항과 봉기'다. 이런 기획은 정치는 엘리트가 독점하고 시민의 참여가 사실상 부재한 당대 대의제의 현실과 대비해보자면 참으로 낯선 것이다. 셸던 월린(Sheldon Wolin)은 당대 대의제의 이런 현실을 '도망자 민주주의'라고 표현했다. 오늘날 우리의 정치적 삶의 양식을 지배하고 있는 대의민주주의에는 원래 민주주의가 의도했던 시민의 적극적인 정치 참여가 사실상 존재하지 않는다. 이제 민주정체에서 시민의 참여란 혁명 혹은 시민저항이라는 일시적인 순간에만 존재할 뿐이다. 그리고 이 짧은 순간이 지나고 정치가 일상으로 접어들면 시민들이 스스로 행동하는 민주주의는 그 모습을 순식간에 감추어버린다. 월린은 이런 현실을 '도망자'로 표현했던 것이다.

그렇다면 민주주의가 도망쳐버린 자리에 시민들은 어떤 모습으로 남아 있는 것일까? 대부분의 정치이론가들이나 철학자들은 이런 시민들을 정치엘리트들이 남용하는 정치에 대해 무지할 뿐 아니라 자발적으로 행동하지 않는 '구경꾼'으로 그려낸다. 시민들은 대체로 자신이 뽑은 정치엘리트들에게 모든 것을 맡겨 놓고 그들이 무엇인가를 해주기를 기다리거나 때로는 정치 그 자체에 무관심할 뿐 아니라 무지하기까지 하다. 대개의 시민들은 자신의 눈으로 정치적 사건을 목격하면서도 그 일이 무엇인지 자세히 알려 하지 않고, 설령 알게 된다 하더라도 정치엘리트에게 호소하는 이상의 행동을 여간해선 하려 들지 않는다. 그렇다면 일상의 대의민주정치에서 시민들에게 희망을 거는 일은 어리석은 짓일까? 도망자 민주주의 시대에 저항과 봉기는 여전히 유효한가?

세계 곳곳에서 들리는 저항과 봉기의 타전소리

그런데 세계의 곳곳에서 이런 저항과 봉기가 여전히 유효할 수 있다는 신호가 타전되고 있다. 좌파들의 급진연합인 그리스의 시리자, 거리의 시위가 정당으로 발전한 스페인의 포데모스뿐 아니라 사회주의자 제러미 코빈을 당수로 뽑은 영국의 노동당, 무소속 사회주의자 버니 샌더스가 대통령 후보로 급부상한 미국의 민주당 경선 모두에서 시민들의 적극적인 정치 참여를 온전히 확인할 수 있다. 무슨 일이 일어난 것일까?

특히 우리가 주목해야 할 곳은 보수적인 정당정치가 지배하고 있는 미국과 영국의 사례다. 1980년대 후반 이래 꾸준히 중도노선을 걷던 영국의 노동당이 2015년 9월 사회주의자를 자처하는 아웃사이더 제러미 코빈을 당 역사상 최고인 59.5%의 지지율을 기록하며 새로운 당수로 선출했다. 그리고 지금 현재 십대 후반에서 이십대 중반에 이르는 영국의 젊은이들은 소위 '코빈앓이' 중이다. 당 대표 선거 이전 20만 명 수준이던 당원이 불과 세 달 사이 32만 명을 넘어선 상태이다. 미국은 더욱 극적이다. 민주당과 공화당에 소속되지 않으면 선거에서 이기기가 하늘의 별따기보다 어렵다는 미국에서, 무소속 의원인 버니 샌더스가 민주당 대통령 후보 경선에서 광풍을 일으키고 있다. 미국 대통령 후보들의 선거 자금줄인 거대 부호들이 이룬 소위 '슈퍼팩'을 통한 모금을 거부하고, 250달러 이하의 소액기부로만 7-9월 사이 총 2,400만 달러를 모아 같은 기간 2,800만 달러를 모금한 힐러리 클린턴을 위협하고 있다. 그리고 이 열풍 뒤에는 영국과 마찬가지로 젊은이들과 서민층의 적극적인 정치지원 활동이 자리 잡고 있다. 영국과 미국에서 청년들과 서민층 그리고 노동자들이 서로를 적극적으로 연결하며 자신들을 대표할 수 있는 이들을 정치의 전면에 내세운 사건이 일어난 것이다.

어떻게 이런 사건이 일어날 수 있었을까? 우리가 주목해야 할 그 결정적인 이유 중 하나는 기존 정당이 자신의 경계를 허물고 시민들을 수용하려는 시도가 있었다는 점이다. 2014년, 이전 노동당 당수였던 에드 밀리밴드는 당의 강성세력인 노동조합을 약화시키고 기존의 중도주의 노선을 더욱 강화하기 위해 3파운드만 내면 누구나 당 대표 선거에 참여할 수 있도록 제도 개혁을 실시했다. 이런 당 밖을 향한 노동당의 경계 허물기는 뜻하지 않은 결과를 냈다. 3파운드 선거인단이 10만 5,600여 표 가운데 83.8%를 코빈에게 던졌던 것이다. 덕분에 코빈은 1994년 토니 블레어가 삭제해버린 당헌 4조, '생산수단의 국유화 조항'의 복원을 내세우며 노동당 혁신을 주도하기 시작했다. 대서양 건너편에서 불어 닥친 샌더스 열풍 역시 미국 민주당의 경계 허물기가 빚어낸 산물이라 할 수 있다. 샌더스가 부시를 당선시키는 데 결정적인 역할을 한 녹색당 랠프 네이더의 전철을 밟지 않겠다고 선언하며 민주당 대통령 후보 경선에 참여하고자 했을 때, 민주당은 이례적으로 경선의 문을 무소속 의원인 샌더스에게 활짝 열었다. 이제 이 샌더스의 열풍이 월가의 도덕적 해이에 미온적이던 힐러리에게도 몰아쳐 그의 정책이 보다 급진적인 방향으로 흐르게끔 만들고 있다. 이렇듯 신자유주의의 중심축을 이루던 영국과 미국의 두 진보적 정당은, (그것이 비록 의도되지 않은 것이었다 할지라도) 전통적으로 인식되던 당의 경계 허물기를 통해 새로운 변화를 이끌어내고 있다.

정당중심 민주주의를 추구하는 진보적 집단지성

그렇다면 우리 정당정치의 현실은 어떠할까? 우리 사회의 정당정치가 그 보수적 기원으로 인해 너무도 연약한 토대 위에 서 있다는 것은 모두가 아는 사실이다. 삼권 분립이 의심될 만큼 대통령에게 굽실거리기 바쁜 여당과 집권의지조차 없이 분열되어 있는 거대야당, 아직은 대안이 되지 못하는 진보정당이 형성하고 있는 2015년 현재의 정당정치가 국민들에게 그 어떤 희망의 메시지도 던지고 있지 못하다는 점을 굳이 상기시킬 필요는 없을 것이다. 이런 점에서 정당정치의 현실을 살펴보기보다는 우리 정당정치가 그나마 제대로 된 길을 걸어갈 수 있는 지침을 제시해온 진보적 입장을 살펴보는 것이 훨씬 의미 있는 일이 될 것이다.

이런 측면에서 최장집 교수를 정점으로 형성된 정당중심 민주주의를 추구하는 진보적 집단지성이 우리 사회의 민주주의가 가야할 길을 제시하는 데 큰 공헌을 했다는 사실 그 자체를 부정하는 이들은 없을 것이다. 이 진보적 집단지성은 지금껏 이념 지향적, 계급 지향적, 노동 지향적, 진성 당원 중심의 모델을 일관되고 체계적으로 제시해 왔으며, 갈등을 부정적으로 여기는 우리 사회를 향해 갈등이 정치의 중심임을 알리는 데 커다란 기여를 해왔다. 그러나 불행히도 주도적 정당들이 이 집단지성의 공개적인 신호를 제대로 듣지 못하거나 의도적으로 외면해 온 것이 우리 사회의 현실이기도 하다.

제도권 정당정치를 주도해온 이들이 불행히도 너무 오랫동안 이 의미 있는 신호를 외면했던 탓일까? 이제 우리는 그 신호에 담긴 내용에 조금의 의문이 들기 시작했다. 이 진보적 집단지성이 일관되게 그리고 지금도 관철하고 있는 '이념 지향적, 계급 지향적, 노동 지향적, 진성 당원 중심의 모델'은 여전히 유효한가? 정당 안과 밖, 당원과 비당원의 경계를 엄격히 지킬 때만 정당정치가 가능하며, 현재 우리가 살아가고 있는 시대에 가능한 대안은 대표자를 통한 대의민주주의밖에 없다는 메시지는 여전히 유효한가? '정치는 정치가에게'란 메시지는 여전히 유효한가?

디지털 시대의 열린 경계와 '독립적인' 시민의 탄생

우리가 정당중심의 진보적 집단지성의 메시지를 의심하는 결정적인 이유는 '아날로그'로부터 '디지털'로 이행된 급격한 시대적 변화에 있다. 이런 시대적 변화는 '디지털 시민권'이라는 새로운 신조어에서 쉽사리 확인할 수 있다. T. H 마셜(T. H. Marshall)이 케임브리지 대학교 강연에서 자유적 시민권(civil citizenship), 정치적 시민권(political citizenship), 사회적 시민권(social citizenship)으로 시민권의 범주를 구분한 이후 이 세 범주는 시민권의 중심축을 이루어 왔다.

그런데 이제 이 세 범주에 '디지털 시민권'(digital citizenship)을 더해야 한다는 주장이 제기되고 있다. '디지털 시민권'은 기본적으로 디지털 기술의 눈부신 발전과 더불어 일어난 '사회적 연결망'의 확장이란 문화적 현상에서 비롯된 개념이다. 대부분의 사회적 연결망 서비스는 흩어진 개인들을 온라인 가상공간에서 엮어주고자 하는 사회적 측면에 초점을 맞추고 발전했다. 페이스북, 트위터, 카카오톡과 같은 사회적 연결망 서비스에 수많은 개인들이 합류하면서, 이제 이런 사회적 연결망은 우리 일상에서 없어서는 안 될 문화적 요소로 자리 잡았다. 이런 문화적 요소로서의 사회적 연결망은 국내외에서 일어난 여러 가지 사건을 통해 정치구성원들을 연결시키는 '정치문화적' 연결망으로도 자리 잡아 왔다. 그리고 마침내 '디지털 시민권'이란 시민권의 새로운 영역을 개척하고 있다.

기본적으로 디지털 시민권은 '기술'의 긍정적인 측면에 초점을 맞추고 있지만, 사실상 이 개념이 그 뿌리를 두고 있는 근원은 '시민' 그 자체이다. 존재론적으로 '시민'은 같은 공동체의 구성원으로서 다른 구성원들에게 자신이 어느 정도 기대고 있음을 알고 있고 이로 인해 다른 구성원들에게 강력한 유대감을 지니고 있을 뿐 아니라 공동체에서 일어나는 일에 관심 및 책임감을 지닌 존재다.[1] 존 롤스(John Rawls) 역시 『정치적 자유주의』(*Political Liberalism*, 1993)에서 이런 시민들의 존재론적 측면을 강조하며 시민들의 특징이 바로 이렇게 협력하고 책임질 수

1 Mike Ribble & Gerald Bailey, *Digital Citizenship in Schools* (Washington DC: International Society for Technology in Education, 2007).

있음에 있다고 강조한다. '디지털 시민권'은 시민들이 지니는 이런 서로 간의 유대에 근거를 둔 '협력'과 '책임'에 기반을 두고, 이들이 발전된 기술이 제공하는 디지털 공간에 들어와 같이 '일하고 어울린다'(work and play)는 발상에 기반을 두고 있다.

이런 디지털 시민권의 더 중요한 의미는 바로 이 디지털 시민권이 시민권의 세 범주인 자유적, 정치적, 사회적 측면을 모두 아우르고 연결할 수 있다는 가능성에 있다. 마셜이 내놓은 시민권의 개념이 시민권을 구성하는 영역에 초점을 두고 있다면, 디지털 시민권은 기존의 구성된 영역을 시민들이 좀 더 적극적으로 활용할 수 있도록 하는 데 그 의미가 있다. 쉽게 말해, 디지털 시민권은 시민들이 자신의 의사를 자유롭게 표현하고, 나아가 정치에 직접 참여하며, 더불어 사회경제적 기회를 얻는 데 결정적 기여를 한다.[2]

이 한국판 특집 "정당정치를 향한 시민들의 도전"에 참여한 하승창, 안병진, 김만권 세 필자 모두 이 바뀐 환경이 정치에 미치는 영향에 주목한다. 그리고 이 바뀐 디지털 환경이 우리가 알고 있던 기존의 경계를 허물어 가고 있다는 점, 나아가 이 환경 속에서 독립적으로 연대를 모색하는 시민의 존재가 탄생하고 더 나아가 이들이 서로를 연결하는 일에 나섰음에 주목한다. 그리고 이런 변화가 정치 영역에도 영향을 미치고 있으며 기존의 정당이 그어 놓은 정당의 안과 밖이라는 경계에 의문을 제기하고 있다고 본다. 특히 이런 욕구는 디지털 환경에 익숙한 세대에게서 확연히 드러나고 있다.

2 '디지털시민권'에 대해선 김만권, "디지털 시민권과 시민정치의 활성화", 『문화와 정치』(제1권 제2호, 2014), 67-93쪽을 보라. 디지털시민권에 대한 설명은 이 논문에 실린 해당 부분을 인용했다.

이런 변화한 디지털 세계라는 새로운 삶의 조건 아래, 세 필자는 정당중심 민주주의를 추구하는 진보적 집단지성을 향해 '경계'와 '조직'의 정치에서 '개방'과 '연결'의 정치로의 전환이 극적으로 요구된다는 문제를 제기하고 있다. 그리고 이 세 필자 모두 '개방'과 '연결'의 축으로 독립적이면서도 서로 연대하는 시민을 두고 있으며, 나아가 이 독립적 시민들을 어떻게 연결할 것인가에 관심을 기울이고 있다.

우선 김만권의 「'도망자 민주주의'와 연대를 추구하는 '시민 게릴라'」는 우리 사회의 정당중심 모델을 추구하는 진보적 집단지성의 이론적 배경을 '도망자 민주주의'라는 개념을 중심으로 추적한다. 이 집단지성의 이론적 배경에는 은연중에 정치를 전문가 엘리트와 상대적으로 무지한 인민으로 가르고 정치는 엘리트의 것이라는 발상이 내재해 있음을 드러낸다. 더 나아가 우리 진보적 집단지성이 이념, 계급, 노동, 진성당원이라는 오래된 시대의 경계에 머물러 있을 뿐 아니라 그 경계를 허물려는 노력을 민주주의에 대한 위협이라 간주하고 있다는 문제를 제기한다. 김만권은 오래된 기준이 그어 놓은 경계를 떠나고 있는 시민들을 '정치'에 남기려는 임시적 노력으로 정책과 사안, 민주주의의 가치에 근거를 두고 연대하는 '시민 게릴라'라는 개념을 제시하고 있다.

다음으로 하승창의 「21세기 새로운 시민운동, "조직에서 플랫폼으로"」는 우리 사회 시민운동에서 시민들의 연결하기가 어떻게 이루어지고 있는지 구체적으로 제시한다. 하승창의 글은 특히 현장에서의 경험이 고스란히 녹아 있다는 점뿐만 아니라, 활동가가 어떻게 이론적 접목을 시도할 수 있는지 보여주는 좋은 사례라는 점에서 그 가치가 더욱 크다. 하승창은 안철수 현상에 대한 반성을 통해 우리 사회에서 시민들의 변화에 대한 새로운 욕구를 읽어내고 있는 동시에, 기존의 정당정치에 대한 변화에 대한 욕구가 세계적으로 일어나고 있는 현상임을 구체적 자료를 통해 드러낸다. 그리고 제목에서 고스란히 드러나듯이 이런 욕구를 내보이는 시민들을 연결하는 방법으로, 전통적인 조직화에서 벗어나 시민들이 독자적으로 결정하고 활동할 수 있는 플랫폼의 형성을 제시하고 있다. 이 글은 이렇게 연결된 시민들이 어떻게 개인과 조직, 영역의 경계를 허물고 있는지 아주 구체적인 사례들을 통해 보여주고 있다.

안병진의 「정치혁신이 실패하는 이유: 실험주의 거부하는 낡은 정당론」은 정당이 기존에 그어 놓은 경계를 벗어나 어떻게 시민들과 연결될 수 있는지를 모색하고 있다. 도발적일 수도 있는 이 논문에서 안병진은 우리 사회 정당주의자들 간에도 분화가 일어나고 있음을 보여준다. '정당은 당원의 것이다'는 기존의 경계를 지키려는 복고형 집단지성과 '정당은 또한 시민의 공간이기도 하다'는 기존의 경계를 넘어서려는 네트워크형 집단지성이 첨예하게 대립하기 시작한 것이다. 안병진은 객관적 환경의 변화에 따라 바뀌어 가는 민주주의의 성격을 파악하고 우리 정당이론 및 실천도 변모해야 한다고 주장한다. 그리고 이런 변화라는 새로운 실험이 두려운 낡은 정당론을 비판한다. 이런 새로운 실험의 거부는 '반응성의 결핍'이라는 우리 좌파정당의 고질적인 문제와도 그 맥을 같이한다고 본다. 그는 이런 한계를 극복하기 위해 엄청난 정보와 해석 능력으로 무장한 당대 시민 네트워크의 역량에 주목하면서 이를 정당과 결합시켜야 한다는 주장을 펼치고 있다.

마지막에 실린 「대담: '경계의 정치'에서 '연결의 정치'로」는 이 세 사람의 논의가 시민정치가 정당정치와 동등한 민주주의 주체가 되어야 한다는 요구로 모이고 있음을 드러내는 일종의 '보론'이라 할 수 있다. 이 대담을 통해 세 사람의 논의가 정당정치가 더 이상 유효하지 않다는 것을 의미하는 것이 아니라, 정당정치가 작동하는 방식에 대한 변화를 요구하는 것임을 더욱 선명하게 볼 수 있을 것이다. 정당정치를 위해서라도 시민정치는 활성화되어야 한다.

이것도 정치이고 민주주의이다

필자의 입장에서 보면, 우리 사회에서 이념, 계급, 노동, 진성 당원이란 기준으로 정당중심 민주주의를 완고하게 추구하고 있는 집단지성은 급격하게 변화하고 있는 세계의 조건에 가장 보수적으로 대응하고 있는 유기적 지식인들로 보인다. 세 필자가 제기하는 핵심은 현재의 정당정치에 대한 헌신이 무의미하다는 것이 결코 아니다. 어쩌면 세 필자가 무엇보다 강화시키고 싶은 정치의 조건이 정당일 수도 있을 것이다. 그렇기에 세 필자는 우리를 둘러싼 세계의 환경이 바뀌었음을, 그 조건에 상응하는 변화가 정당정치에도 있어야 함을 지속적으로 강조하고 있다. 예를 들어 현재의 '정의당'을 생각해보자. 생각건대 '정의당'은 현재를 기준으로 볼 때 이 진보적 집단지성이 내세우는 모델에 가장 상응하는 정당이라 할 수 있다. 그러나 최근의 '정의당'이 자신의 존재를 알리는 데 가장 기여한 수단은 이념, 계급, 노동, 진성 당원이 아니라 노회찬, 유시민, 진중권이라는 사회적 명사들이 진행하는 "노유진의 정치카페"라는 팟캐스트이다. 누적 다운로드 횟수만 9천만 건에 이른다는 이 팟캐스트는 디지털 기술을 통해 당의 네트워크를 정치에 관심이 있는 이들에게까지 확장하여, '정의당'의 정책에 대한 홍보뿐 아니라 그 존재감을 각인시키는 데 큰 성과를 거두고 있다. 무엇보다 팟캐스트를 통해 정의당에 가입하는 사람들의 숫자도 늘고 있다. 기존의 정당의 경계에 머무르지 않고 정당중심의 진보적 집단지성이 꺼리는 네트워크 정당 및 사회적 명사의 정치를 잘 활용한 경우인 것이다.

현재 필자의 눈에 비친 정당중심의 진보적 집단지성은 새로운 환경에서 파생되고 있는 다양한 요인들이 자신들이 오랜 시간 공들여 그어놓은 경계를 허물지 않을까 불안해하는 모습이다. 새롭게 변화한 환경을 향한 새로운 실험에 대한 제안들 대부분을 사실상 거부하며 기존에 그어 놓은 경계 안에서 그 경계를 지키기 위해 모든 노력을 쏟아 붓고 있는 모양새다. 그러다 보니 민주주의를 정당정치라는 단순한 하나의 차원으로 환원시킬 뿐 아니라 그 이상을 내딛는 발걸음을 때로 민주주의를 향한 위협으로 간주하며, 때로 시민이 중심이 되는 민주주의를 향해 '그것은 민주주의가 아니다'고 단언하고 있다. 당대의 정치의 내용이 '민주주의'라는 점에서 그 말은 사실상 시민이 중심이 되는 정치는 정치가 아니라고 말하는 것이나 다름이 없다.

기존에 그어진 경계를 지키고자 하는 누군가에게는 '시민권력'이라는 민주주의의 동의어는 듣기만 그럴싸한 공허한 말일 수도 있을 것이다. '시민들의 권력'이라는 말이 마땅치 않다면 그중 '권력'이라는 단어는 얼마든 내려놓을 수 있다. 권력이라는 말 자체가 싫은 것이 아니라 그 권력이 정당에게 반드시 속해 있어야만 하는 것이라면 굳이 탐내지 않겠다. 그러나 정당이 중심이 되는 활동이 정치이고 민주주의이듯, 시민이 중심이 되는 활동도 동등한 정치이며 민주주의이다. 정당정치와 시민정치가 서로를 동등한 협력자로 인식하는 정치는 불가능한 것일까? 그 안에 정당정치가 민주주의의 챔피언이라는 은연중의 서열이 반드시 필요한 것일까? 그 서열이 그람시가 근대의 군주가 다가가 온전히 합쳐져야 한다고 언급했던 그 인민을 향한 발걸음을 주저하게 만드는 것은 아닐까? 우리가 거부하는 것은 그 힘찬 발걸음을 주저하게 만드는 고정된 서열이며 결코 넘어서서는 안 되는 것처럼 그어진 경계이다. 우리가 하고자 하는 말은 어쩌면 너무 간단할지 모른다. 시민이 민주주의의 기반에서 부지런히 움직이며 주체가 되고자 하는 활동, '그것도 정치이고 민주주의이다.' 변화한 환경 속에서 시민정치는 정당정치와 함께 동등한 민주주의의 축으로 자리 잡을 충분한 잠재력과 자격을 지니고 있다. 우리는 시민을 정치의 축으로 연결하는 새로운 실험을 두려워하지 않겠다. 그 속에 때로 필요한 민주적인 '저항'이 싹트고 억압을 거부하는 '봉기'가 움튼다.

'도망자 민주주의'와
연대를 추구하는 '시민 게릴라'

김 만 권

"민주주의를 정부의 형태가 아닌 (…) 존재의 방식으로 인식할 필요가 있다. 그 존재의 방식은 오로지 일시적으로만 성공을 거둘 수 있는 운명이란, 쓰디 쓴 경험으로 조건 지워져 있다. 그러나 이 존재방식은 정치적인 것의 기억이 살아남는 한 다시 생겨날 수 있는 가능성을 지니고 있다. 민주주의의 경험을 통해 우리가 목격한 것은 이런 정치적 존재방식이 일정 기간 동안 사라질 수 있으며, 사라진다는 것이다. 민주주의는, 폴리비우스가 명확히 표현하듯, '(일상의) 시간 속으로' 사라진다. 민주주의는 찰나의 정치적인 순간, 아마도 정치적인 것의 기억이 되살아나 재창조되는 바로 그 순간일 것이다."

_셸던 월린

Ⅰ. 프롤로그: 우리 사회와 도망자 민주주의

근대사회 이후 자리 잡은 대의민주주의는 구성원들의 직접적인 '참여'라는 민주주의의 원래의 이상 대신 제도화와 절차를 민주주의의 핵심으로 삼았다. 제도적으로 일정한 절차를 정하고 그 정해진 절차를 잘 지켜내는 것을 민주성의 핵심으로 본 것이다. 많은 사람들이 이런 절차주의를 비판하지만, 이런 절차를 통해 민주주의의 이상을 담보하려는 시도는 사실 매우 의미 있는 작업이기도 하다.[1]

이론적 차원에서 절차적 민주주의를 가장 잘 표현해낸 예를 찾아보자면, 존 롤스(John Rawls)의 『정의론』(*A Theory of Justice*, 1971)을 들 수 있다. 『정의론』에는 공정한 절차가 공정한 결과를 낼 것이라는 기대가 고스란히 반영되어 있다. 사실 공정한 절차가 **반드시** 공정한 결과를 내지는 않는다. 그러나 **우리가 지혜를 모아 최대한 공정한 절차를 만든다면**, 그 절차의 과정 자체가 반드시 옳아서 혹은 결과가 항상 옳아서가 아니라 **관련 당사자들이 서로가 받아들일 수 있어서 공정성을 담보하게 될 것**이라는 롤스의 지혜는 절차주의와 연계해 발달한 민주주의의 정신을 그대로 표현하고 있다.

그래서인지, 근대 이후 많은 민주주의자들은 마치 민주주의의 모든 것이 절차를 얼마나 잘 만드느냐에 달려 있다고 생각한다. 이런 절차화는 자연스레 제도화와 맞물린다. 문제는 이런 제도화의 중심에 항상 정치엘리트들, 대표자들만 있다는 점이다. 일반인들이 직접 참여해 어떤 절차가 만들어지는 경우는 보기 드물 뿐 아니라, 더욱 복잡하고 다층적으로 변화하는 사회에서 일반시민들이 그런 전문성을 갖추기도 힘들다. 이런 이유로 많은 이들이 제도화와 절차화는 대표자들의 몫이라고 말한다. 그러나 정작 현실을 좀 더 깊이 들여다보면, 실제 대표자들조차 특별히 자신이 개별적으로 관여한 사안을 제외하곤 자신이 통과시키고 있는 법과 정책의 내용이 무엇인지 이해하지 못하는 경우가 태반이며

1 이 글은 김만권, 『정치가 떠난 자리』(서울: 그린비, 2013)에 실렸던 내용을 2015년의 맥락에 맞게 부분적으로 재구성한 것이다.

그 내용을 상세히 아는 이들은 아주 드물다.

하지만 민주주의의 절차화 및 제도화도, 대표자들의 무지도 필자가 말하는 민주주의의 상실에 해당되는 건 아니다. **문제는 민주주의를 이런 절차화의 한 단면으로 바라보고 민주주의를 제도권 대표자들의 정치로 환원하는 데 있다.** 이런 경향은 주로 정치를 제도권으로 끌어들이는 데 지나치게 집착하는 이들에게서 나타난다. 정치를 제도화하는 일은 마땅하고도 중요한 일이다. 그러나 이 일을 너무 강조하다 보면, 정치의 외연이 제도권 밖으로 확장되는 일을 경계하거나 막아서게 된다. 실제로 오늘날의 상당수 민주주의자들이 제도권 정치에 집착하여 평범한 시민들의 직접적인 참여 자체를 꺼리곤 한다.

무엇보다 필자가 우려하는 바는 이런 시민들의 직접적인 참여에 대한 부정, 오직 대의민주주의만이 진정한 민주주의라는 주장이 우리 사회의 대항지식인들이 구축하는 민주주의의 모델에 은연중에 잠재해 있다는 점이다. 예를 들어 우리 사회에서 민주주의자를 자처하는 일부 지식인들이 2008년 비폭력 촛불집회를 "대중영합주의"라는 개념조차 부합하지 않는 원색적인 말로 강하게 비판한 사례는 참으로 아이러니했다.[2] 민주주의자들이 진정한 의미의 민주주의의 순간을 비판했던 조금은 이해하기 힘들었던 우리 민주주의의 자화상이었다. 이런 민주주의자들의 비판은 시민들의 직접적인 참여가 아무런 가시적 성과를 낳지

2 대중영합주의는 기본적으로 이 현상을 이끄는 탁월한 지도자의 존재에 의존한다. 그래서 이 지도자가 사라지면 운동도 사라지는 경향이 있다. 그러나 2008년 촛불집회에서 가장 일반적으로 알려진 사실은 이 운동에 특별한 지도자 혹은 지도부가 사실상 결여되어 있다는 점이다. 정치학자들이 2008년 촛불집회를 대중영합주의로 비판하는 것은 개념상 대중영합주의라는 개념을 잘못 이해했거나, (이 개념을 모를 리가 없다는 점을 고려해 본다면) 의도적으로 오용한 것이다. 이에 대해선 Margaret Canovan, *The People* (London: Polity, 2005)을 보라.

못한 데 대한 좌절감의 표현이었을 수도 있다(시민들의 직접적 참여가 아무런 가시적 성과를 낳지 못한 것이 이런 참여 자체의 문제인지 이런 참여가 전혀 반영될 수 없을 만큼 철저히 대표자를 중심으로 돌아가는 제도적 구조의 문제인지는 진지하게 고려해볼 필요가 있다).

어쩌면 민주주의자들의 이런 참여민주주의에 대한 아쉬움과 좌절감이 가장 잘 표현되어 있는 개념이 바로 셸던 월린(Sheldon Wolin)의 '도망자 민주주의'일 것이다.[3] 월린은 민주주의를 단순한 제도화 속으로 환원하는 당대 민주주의 이론과 현실에 반대하며 이 개념을 내놓았다. 일단 월린이 말하는 민주주의는 정부의 형태가 아니다. 오히려 월린은 민주주의를 존재방식으로 바라보고 정치공동체의 구성원들이 정치의 참여를 향해 함께 몰입해 들어가 정치적인 것이 폭발하는 순간을 민주주의라고 말한다. 이런 관점에서 보면, 민주주의는 구성원들이 정치에 적극적으로 참여하여 진정한 행위자로 변모하는 바로 그 정치적인 순간에 일시적으로 존재한다.

그렇다면 월린이 말하는 정치적인 순간이란 구체적으로 어떤 것일까? 어떻게 구성원들은 정치적인 것들의 순간을 되살릴 수 있을까? 민주정체에서 그 대표적인 정치적 순간의 예를 찾아보라 한다면 당연히 시민불복종을 들 수 있을 것이다. 그렇다면 이런 순간은 어떻게 찾아오는 것일까? 대개의 경우 불복종의 형태를 띠는 정치적 순간은, 자신이 삶을 누리고 있는 정체가 다급한 위기에 처했다는 주장이 동료시민들 사이에 큰 공감을 얻는 순간에 찾아온다. 한편으로 이런 정치적 순간은 혁명이라는 이름으로도 실현된다. 각 민주정체의 구성원들은 자신들이

3 Sheldon S. Wolin, "Fugitive Democracy", in *Democracy and Difference: Contesting the Boundaries of the Political* (Princeton: Princeton University Press, 1996)을 참조하라.

정체를 건설했거나 구원했던 기억을 지니고 있다. 미국혁명과 프랑스 혁명, 독일통일, 1987년 전후 동유럽 국가들의 혁명 등이 그 예다. 우리 사회에선 1987년 6월 민주화운동을 통해 군사독재에 종말을 찍고 새로운 민주정부를 위한 새로운 헌법을 구성한 순간이 이에 해당된다. 이런 기억을 되살려 구성원들은 위기 속에서 정체를 구원하기 위해 직접 행동하기로 결심하고 정치의 전면에 나서게 되는데 이것이 바로 시민불복종이다. 2008년 촛불집회 당시 1987년 민주화운동이 새로이 수차례 조명되었는데, 바로 이런 행위가 정치적 순간의 기억을 복원하는 작업이다.

민주정체에서 체제변혁을 이끈 혁명의 정신을 잇는 시민불복종의 순간은 '일상의 순간 속의 초일상의 순간'으로 표현되는데, 법의 지배 아래 있다는 점에서 일상의 순간이지만, 헌법에 위배되는 특정한 법이나 제도, 정책을 긴급하게 수정하거나 폐지하려고 한다는 점에서, 또는 법이 정한 절차를 통해 부당한 일을 막지 못할 때 이것을 주권자의 힘으로 바로잡으려 한다는 점에서 비일상적이며 초법적인 행위를 하기 때문이다. 한나 아렌트(Hannah Arendt)는 이를 두고 "변화 자체는 언제나 초법적인 행위(extra-legal action)"라고 말한다.[4]

'도망자 민주주의'를 내세운 월린도 지적하듯, 민주정체의 구성원들이 직접 모습을 드러내며 정치에 참여하는 이런 정치적 순간은 현실에서 극히 드물다. 평범한 사람들이 정치행위자로서 집단적으로 자신을 드러내는 경우는 혁명이나 시민불복종과 같은 극히 드문 초일상의 순간뿐이다. 정체가 위기와 변화의 시기를 지날 때 거리에서 혹은 광장에

4 Hannah Arendt, *Crises of the Republic* (New York: A Harvest Book, 1970), p. 80.

서 자신의 목소리를 내며 변화와 개혁에 참여한 평범한 시민들은 이런 초일상의 순간이 지나면 허무하게도 일상의 정치 속으로 그 모습을 감추어버린다. 그리고 마치 아주 긴 동면에 들어간 듯 그 모습을 드러내지 않는다. 이 도망자 민주주의에 따르면, 평범한 사람들이 주체적인 정치행위자로 민주주의를 민주주의답게 만드는 순간, 민주주의가 민주주의로 넘치는 순간은 아주 일시적일 뿐이다. 민주주의는 그렇게 잠시 찾아왔다 마치 도망자처럼 급박하게 사라져버린다.

월린이 제시한 '도망자 민주주의'는 민주주의의 본질인 참여 자체가 대의민주주의 속에서 도망자가 되었다는 의미다. 이를 두고 민주주의를 허무주의로 만들었다는 비판을 가할 수도 있지만, '도망자 민주주의'는 소극적인 관점에서 보면 그만큼 대의민주주의가 참여에서 멀어졌다는 비판이며, 적극적인 관점에서 보면 일상의 정치에서 평범한 사람들이 능동적이고 적극적인 정치행위자로 변모할 수 있도록 그 길을 찾아야 한다는 새로운 전망의 요구라고 할 수 있다.

이 도망자 민주주의라는 개념에 근거해보면, 2008년 촛불집회에 심한 비판을 가했던 영향력 있는 일부 대항민주주의자들은 진정한 민주주의가 일시적으로 찾아온 그 정치적인 순간을 비판했던 것이다. 이런 비판은 정당을 중심으로 한 제도권 정치에 지나치게 의존하는 대항민주주의자들의 민주주의 자체에 대한 다면적 이해의 부족이 낳은 것이나 다름이 없었다. 아이러니하게도, 일부 대항정치 세력이 월린의 원래 의도와는 전혀 다른 의미로, 스스로 민주주의로부터 도망가는 자들이 되어 이해하기 힘든 형태의 새로운 '도망자 민주주의'를 만들어냈던 것이다.

II. 우리 민주주의의 모델: 엘리트 중심 민주주의

이렇듯 민주주의에서 도망쳐버린 우리 사회 대항민주 세력이 제시하는 민주주의 모델이 엘머 에릭 샤츠슈나이더(Elmer Eric Schattschneider)의 '책임정당 모델'(the Responsible Party Model)[5]과 한편으로 베르나르 마냉(Bernard Manin)의 '청중민주주의'(audience democracy)[6]를 닮아 있음은 더욱 당혹스럽다.

샤츠슈나이더의 책임정당 모델은 60년 전, 너무도 미국적인 맥락에서 등장한 이론이다. 간략히 요약해본다면 책임정당 모델은, 미국사회에서 정치가 자본주의와 민주주의가 빚는 갈등의 균형을 잡는 역할을 하는 것이라 보고 그 균형추를 잡는 역할을 정치정당이 해야 한다는 이론이다. 특히 이 책임정당 모델에서 정당정치는 양당제의 형태를 취하는데 자본주의를 대표하는 공화당과 민주주의를 대표하는 민주당의 대립구도가 이런 미국정치의 근본적 갈등을 대변하고 있다고 보기 때문이다. 흥미로운 것은 이런 미국적 맥락에서 나온 이론이, 우리나라 진보진영에서 정당정치를 중심으로 한 제도주의를 지지하는 많은 대항정치 세력이 이론적으로 의존하고 정치적으로 지향하는 민주주의 모델이라는 점이다. 기본적으로 이런 대다수 정당 모델들이 보편적으로 취하고

5 엘머 샤츠슈나이더(1892-1971)는 정당정치 연구에 평생을 바친 미국의 다원주의 정치학자다. 우리나라에는 진보성향의 정치학자로 알려져 있지만, 현재 미국의 학계에서는 자유주의적 입장을 대표하는 다원주의 학자로 분류된다. 다원주의의 대표적 두 경향 중에 로버트 달(Robert Dahl)이 미국 정치에서 이익집단을 강조했다면 샤츠슈나이더는 정당을 강조했다. Elmer E. Schattschneider, *The Semisovereign People: A Realist's View of Democracy in America* (Boston: Cengage Learning, 1983 [1960])을 참조하라.

6 Manin, Bernard, *The Principles of Representative Government* (Cambridge: Cambridge University Press, 1997)를 보라.

있는 가정은, 유권자들의 정당에 대한 충성을 전제로 정당이 유권자들의 입장을 대변하여 활동한다는 것이다.[7]

한편, 마냉의 청중민주주의 모델은 미디어를 통한 의사소통에 능숙한 새로운 엘리트들, 다시 말해 이미지 관리에 탁월한 미디어 전문가들이 된 정치엘리트들의 개개인의 능력에 의존하는 통치를 말한다. 이 말이 이해가 가지 않는다면, 2012년 한국정치를 뒤흔들었던 안철수 현상을 떠올려보면 된다. 안철수 씨는 성공한 사업가, 청년 멘토, 도덕적이고 참신한 인물이란 탁월한 미디어 이미지를 통해 기존의 정치에 염증을 느끼며 새로운 정치를 원하는 이들, 특히 청년층에게 엄청난 지지를 얻었다. 잘 관리된 미디어 이미지로 정당의 뒷받침 없이도 보수와 진보를 넘어서는 대중적 지지를 얻으며 엄청난 영향력을 발휘하고 있다. 이 모델은, 미디어 시대의 유권자들이 정당에 기반을 두고 투표하는 경향을 벗어나 인물을 두고 투표하기 시작했다는 점에 초점을 맞춘다. 안철수를 지지했던 진보적 인사들이 주로 이 모델에 입각해 있었지만, '안철수 현상'이 불어 닥칠 당시 그 지지자들이 이런 모델을 정확히 인지했다는 증거는 없다. 오히려 사실상 '안철수 현상'의 소멸과 더불어 이를 지지했던 많은 진보적 인사들이 뒤늦게 그 실패를 인정하고 물러났다. 그 핵심에는 시민의 연결 짓기와 청중민주주의가 주체에 있어 근본

7 일부 급진적 입장을 취하는 지식인들은 책임정당 모델에 입각해 있는 우리 사회의 진보주의자들을 향해 "본질주의적 의회주의"라고 비판하기도 한다("민주주의의 주체, 민중인가 시민인가", 『한겨레』, 2008.02.28). 그러나 이는 개념적으로 잘못된 비판이다. 의회정치는 유권자들이 정당에 관계없이 신뢰받는 인물, 지역연고, 유명한 인물 등을 선출하고 선출된 이는 자신의 양심에 따라 행위한다. 반면 정당정치는 정당과 정당이 대표하는 계급 혹은 집단 간의 충성도를 전제로 하고, 선출된 이의 행위는 정당에 의해 제약된다. 의회정치는 정당정치가 자리 잡기 이전에 주로 나타나는 현상으로 책임정당 모델에 입각해 있는 진보주의자들이 주장하는 내용과는 다르다.

적인 차이가 있다는 것을 인식한 데 있다.[8]

이처럼 명확한 차이가 있지만 이 두 모델 간에는 명확한 공통점이 있다. 우선 정치엘리트와 평범한 시민들을 가르고 정치엘리트의 역할을 평범한 시민들의 역할보다 더 강조한다. 책임정당 모델은 정당엘리트들을, 청중 모델은 의회나 정당보다는 국가수반(대통령이나 수상)의 역할을 강조한다. 이런 관계에서 통치와 변화의 주축은 평범한 시민들이 아니라 정치엘리트들이다. 샤츠슈나이더는 엘리트주의에 대한 반대를 향해 『절반의 주권인민』에서 현대 민주주의의 현실을 똑바로 바라보라며 다음과 같이 쓴다.

> [민주주의는] 인민이 정부가 무엇을 해야 할지 인민들이 매일매일 결정하는 체제가 아니다. (…) 민주주의는 경쟁하는 정치지도자들과 조직들이 공중이 의사결정과정에 참여할 수 있는 방식으로 공공정책의 대안을 확정하는 경쟁적인 정치체제이다.[9]

인민에게 참여의 기회를 열어주는 주체가 인민 자신이 아니라 정당이

8 "[표지이야기]묻는다, 시민정치는 성공했는가"(『주간경향』, 2014.09.23)를 보라. "안병진 경희사이버대 교수는 안철수 현상에 대해 "능동적 정당활동 대 외곽의 수동적 유권자라는 이분법을 넘어 다양한 구성원이 네트워크로 연결되며 시민의 능동적 개입주의가 강화되는 새로운 현상에 대한 정치학적 이론을 요구하고 있다"고 분석했다. 개인의 자율성과 이들의 네트워크가 하나의 운동을 만들어내고, 이는 시민들이 주체가 되는 민주주의의 새로운 차원을 열어가는 의미를 지닐 수 있었다는 것이다. 하지만 안 교수는 18대 대선과정을 분석하면서 안철수 후보는 그러한 시민들의 에너지를 받아 안지 못했다고 분석했다. "안철수 후보가 시민의 능동적 개입주의를 실천하는 시민네트워크 정치 단계로의 고민보다는 김만권 교수가 『정치가 떠난 자리』에서 지적하듯이 청중을 수동적으로 동원한 청중민주 단계의 민주주의 운동에 머물렀다고 평가한다.""

9 Schattschneider, *The Semisovereign People*, p. 141.

어야만 한다는 샤츠슈나이더의 민주주의는 '민주주의란 위로부터 내려온다'(democracy from above)는 입장에서 한 발도 벗어나지 않는 이론이다. 혹자는 그래도 그의 이론에서 민주주의가 사회적으로 궁핍한 자들의 이익을 적극적으로 표현한다는 점을 들어 아래로부터의 민주주의가 아니겠냐고 말할 수도 있겠다. 그러나 샤츠슈나이더가 학문적으로 속하는 다원주의는 '현대 민주주의의 시민들은 스스로 통치하지 않으며 통치할 능력도 없다. 시민들은 투표를 통해 선거라는 정치갈등 과정에 참여하며, 정부와 정책은 경쟁의 산물이다'라는 전제에 서 있고, 샤츠슈나이더가 바로 이 입장의 가장 중요한 한 축을 이루고 있다.[10] 무엇보다 **아래로부터 민주주의와 위로부터 민주주의를 구별하는 핵심은 누구의 이익을 포함하는가가 아니라 누가 의사결정의 주체이고 행위 및 변화의 주체인가이다.** 샤츠슈나이더에게 인민은 요구하는 집단이고 정당은 그 요구를 들어주는 집단에 가깝다. 그리고 그 요구란 것도 사실은 엘리트들이 정해주는 주제 내에서 이뤄진다.

정치의 중심이 엘리트라고 믿었던 샤츠슈나이더는 인민이 민주주의를 작동시킬 능력이 있느냐는 비판을 향해 "좋은 텔레비전을 사기 위해 텔레비전이 어떻게 만들어지는지 알 필요가 없듯이" 좋은 민주주의를 만들기 위해 굳이 평범한 사람들이 민주주의에 대해 잘 알 필요가 없다고 말한다.[11] 개인 기호에 따른 소비상품인 TV를 집단적 삶의 방식으

10 데이비드 제어(David T. Sehr)는 *Education for Public Democracy* (Albany: SUNY, 1997)에서 두 사람이 다원주의로 함께 묶이는 이유를 모든 다원주의자들이 공유하고 있는 다음의 전제 때문이라고 설명한다. "현대 민주주의의 시민들은 스스로 통치하지 않으며 통치할 능력도 없다. 시민들은 투표를 통해 선거라는 정치갈등 과정에 참여하며, 정부와 정책은 경쟁의 산물이다."(p. 48)

11 Schattschneider, *The Semisovereign People*, p. 134, 136.

로서 민주주의와 동일시하는 처음부터 잘못된 이 비유는 듣기에 따라 능력 없는 인민의 편을 들어주는 말처럼 들린다. 그러나 무엇보다 이런 비유는 소비를 목적으로 하는 상품과 그 자체로 목적인 민주정체의 본질을 동일하게 바라본, 그 근본부터 잘못된 비유다. 나아가 이 말은 은연중에 정치는 엘리트들이 알아서 해줄 것이라는 의미를 담고 있을 뿐 아니라 민주주의를 작동시키는 엔진이 성숙한 공중(the well-informed public)이라는 전제를 무시하는 것이기도 하다. 샤츠슈나이더의 민주주의에선, 인민의 쪽에서 볼 때 사안에 관련된 사람들조차도 요구만 할 뿐 자기 손으로 무언가 구체적으로 만드는 일에 적극적일 필요가 없다. (대의정치에서 일상에서 대표자들이 거의 모든 정책을 만든다는 점을 고려할 때) 평범한 사람들이 해야 하는 일은 단지 하나, 때가 되면 투표장에 가서 대표를 뽑는 일이다. 그리고 이를 목소리 없는 사람들의 정치 참여라고 말한다. 청중민주주의 모델을 마련한 마냉은, 우리가 목격하는 현실을 두고 "새로운 엘리트의 부상과 다른 엘리트의 퇴조"라고 정직하게 기술한다. 그러면서도 정치가 엘리트들만의 리그가 되는 것은 불가피한 현실이지만 평범한 사람들이 엘리트들을 선거를 통해 기존 엘리트를 다른 엘리트로 바꿀 수 있는 가능성이 열려 있는 만큼 그리 실망하지 말자고 위로한다.

이 두 모델에서 정치엘리트들을 선호하면서 똑같이 공유하고 있는 전제 하나는 평범한 시민들을 일종의 구경꾼(spectator) 유권자로 보는 것이다. 이 모델들에서 평범한 인민들은 정치를 언제나 수동적으로 지켜보기만 한다. 정치가 다루어야 할 중요한 사안과 내용을 전달하는 역할을 맡는 이는 정치엘리트들이고 일반시민들은 이들이 제안하는 사안과 내용을 수동적으로 받아보고 점검하고 이에 반응하는 역할을 한다.

이는 민주주의의 핵심을 선거나 투표로 환원할 때 나타나는 현상으로 시민들은 나쁘게 말하면 투표기계이고 좋게 말하면 선거에 나오는 정치엘리트들의 공약에 관심을 갖는 이들이다.

분명 선거는 민주주의의 중심적인 축이며 참여의 핵심적인 통로다. 그러나 우리는 선거가 승자와 패자를 가르는 습성이 있다는 것을 기억해야 한다. 정치 참여를 투표로 제한하고 시민들의 정체성을 유권자로 바라볼 때, 한 정체 내에서 일부 유권자들은 언제나 패자로 남는 경우가 생겨난다. 예를 들어 우리 사회 내에서 사회당이나 진보당을 지지하는 5%는 정체 내에서 영구적인 패자의 정체성을 지니게 된다. 더 나아가 투표는 승자의 의지가 패자의 의지를 모조리 흡수하는 특이한 구조를 지니고 있음을 잊지 말아야 한다. 예를 들어 51%의 승자들이 49%의 패자들의 의지를 모조리 흡수해버리고 51%의 의지가 100%의 인민의 의지로 전환될 수 있는 것이 투표의 현실적 구조다.

민주주의의 가장 중요한 의사결정 수단이 당대 민주주의 관점에서 보면 반민주적 성격을 지니게 되는 이런 구조적 결함만이 문제는 아니다. **분명히 하건대, 투표를 잘못된 제도라고 비판하는 것이 아니다. 최종의사결정방식으로 투표는 불가피하며 참여의 통로로 상당한 정당성을 지니고 있다.** 그러나 투표는 민주적 가치가 확고히 자리 잡지 않은 안정적이지 못한 민주정체에선 반민주적으로 작동할 가능성도 높다. 76%에 이르는 엄청나게 높은 투표율을 기록했던 2012년 18대 대통령 선거는, 민주적 가치의 중요성을 상대적으로 잘 체화하지 못한 인민이 투표를 통해 어떻게 민주주의를 퇴행시킬 수 있는지를 명확하게 보여주었다. 이런 일은 민주적 전환기의 국가에서 흔히 일어나곤 한다. 투표가 민주주의에서 의사결정의 중요한 수단이 되려면 보수와 진보라는 이념을 넘어 기본적으로 제도권 정치인부터 기본적인 민주적 원칙을 지키는 데 확고한 합의가 있어야 한다. 상황에 따라 민주적 절차를 정치인부터 주저함 없이 악용해온 우리 정치문화는 아직 우리가 안정적인 민주주의 단계에 진입하지 못했음을 선명하게 보여준다.

대부분의 안정된 민주정체는 대개 강한 시민사회를 지니고 있다. 정치의 외연이 제도권을 넘어서 시민들까지 널리 확장되어 있는 편이다. 안정된 민주정체일수록 정부의 시민사회 감시기능보다 시민사회의 정부 감시기능이 잘 발달되어 있다. 이런 경향은 정치의 외연이 넓을수록 안정된 제도권 정치를 확립할 수 있는 확률이 높음을 시사한다. **결정적으로 시민사회가 강할수록 민주적 투표가 이뤄질 확률이 높다는 것이다.** 그러나 민주주의를 대표자를 선출하기 위한 선거라는 한 단면으로 환원할 때, (마냉의 표현을 그대로 빌리자면) 유권자들은 "적극적으로 자신들의 정체성을 표현한다기보다는 선거마다 제시되는 특정한 사안에 응답하는" 이들이 되고, 그리하여 (샤츠슈나이더의 표현 그대로 쓰자면) "절반의 주권인민"이 되고 만다. 다시 말해, 정치를 제도권 정치 내로 가두어버리고 제도권 밖의 시민정치 활동으로 그 외연을 확장할 수 있는 가능성을 축소해버린다. 결과적으로 안정적이지 못한 민주정체에선 그만큼 민주적 가치를 접할 수 있는 기회가 제한되어버린다.

그럼에도 우리 진보주의자들이 구경꾼 민주주의의 두 모델 사이에서 대립각을 세우며, 한편에선 정당정치의 중요성을 강조하고 또 한편에선 청중민주주의에서 등장하는 미디어적 지도자의 중요성을 강조하는 수준에 머무르는 현실은 안타깝기만 하다. 진보대항 세력이 이 두 모델 사이를 헤매는 것은 그 자체로 모순이다. 실제 우리 사회의 정당중심주의자들은 마냉의 청중민주주의에 등장하는 미디어명사가 정치지도자로 등장하는 상황을 경계하는 듯 보인다. 그러나 이런 상황을 무작정 비판하는 것은 마냉의 모델이 정당 모델이 더 이상 제대로 작동하지 않는 현실을 직시한 데서 나왔다는 아주 단순한 사실을 망각한 것이다. 사실 정당중심주의에서도 탁월한 지도자의 중요성은 간과할 수 없다. 그러나 이런 탁월한 지도자가 정당 경쟁의 승리자를 의미하는 것이라면 그야말로 이런 논리는 베버가 내세우는 카리스마적 지도자라는 틀에서 그다지 자유로울 수 없다는 점을 기억해야 한다. 이런 카리스마적 지도자에 대한 의존은 한국정치의 고질적인 병폐이며 대항민주 세력이 추구해온 제도화된 민주주의의 의미를 오히려 퇴색시킨다는 점도 기억해야 한다. 무엇보다 카리스마적 리더십은 후계자의 문제로 늘 고통받는다.

필자는 이런 진보의 두 구경꾼 민주주의 모델 중 정당중심주의자들에게 더 주목한다. 청중민주주의의 대표적 현상이었던 안철수 현상에 가담했던 진보주의자들이 시민의 연결 짓기와 청중민주주의가 주체에 있어 근본적인 차이가 있다는 것을 인식하고 자신들의 프로젝트가 실패했음을 사실상 인정하고 있기 때문이다. 반면 정당중심주의자들은 이런 청중민주주의의 과도기적 현상을 과도하게 과장하며 여전히 정당이야말로 민주주의의 챔피언이라고 외친다. 필자는 진보적 정당주의자인 박상훈 박사의 『정치의 발견』(2011)과 『정당의 발견』(2015)이, 인민의 정체성을 유권자로 바라보며 엘리트 지향적인 샤츠슈나이더의 입장에 천착한 대표적인 사례라고 본다.[12] 『정치의 발견』은, "인민은 정치의 장에 들어가는 순간 미개인이 된다"고 말했던 엘리트주의의 절정인 슘페터까지 동원하며 끊임없이 통치자를 비롯한 정치엘리트의 역할과 책임, 중요성을 강조한다.[13] 이런 입장에서 "권력을 선용해야 한다"는 정치이론가로서는 도대체 이해할 수 없는 시혜적인 관점의 제안까지 내놓는다. 필자가 아는 한, 정당주의자들이 지지하는 민주주의 제도화의 중요한 목적은 통치자의 권력 선용의지와 상관없이 모든 권력사용을 합리적으로 제한할 수 있도록 설계하는 것이다. 권력을 선용하는 지도자를 만나면 좋은 일이고, 그렇지 않아도 시스템이 체제를 지지하고 권력을 통제하도록 만드는 것이 제도화의 목적이다.

권력의 선용을 내세우던 박상훈은 『정당의 발견』에서 "정치가가 정치하는 것이 민주주의"라고 자연스럽게 단언한다. 그리고 정당정치란 현대 민주주의의 별칭이며, 아무리 불만스럽고 문제가 많더라도 정당정치를 대신하거나 이보다 우월한 민주주의론 내지 공동체 운영원리가 없다고 내세운다. 이런 일관된 입장에서 박상훈은 촛불집회를 비롯해 시민들이 정치 전면에 참여하는 데 지속적으로 부정적인 입장을 내보이며 투표만 잘해도 된다고 은연중에 다독인다.

『정치의 발견』과 『정당의 발견』 곳곳에선, 순간적으로 찾아오는 시민의 대규모 참여가 이 책의 전반에서 옹호하고 있는 정당을 중심으로 한 대의정치를 무너뜨릴 수도 있다는 두려움이 느껴진다. 그래서인지 시민이 일상의 정치에 참여할 수 있도록 하자는 주장을 광장민주주의, 집회민주주의로 제도권 정치를 대체하자는 주장으로 명백하게 왜곡하고 촛불을 지지하는 이론을 신화화라고까지 과장한다. 그러나 촛불 이후

12 우선 이 비판이 진보적 정당주의자들이 우리 학문과 현실에 해왔던 기여와 성과를 거부하기 위한 것이 아님을 분명히 해둔다. 오히려 진보적 정당주의자들이 학문적이고 정치적인 논쟁의 한 축이 된다는 것은 그만큼 지금까지의 기여와 성과가 컸기 때문이다. 이 비판은 정치의 외연을 제도권 밖으로 확장할 필요가 있음을, 그리고 그런 확장이 제도권 정치만큼 관심을 기울여야 할 대상임을 강조하고자 내놓는 것이다.

13 Joseph A. Schumpeter, *Capitalism, Socialism, and Democracy*, 3rd Edition (Haper Perennial, 1962).

당장 필자부터 '초일상의 정치'의 형태를 띠는 광장민주주의는 초일상의 정치로 남아야 한다는 현실을 인식하고 있었다.[14] 이런 맥락에서 촛불 이후 시민 참여에 대한 주장은 광장과 집회를 일상화하자는 것이 아니라 제도권의 정치에 영향력을 좀 더 확고히 발휘할 수 있는 방식으로 시민의 정치 참여를 확대하자는 것이었다.

시민 참여가 정당정치를 파괴할지도 모른다는 이런 두려움은 『한겨레』(2012.01.08)에 실은 '게이트 오프닝'이란 글에도 고스란히 드러난다. 이 글에서 박상훈은 2012년 불어 닥친 정당개혁에 대한 시민들의 요구를 지나치게 염두에 두고 반응하는 정당들을 향해 '게이트 오프닝'의 문제를 제기한다. 이런 두려움의 기조는 최장집, 박상훈, 박찬표가 쓴 『어떤 민주주의인가』에서도 쉽사리 확인할 수 있다. 이 책에서 드러나는 정당중심주의자들은 정치의 변화를 이념, 계급, 진성 당원이 주축을 이루는 '좋은 정당 만들기'에서 시작해야 한다고 믿는다. 당이 당원들을 중심으로 돌아가야 한다는 주장은 너무나 당연하다. 그러나 이런 주장이 한국 정당의 보수적 기원과 그 지나친 폐쇄성 앞에서 얼마나 설득력을 지니는지는 의문이다. **참여민주주의자들을 향해 '작동 가능한 민주주의'라는 현실을 직시하라고 주장하면서 한편으로는 제대로 작동하지 않는 정당정치를 작동시켜야 한다는 규범을 내세우는 것은 그 자체로 이중 잣대의 모순이다.**

많은 진보적 정당주의자들이 "약한 정당정치를 강화하기 위해선 일단 희생을 감수해야 한다"는 식의 발상과 논리를 은연중에 내세운다. 그래서인지 때로는 시민단체의 활동까지 경계하고 심지어 대통령선거

14 예를 들어 김만권, 『참여의 희망』(서울: 한울, 2009)을 보라.

에서 '국민참여경선'도 거부한다. 최근에 이슈가 된 오픈프라이머리도 거부하는 건 당연한 일이다. 그 주된 이유 중 하나가 시민의 자발적 참여라는 게 사실상 알고 보면 거의 동원이라는 것이다. 정당주의자들에게 최선의 방식은 당비를 납부하는 당원들이 후보를 선출하는 것이다. 물론 당원에게 당원이 아닌 사람들과는 다른 권리가 있어야 하고 무작위한 동원은 잘못된 것이다. 그러나 반드시 당과 당 밖의 경계를 허무는 일이 반드시 정당에 부정적이라고 할 수 있을까? 2015년에만 이런 편견을 깨는 결정적인 사건들이 영국과 미국에서 일어났다. 사회주의자인 제러미 코빈이 영국의 노동당 당수가 될 수 있었던 결정적인 이유를 보자. 그는 노동당의 2014년 당 대표 선출 제도개혁이 빚어낸 가장 급진적인 성과다. 에드 밀리밴드가 이끄는 노동당은 당의 주축 세력인 노동조합을 약화시키고 중도주의 노선을 강화하기 위해 3파운드만 내면 누구나 당대표 선거에 참여할 수 있도록 하는 제도 개혁을 실시했다. 그러나 코빈은 3파운드 선거인단의 10만 5,600여 표 가운데 83.8%의 지지를 이끌어내며 지금 우리 사회 정당중심주의자들이 내세우는 이념, 가장 붉은 깃발을 꺼내들고 돌아왔다. 그리고 2015년 미국 민주당 대통령 후보 경선에서 돌풍을 일으키고 있는 버니 샌더스의 경우를 보라. 샌더스는 어느 정당에도 소속되어 있지 않은 사회민주주의 성향의 무소속 의원으로 자신의 정치경력을 채워왔다. 민주당은 이런 샌더스에게 아주 이례적으로 대통령 후보 경선의 문을 열었고 그 열풍은 가히 폭발적이다. 어떤 이들은 샌더스가 대통령 후보가 되지 못한다면 그것이 어떤 의미냐고 말할 수 있을 것이다. 그러나 샌더스의 폭발력은 힐러리 클린턴이 좀 더 과감하게 미국의 시장을 통제하는 정책으로 향하게끔 만들고 있다. 정당 밖을 향해 정당의 문을 과감하게 열어젖힘으로써 얻은 외부효과다.

이와 함께 우리는 현재 이 땅의 정당정치의 현실을 직시해야 한다. 『경향신문』(2011.10.04)에 따르면 2011년 10월 한국사회에서 "지지하는 정당이 없는 사람들의 비율이 73.6%"에 이르고 있다. 심지어 "내 의사를 대변할 정당이 생겨나면 정당에 가입할 의사가 있느냐"는 질문에 "아니요"라고 답한 사람이 56.4%에 달한다. 이것도 정당주의자들이 강조하는 현실이다. 정당정치가 평범한 사람들의 신뢰를 얼마나 얻지 못했으면, 자신의 이익을 대변해준다 해도 정당에 가입하지 않겠다는 이들이 56.4%이다. 이런 현실에서 당비를 내는 진성 당원들의 의사만으로 대통령 후보를 내는 것은, 지지하는 정당이 있어 소액의 당비를 내는 소수자들이 지지하는 정당이 없는 다수자에게 제한된 후보를 내놓고 선택하라고 강요하는 역설을 낳는 것은 아닐까? 이런 강요 외에는 정당정치를 강화할 길은 없는 것일까?

2012년 대통령 선거가 끝나고 박상훈이 『프레시안』(2013.01.04)에 실은 글의 논조는 여전히 변함이 없다. 이 글은 야당이 패배한 이유를 조직으로서 정당의 실패로 든다. (새누리당이 조직으로서 좋은 정당이라 승리한 것인지는 의문이지만) 그럴듯한 분석이다. 그리고 좋은 정당을 만들자며 독일과 스웨덴의 강한 정당정치를 예로 제시한다. 그런데 정작 그 정당정치를 떠받치고 있는 독일과 스웨덴의 시민사회가 시민들을 어떻게 서로 연결시키고 있는지 대해서는 단 한 마디도 없다. 오히려 처음부터 정당이 훌륭한 민주적 시민들을 만들어낸 듯이 주장한다. 하지만 역사를 조금만 살펴봐도 앞뒤가 전혀 다르다. 예를 들어 셰리 버먼(Sheri Berman)의 경우 바이마르 공화국이 실패한 이유가 너무 강한 시민사회 때문이었다고 주장한다.[15] 이 주장의 옳고 그름을 떠나 독일이 강한 시민사회의 전통을 지니고 있음을 어느 누구도 거부하지 않는다. 16,000여 개에 이르는 강력한 시민단체를 비롯하여 시민의 세 명 중 한 명이 사회복지시설, 교회, 학교 등에서 공동선을 위해 자신의 여가를 보내는 곳이 독일이다. 최근 독일에서 기존의 정당정치에 맞서 정치적 반란을 이끌어낸 해적당 사태는 이런 시민들의 연결 짓기가 더욱 확장되어 나왔던 것이다.

박상훈이 한때 성인 세 명 중 한 명이 정당의 당원이었다고 예를 드는 스웨덴도 국가와 맞설 만한 강한 시민사회가 존재하는 모범적인 사례다. 스웨덴은 그 강한 시민사회의 기원이 중세시대까지 거슬러 올라가며, 시민들의 자발적 참여가 정치에서 얼마나 중요한지를 보여주는 대표적 모델로서 연구서도 나와 있다.[16] 강한 시민사회가 좋은 정당정치를 만드는 데 기여하고 있는, 아래로부터 만들어가는 민주주의와 위에서 내려오는 민주주의가 서로 잘 조화된 대표적인 사례다. 2009년에는 정부와 시민사회가 서로 공정한 조건 아래 작동하고 경쟁하기 위한 법안이 제출되기도 했다.[17] 우리에게 이런 강한 시민사회가 존재한 적이 있던가? 독일과 스웨덴은 오히려 강한 시민사회를 만드는 것이, 그리고 그 강한 시민사회의 토대인 건강한 시민을 먼저 형성하는 일이 정당의 미래에도 이익이 됨을 보여주는 좋은 사례다.

그러나 한국의 정당중심주의자들은 정당 이외의 정치 참여는 사실상 관심을 두지 않거나 시민사회를 정당정치의 동등한 파트너로 전혀 여

15 Sheri Berman, "Civil Society and the Collapse of the Weimar Republic", in *World Politics* (Volume 49, Number 3, April 1997).

16 Lars Trägårdh ed., *State and Civil Society in Northern Europe: The Swedish Model Reconsidered* (Berghahn, 2007).

17 Government Offices of Sweden, "Fact Sheet: A policy for civil society" (Nov. 2010).

기지 않는다. 정당중심주의자들의 주장을 조금 거칠게 표현하자면 일단 정당 안으로 들어오라는 것이다. 왜 시민이 정치에 진정으로 참여하는 길은 당비를 납부하는 당원이 되는 길밖에 없는 것일까? 왜 정치 참여의 길은 정당을 위한 투표로만 향해야 하며, 왜 정당을 통해서만 정치 갈등이 조직되어야 하며, 왜 정당만이 제대로 된 민주주의를 만들어내는 최선의 길일까? 촛불집회, 반값등록금에서 보듯 시민들을 쫓아가기에 급급한 우리 사회의 정치정당이 정치 갈등을 제대로 조직화할 능력을 갖추고 있기는 한 것일까? 이런 현실에서 정당정치를 강화하는 길은 왜 오로지 정당정치에 무한한 신뢰를 보내는 것뿐일까? 오히려 정당정치를 강화하기 위해선, (18대 대통령 선거에서 나타난 민주주의 역행이 증명하듯) 민주주의를 지향하는 유권자가 힘을 발휘하기 위해선, 동원되지 않는 자발적 시민 그리고 민주적 가치를 잘 알고 있는 성숙한 공중(the well-informed public)이 서로 연결할 수 있고 활동할 수 있는 공간을 코디네이팅해야 하지 않을까? 다시 말해 현재 우리 정당들이 자체적으로 바뀌길 기대하는 것보다 건강한 시민의 네트워크를 연결하고 이들이 민주적 가치에 관심을 지속적으로 갖도록 하여 정당정치를 강화하는 것이 오히려 더 나은 미래를 향한 대안은 아닐까? 진보주의자들이 주장하는 계급정당도 강한 시민이 있을 때 더 빨리 형성할 수 있지 않을까? 왜 아래로부터 만들어가는 민주주의의 가능성을 이토록 배제하는 것일까?

정당에 대한 사랑이 너무 깊었던 것일까? 정당정치 모델을 대표하는 최장집 교수는 지난 대선을 바라보며 "마키아벨리의 가능주의"라는 칼럼에서 민주진보파의 실패가 민주주의에 대한 이해의 실패에 있다고 주장하며 다음과 같이 분석한다(『경향신문』, 2013.02.25).

그들은 정당정치 대신 시민정치를 앞세웠고, 정당조직보다 뉴미디어를 통한 네트워크의 형성과 온라인상의 소통 공간이 더 우월하다고 믿었다. 그러나 그러한 방식의 정치는 (만약 그것을 정치라고 생각한다면,) 구체적인 삶의 조건을 공유하는 사회 집단들을 대표하기 어려운 무정형의 정치를 낳을 뿐이다. 나아가서는 짧은 사이클로 변화하는 여론과 정서의 부침에 이끌리는 포퓰리즘 이상일 수 없을 것이다.

권력을 부정적으로 대하는 태도를 지닌 우리 '시민정치'의 현실을 "구체적인 삶의 조건을 공유하는 사회 집단들을 대표하기 어려운 무정형의 정치"로서 결국 "짧은 사이클로 변화하는 여론과 정서의 부침에 이끌리는 포퓰리즘"일 뿐이라고 일갈한다(노무현 정부를 '신자유주의 정부' 세력이라 몰아붙이며 그나마 존재했던 민주 세력의 권력을 부정적으로 보는데 어쩌면 가장 기여했던 진보적 입장이 이 정당중심주의자들이었다는 점은 참으로 아이러니다).

최장집 교수의 이런 주장을 보며 시민사회의 포퓰리즘이 누구의 포퓰리즘인지 진정으로 알고 싶다. 포퓰리즘은 이 운동을 대표하는 인물이 있어야 한다는 것이 상식이다. 대중의 요구에 호응하면 모든 게 포퓰리즘이라는 건, 정치학의 기본상식에 맞지 않는 분석이다. 이런 분석이 오히려 "당장의 정당정치중심 모델이라는 기득권을 지켜내기 위해 정당정치의 미래의 큰 기반이 될 시민정치 권력을 혐오하게 만드는 엘리트주의자들의 분석 이상일 수는 없을 것이다"라고 한다면 커다란 오해일까?

한국사회의 대항 세력이 이끄는 민주주의 모델이 이런 엘리트주의 기반에 서 있는 현실, 위로부터의 개혁에만 집착하는 현실, 그리고 참여의 욕망을 드러내는 평범한 시민들을 향해 직접적인 참여가 결코 좋은 결과를 내지 못한다고 에둘러 변명하는 현실은 우리 정치의 한 단면을 분명하게 드러내고 있다. 바로 '참여민주주의의 상실'이다.

Ⅲ. 해방된 관객들의 민주주의

많은 사람들이, 우리가 살고 있는 시대의 민주주의가 어쩔 수 없이 도망자 민주주의의 성격을 갖게 되고 그리하여 일상의 정치에서 엘리트들이 주체가 되는 것은 어쩔 수 없는 현실이라고 말한다. 진정 우리는 이 현실을 어쩔 수 없는 가능성의 한계로 규정하고 있는 그대로 받아들여야만 하는 것일까? 현실적인 것이 가능한 것의 한계를 짓는 것이라, 평범한 시민들은 투표기계나 수동적인 구경꾼으로 남을 수밖에 없는 것일까? 그리고 정치적 참여를 위해선 가끔씩 찾아오는 정치적 순간만을 기다려야 하는 것일까? 일상에서 제도권 정치의 바깥에서라도 보다 적극적인 역할을 할 수는 없는 것일까? 만약 이런 의지가 있다면, 어떻게 해야 좀 더 적극적인 행위자로 변모할 수 있는 것일까?

자크 랑시에르는 바로 이런 작업을 『해방된 관객』이란 저서에서 펼쳐놓는다.[18] 랑시에르는 정치공동체를 극장에 비유한다. 관객이 없는 극장이 없듯이 평범한 사람들이 없는 정치공동체도 없다. 여기서 문제는 관객, 즉 구경꾼들의 본질이 무지 및 수동성과 연결되어 있다는 것이다. 대개의 구경꾼들은 무대에 공연이 오르기까지 공연 자체의 내용에 대해 거의 모르는 무지한 상태다. 예를 들어 공연이 어떻게 만들어

18 앞으로 전개될 랑시에르에 대한 논의는 Jacques Rancière, *The Emancipated Spectator* (London: Verso, 2009)에서 나왔다.

지는지 대부분의 관객들은 알지 못한다. 또한 객석의 관객들은 거의 어떤 행위도 하지 않는다. 공연을 보기 위해 그들이 해야 할 일은 의자에 자신을 파묻고 최대한 움직이지 않고 무대를 응시하는 것이다. 이런 점에서 관객은 본질적으로 무지하고 행동하지 않는 수동적 존재며, 무대의 마지막에 자신의 느낌에 따라 박수를 치거나 객석을 떠나면 된다. 현재 일부 대항민주주의자들이 제안하고 있는 민주주의의 모델 속에서 평범한 구성원들의 모습이 이렇다.

이런 상황을 타파하기 위해 어떤 이들은 '관객이 없는 극장'을 제안한다. 모든 이들이 드라마 속으로 들어가 행위하는 배우가 되는 것이다. 행동하는 힘의 부활, 우리가 고대 그리스에서 목격했던 극장을 재현할 수 있다면 무엇보다 좋은 해결책이 될 것이다. 그러나 이런 제안은 사실상 현실성이 결여되어 있다. 월린이 정확히 묘사하듯, 우리는 '도망자 민주주의'의 시대에 살고 있다. 모든 이들이 배우가 되는 순간은 극히 드문 혁명과 시민저항의 순간에 찾아온다. 일상의 정치에서 모든 이들이 배우가 되는 일이 사실상 가능하지 않은 삶의 조건 속에 살고 있다. 앞에서 설명했듯 극장은 그 자체로 관객들이 무지와 수동성을 갖게 하는 속성이 있다. 현대의 대의민주주의도 마찬가지다. 사실상 의사결정권을 일정기간 넘겨주는 평범한 사람들은 정치의 일선에서 자연스럽게 물러난다. 게다가 대다수의 대의민주정체들이 자신들의 대표자를 뽑는 일에 참여하도록 의무를 부여하거나 강요하지도 않는다. 이런 현실에서 대의민주주의의 시민들은 무지해지고 수동적이 되는 경향이 있다. 그렇다면 대의민주주의 극장이 안고 있는 이런 속성을 어떻게 해야 떨쳐낼 수 있을까?

이를 위해 랑시에르는 '본다'(viewing)는 개념 자체의 수동성에 도전한다. 그는 우선 관객들이 자신이 처한 사회적 위치를 스스로 의식하여 깨달을 수 있도록 해야 한다고 조언한다. 그런 다음엔 자신이 처한 상황을 바꾸기 위하여 행동할 수 있는 욕망을 가질 수 있도록 하고, 최종적으로는 결속된 행동을 취할 수 있는 에너지를 갖게끔 하자고 제안한다. 만약 이렇게만 할 수 있다면, 청중으로서 시민들은 자신의 무지를 떨쳐내고 능동적인 관객으로서 변모할 수 있을 것이다.

그렇다면 이런 변모, 바라보는 자에서 행동하는 자로 거듭나는 일은 어떻게 시작해야 하는 것일까? 랑시에르는 보는 자의 수동성과 행동하는 자의 능동성 사이의 간격을 메우기 위해선 먼저 우리가 관객을 바라보는 시선부터 바꾸어야 한다고 말한다. 이런 시선의 전환을 위해 랑시에르는 보는 것과 행동하는 것을 가르는 이분법의 타파, 다시 말해 보는 것에서 행동하는 것의 가능성을 찾는다. 랑시에르는 '본다'는 것을 단순히 바라보는 행위가 아니라 펼쳐진 무대를 적극적으로 해석하는 행위로 여기자 제안한다. 예를 들어 관객 각자는 무대를 바라보며 자신이 새로이 찾아 알게 된 것과 이미 알고 있는 것을 비교해 가며 자신의 무지를 스스로 깨달아 가고, 아직 자신이 모르는 것을 알고자 하는 욕망을 더해 간다. 랑시에르는 관객이 이렇게 모르는 것을 채워가는 과정을 인간의 학습과정을 통해 설명한다. 인간이 무언가를 배우는 과정은 관찰하고, 그것을 다른 것과 비교하는 방식으로 전개된다. 예를 들어 하나의 기호를 다른 사실과 비교하고, 하나의 기호를 또 다른 기호와 비교하는 방식이다. 이를 통해 인간은 필요한 기호를 차례로 배워 나가는데, 이런 배움은 결국 아직 개인이 알지 못하는 것과 알고 있는 것과의 관계가 지속적으로 맞물리는 과정에서 나온다. 이를 위해 개인이 가장 먼저 해야 할 일은 눈앞에 있는 것을 관찰하고, 자신이 본 것에 대해 말하고, 자신이 말하는 것을 확인하는 것이다. 이를 극장의 관점에서 본다면, 이제 관객은 무지한 구경꾼이 아니라 적극적인 해석과 비판을 하는 평론가들이 되는 것이다.

이런 점에서 "본다"는 행위는 "무지"가 아니라 "앎" 혹은 "지식"과 연결되어 있다. 소크라테스가 모든 악은 "무지"에서 시작한다고 보고 그 무지를 인정하고 앎을 추구하는 데서 좋은 삶을 추구할 수 있다고 설파했던 것처럼, 랑시에르는 구경꾼들을 능동적인 행위자로 변모시키기 위해 관객의 본질을 "무지"에서 탈피시켜 적극적인 해석의 행위자로 바꿔놓는다. 그는 우리가 말하고, 바라보고, 행위하는 이 모든 것들이 지배와 복종의 구조 속에 있다는 것을 이해해야 한다고 말한다. 누가 말하는지, 누가 행동하는지, 누가 바라보기만 하는지는 권력관계를 짓는 필연적인 요소이다. 랑시에르는 바라보기가 말하기이며, 말하기가 행동하기라는 논리를 따라 바라봄을 행위로 연결시킨다. 그리하여 관객들이 관찰하고 선택하고 비교하고 해석하는 행위 자체를 행동하는 것으로 이해하자고 제안한다. 눈앞에 펼쳐진 무대를 관찰하고, 그 무대에서 자신이 본 것들에 대해 말하고, 그리고 그 무대를 두고 자신이 말한 내용을 스스로 확인하면서 관객들은 무지를 스스로 극복함과 동시에 지배와 복종의 구조에 저항하게 된다. **샤츠슈나이더의 한 구절을 변형시켜 설명하자면, "좋은 텔레비전을 사기 위해선 그 텔레비전이 노동착취 공장에서 만들어지는 것이 아닌지 어떤지"와 같은 세세한 내용을 구입하는 사람들이 알고 있어야 한다. 그럴 때에만 윤리적으로 나쁜 텔레비전 공급자를 시장에서 도태시킬 수 있기 때문이다.** 사실 샤츠슈나이더의 "좋은 텔레비전을 사기 위해서 텔레비전이 어떻게 만들어지는지 알 필요가 없다"는 비유는 정치를 신자유주의 시장으로, 무지한 소비자에겐 값싸고 질 좋으면 최상의 상품이란 논리가 지배하는 곳으로 그대로 옮겨 놓은 것이나 다름이 없다. 그러나 윤리적인 소비자는 그 텔레비전이 만들어지는 과정을 모니터링 함으로써 비윤리적인 공급자를 시장에서 몰아낸다.

이런 점에서 해방된 관객은 개개인이 비판적 주체이다. 그렇기에 극장에선 하나의 공연을 두고도 다양한 해석이 펼쳐지고 이를 통해 다양한 이질적인 개인들의 행위가 펼쳐진다. 이때 극장을 **하나의 공동체로 탈바꿈시키기 위해** 우리가 해야 할 일은 개인들의 수많은 다양한 해석을 서로 연결 짓는 일이다. 이런 연결 짓기는 한 사람이 자신이 알고 있는 것을 내보이고 자신이 모르는 것을 다른 이들의 해석에서 배워가는 공동체적 지식의 확장이 된다. 그리고 이런 연결 짓기 속에서 관객들은 서로가 공유할 수 있는 권력을 찾아낸다. 랑시에르는 이 관객들이 공유한 결속된 권력이 그들이 같은 정치공동체의 구성원이라는 데서 오는 유대감이나 단순히 이들이 서로 상호작용하는 데서 생겨나는 것이 아니라고 말한다. 일상이란 극장에 들어선 관객 개인이 다른 관객을 평등한 지적 대상으로 바라보는 가운데 그들과 자신의 말과 해석을 나누며 행하는 지적인 모험 속에서 공유된 권력이 형성됨을 이해해야 한다고 강조한다. 그러므로 해방된 공동체는 말하는 자들(narrators)과 해석하는 자들(translators)의 공동체다.

이처럼 랑시에르는, 구경꾼이란 상황을 수동적인 조건으로만 여기지 말고, 이를 적극적인 행위로 탈바꿈시킬 때 우리가 무지한 구경꾼에서 벗어나 비판적인 관객의 모습으로 해방될 수 있다고 주장한다. 이런 랑시에르의 관객은, 좋은 민주주의를 만들기 위해 시민들이 좋은 민주주의에 대해 굳이 알 필요가 없다는 신념 속에 존재하는 무지한 관객과는 근본적으로 다른, 강한 민주주의의 핵심적 조건인 성숙한 시민(the well-informed public)과 연결되어 있다.

랑시에르의 비판적 관객이 정치엘리트들에게 주는 교훈은, 이제 더 이상 정치를 엘리트들이 주도하는 드라마로 바라보아서는 안 된다는 것이다. 랑시에르는 우리가, 극작가들이 청중들에게 사회적 관계를 설명하고 자본주의 같은 억압의 지배에 맞서 투쟁하는 방법을 알려줄 수 있는 시대에 살고 있지 않다고 단호히 말한다. 이런 상황에서 지식인들이 우선적으로 해야 할 일은 지식인과 평범한 사람들 간에 놓여 있는 지식의 불평등을 벗어던지는 것이다. 지식인으로서 알고 있는 정치적·사회적·경제적 지식을 평범한 사람들에게 가르치려 들어서는 안 된다. 오히려 평범한 사람들이 정치적으로 벌어지는 사건에서 자신이 지켜본 것을 스스로 생각하고 표현하고 확인할 수 있도록 하는 것이 지식인의 일이다. 이런 관점에서 모든 지적인 행위는 우리가 알고 있는 것과 모르고 있는 것 사이의 경로를 누비는 행위가 되고, 이를 통해 평범한 이들과 지식인들은 그들 사이에 놓여 있는 고착화된 지적 위계질서를 타파해 나갈 수 있다. 이는 엘리트와 평범한 사람들을 가른 다음 정치를 엘리트의 몫이라 여기는 은연중의 이분법과, 이런 이분법에 깊이 내재해 있는, 청중을 무지하고 수동적인 존재로 바라보는 자세를 엘리트들이 스스로 떨쳐내야 함을 의미한다.

랑시에르는 '해방된 청중'이란 발상을 통해, 청중들을 이 세상 한 부분을 구성하는 자기만의 이야기를 지닌 이들로서 바라볼 때, 다시 말해 청중들을 행동할 수 있는 가능성을 이미 품고 있는 존재로 여길 때, 민주주의의 확장도 사회적 변화도 가능하다고 주장한다. 정치에 직접 참여할 수 없는 '도망자 민주주의'라는 현실적 조건 속에서 정치엘리트에 수동적으로 반응하는 텅 빈 극장의 수동적 구경꾼으로 남을 것인지, 아니면 정치의 극장 안으로 스스로 들어가 비판적인 관객으로서 변모할 것인지는 각자의 선택이겠지만, 우리가 지향해야 할 민주주의 모델이 어떤 시민상을 선택할 것인지는 우리가 가능하다고 믿는 정치적 상상력이 결정할 것이다.

어떤 사람들은 이런 수동적이고 무지한 구경꾼에서 스스로 해석하고 비판하는 관객으로의 전환을 두고, 결국엔 시민이 청중으로 남는다는 점에선 결국 똑같은 것이 아니냐고 비판할 수 있을 것이다. 필자는 이런 주장이 상당 부분 옳다고 생각한다. 이런 점에서 필자가 지지하는 '해석하고 비판하는 청중'은 대의민주주의에서 시민들이 정치적 주체로 자립하기 위한 일종의 과도기적 자화상이라 불러도 좋다. 대의민주주의에서 시민들이 이런 방식으로 성숙해갈 때, 스스로 정치의 궁극적 활동주체로서 민주주의를 이끌 수 있는 방법도 존재하리라 생각한다.

겉으로는 그 누구도 평범한 시민들이 비판적 모습을 갖추고 정치의 전면에 참여하는 일을 반대하지 않는다고 말한다. 그러나 우리 사회 일부 영향력 있는 대항민주 세력이 시민들을 수동적인 구경꾼으로 보는 관점에 입각한 모델에 민주주의의 기반을 두고 그것을 은연중에 지지하는 모습은 참으로 안타까운 일이다. 이는 여전히 우리가 민주주의를 '선거 · 절차 · 제도' 속에만 가두는, 민주적 상상력의 빈곤함을 드러내는 것이다. 이런 모습은 평범한 시민들의 참여를 지지한다고 외치면서도 실질적으로 정치의 전면에 나서는 일은 은연중에 꺼리는, 이중적 모순에 갇힌 영향력 있는 진보적 민주주의 모델의 자화상이다.

Ⅳ. 공유하는 민주주의를 짓는 '시민 게릴라'

사실상 이 글의 목적은 어떻게 정당정치와 구분되는 새로운 정치로서 시민정치를 제시하느냐가 아니다. 이 글의 목적은 우선 지금껏 주장해 왔듯이 정당정치와 시민정치를 민주주의의 동등한 두 축으로 이해할 수 있어야 함을 설득하는 것이고, 더 중요하게는 민주주의의 기둥으로 이 두 축을 동등하게 받아들이는 자유롭고 민주적인 시민들이 서로를 연결할 수 있는 하나의 대안을 제안하는 것이다. 필자는 이런 민주주의를 만들어가는 자유로운 시민상을 '자유를 확장하는 시민 게릴라'라는 개념으로 표현하고자 한다. 일반시민들을 향해 '게릴라'라는 용어를 사용하느냐는 보수적 비판자가 있다면, 원래 '게릴라'라는 용어의 어원이 나폴레옹 보나파르트가 스페인을 침공했을 때 평범한 사람들이 저항했던 방식을 이르는 말에 있음을 분명하게 밝혀둔다. 다시 밝혀두지만, 게릴라는 억압에 저항한 평범한 스페인 시민들을 이르는 말이었다.

여기에서 "게릴라"라는 용어는 정책, 사안, 필요에 따라 연대하고 활동하고 흩어지고, 다시 새로운 정책과 사안에 따라 연대를 모색하고 활동하고 참여하는 활동방식의 이미지를 투영한 것이다. 자유로운 시민 게릴라는 굳이 특정 정치집단을 지지하는 일에 집착하지 않고, 제안되는 정책과 사안에 따라 지지 여부를 판단하며, 이성적으로 판단할 때 공익에 좀 더 기여하는 정책을 지지하는 사람들을 찾아 유연한 연대를 모색한다. 정책, 사안, 필요의 공익기여의 판단 기준은 물론 공유된 민주적 원칙에 얼마나 상응하느냐가 될 것이다. 또한 연대와 지지의 대상에 대한 판단은 진보와 보수라는 풀리지 않는 두 실타래에 의지하기보다는 얼마나 그 세력이 민주적 원칙을 지지하고 고수하고 있는지가 될 것이다. 이런 점에서 '자유로운 시민 게릴라들'은 진보와 보수라는 단순한 이분법을 버린, '정치적 자유'를 향상하는 다양한 가치의 인정에 기반을 두고 (특정 정치세력보다는) 민주적 원칙을 지지하며 활동하는 독립적인 시민들을 말한다.

이런 민주적 원칙을 지지하는 자유로운 시민 게릴라들은 경제적 자유보다는 정치적 자유를 우선시한다. 이런 생각의 토대에는 우리 사회가 정치적 자유보다는 경제적 이익을 우선시하는 국가중심 개발독재 모형에서 시작했다는 자각이 있다. 자유롭고 민주적인 정체가 정의하는 인간다운 삶은 먹고 사는 경제적 필요에서 결코 끝나지 않는다. 그러나 국가중심 개발독재 모델에서 나온 천박한 자본주의의 토대는 우리 삶의 목적을 생존으로 바꾸어 놓았다. 자유롭고 민주적인 정체의 목표는 흔히 말하듯 구성원들을 잘 먹고 잘 살게 하는 것이 아니다. 잘 먹고 잘 사는 게 궁극적 목적이라면 한 정체가 굳이 자유롭거나 민주적일 필요가 없을 것이다. 자유롭기 위해 그리고 그 자유를 같은 정체의 구성원들과 함께 누리기 위해 잘 먹고 잘 살도록 만드는 것이 민주주의의 목적이다.

우리 민주주의를 생존의 모델에서 공존의 모델로 바꾸어 놓기 위해 가장 필요한 요소는, 정치적 자유의 토대 위에 민주주의를 바로 세우고 이런 내용을 우리의 제도뿐 아니라 일상을 살아가는 사람들의 가치 속에 녹여 넣는 일이다. 자유롭고 민주적인 정체의 목표는 '잘 먹고 잘 사는 것'이 아니라 '개인들이 정치적으로 자유로운 정체'가 되어야 하며 그 파생효과로 누구나 그런 자유를 실현할 수 있는 경제적·사회적 안전망을 보장하는 것이어야 한다.

어떤 이들은 당장 경제적 처지가 어려운 이들 앞에 정치적 자유부터 이토록 강조하는 일이 얼마나 옳은지 의문을 품을 수도 있을 것이다. 18대 대통령 선거가 끝나고 왜 많은 평범한 사람들이 경제적 필요 때문에 자신이 처한 사회경제적 처지와 상반되는 투표, 소위 계급배반 투표를 할 수밖에 없었는지를 지적하며, 경제 문제를 우선 해결해야 한다는 주장을 펼치곤 했다. 옳은 말이다. 그런데 18대 대선에서 보듯 정작 우리 사회에서 계급배반 투표는 대체로 지역주의에 기반을 두고 있다. 노동자 도시 울산에서 박근혜 후보가 문재인 후보에게 얻은 득표가 다른 부산·경남 지역의 득표율 차이와 거의 다름이 없음은 이를 명확히 증명한다(울산: 59.78% 대 39.78%, 부산: 59.82% 대 39.87%, 경남: 63.12% 대 36.33%). 또 다른 노동자 도시 창원은 오히려 울산보다 더 많이 박근혜 후보에게 표를 던졌다(다섯 개의 선거구에서 각각 60.71%, 54.84%, 70.19%, 66.74%, 64.38%를 득표했다).[19] 김윤태는 선거과정에서 지역이 계층을 몰아낸 근본적 이유를 사회적 토대가 지역 방식으로 구성되어 있기보다는 정당과 정당의 선거전략 자체가 지역주의를 중심으로 이뤄지고 있기 때문이라 분석한다.[20] 기존의 제도권 정치의 고착화된 기본구조가 계급배반 투표의 원인이라는 지적은 현 정당정치의 구도가 지속되는 한 근본적인 변화가 어렵다는 뜻이기도 하며, 한편으로 계급배반 투표의 원인이 정당이 득표를 위해 조장하는 지역감정에 있음을 뜻한다. 이 틀에서 보자면 이런 구조적 문제를 뒤바꾸지 않는 한 당장 사회경제적으로 어려운 처지에 있는 이들의 상황이 개선된다 하더라도 계급배반 투표는 지속될 것이 분명하다.

19 자료는 중앙선거관리위원회의 것을 따랐다.

20 김윤태, "지역주의의 오류를 피하려면…", 『프레시안』(2013.01.09).

한편으로 계급배반 투표는 이런 구체적인 우리 맥락만이 아니라 합리성의 차원에서, 그리고 심리적인 차원에서도 설명이 가능하다. (아주 단순화시켜 말해본다면) 아담 쉐보르스키(Adam Przeworski)는 사회주의 이행 논쟁에서 서유럽 노동자들이 사회주의로 이행을 주저하며 자본주의에 남는 이유를 사회주의 이행 사이에 생기는 비용 문제 때문이라고 본다.[21] 그가 이를 설명하기 위해 보여주는 그래프에는 자본주의에서 사회주의로의 이행기 간에 아주 커다란 U자 모양(실제로는 J자 모양에 더 가깝다)의 곡선이 존재한다. 쉐보르스키는 이 이행의 계곡을 지나는 기간 동안의 비용을 노동자들이 감당하고 싶어 하지 않는다고 본다. 간단하게 설명하자면, 왜 하필이면 내가, 왜 하필이면 우리 세대의 노동자들이 그 비용을 지불해야 하냐는 것이다. 정치적으로 말하자면 계급의식이 없는 것이고, 합리적으로 말하자면 자기이익을 추구하는 것이고, 심리적으로 말하자면 두려운 것이다. 이런 변동과 비용의 관점에서 보면 계급을 바탕으로 둔 진보의 정치가 왜 노동자들에게 작동하지 않는지 합리적으로 설명할 수 있는데, 진보가 요구하는 많은 내용이 엄청난 정치 및 사회 변동을 전제로 하는 경우가 많기 때문이다. 특히 처지가 어려울수록 급격한 정치변동에서 생겨날지도 모를 비용의 지불에 대한 위험을 감수하지 않으려 할 것이다. 실제 계급배반 투표는 우리 사회에서만 일어나고 있는 현상이 아니라 전 세계 여러 곳에서 목격되고 있다.

이를 간략히 정리해본다면, 민주적 가치를 숙지하지 못한 사람들일수록 경제적 처지가 어느 정도 개선된다 하더라도 이를 계급투표로 이어가지 못한다는 것이다. 이런 현실적 관점에서 보아도 장기적 안목에

21 관련된 논의는 Adam Przeworski, *Capitalism and Social Democracy* (Cambridge: CUP, 1985)와 *Democracy and the Market* (Cambridge: CUP, 1991)에서 찾아볼 수 있다.

서 정치적 자유와 민주적 가치를 확산하는 일이 계급투표를 더 잘 이루어낼 수 있는 길이며, 이는 사회경제적 약자에 대한 보호란 사회적 합의를 이끌어내는 데도 도움이 될 것이다. **그렇다고 이런 주장을 사회경제적 약자에 대한 보호를 외면하고 정치적 자유의 확장에 전념하자는 식으로 왜곡해서는 곤란하다.** 실천에서 우리는 당연히 사회경제적 약자를 보호하는 프로그램을 동시에 가동해야 한다. 이러한 프로그램이 가동될 때 정치적 자유와 민주적 가치에 대한 존중을 반드시 결합시켜야 한다는 것이다.

제도권 정치에서 이런 지역 쏠림현상을 사회경제적 처지의 개선으로 뒤바꿀 수 있다고 기대하기는 거의 불가능한데, 지난 18대 대통령 선거에서도 분명히 드러나듯 득표를 위해 어느 정당이라도 사회경제적으로 어려운 사람들의 처우 개선을 약속하기 때문이다. 사회경제적 문제를 두고 기본적으로 같은 공약이 제시되었을 때, **성숙한 공중**(the well-informed public)**이 아니라면** 그 내부에 있는 본질적 차이를 파악해 내기는 쉽지 않다. **더 많은 정보와 더 많은 민주적 가치와 접할 기회가 없는 이들이라면** 더욱 그러하다. 이들에겐 **그 누구라도 자신의 입장만 개선해준다면 아무런 상관이 없다. 좀 더 나은 민주주의는 좀 더 좋은 텔레비전을 사는 일과 거의 동일한 것이기 때문이다.**

이 문제를 근본적으로 해결하고자 한다면, '지역'에 쏠리지 않는 독립적 시민이 연결되어 있어야 하고, 이런 일은 '경제적 필요의 달성'이 아니라 '정치적 자유와 민주적 가치에 대한 존중'으로 시작하는 것이 바람직하다. 그리고 정치적 자유와 민주적 가치를 존중할 때 더 안정적으로 경제적 필요를 달성할 수 있음을 반드시 연결 지어 보여주고 들려주어야 한다. 이런 일을 실천할 때 논쟁이 되는 문제는 정치적 자유를 실현하는 환경과 토대의 범위가 어디까지인지가 될 것이며, 그 범위는 한 사회가 가진 정치문화와 공유된 가치에 따라 달라질 것이다. 이런 맥락에서 필자는 "자유로운 시민 게릴라들은 시민사회에서 견고한 정치문화를 만드는 데 노력하고 정치적 자유와 그 실현을 위한 경제적 필요가 최대한 실현될 수 있도록 그에 상응하는 가치를 다른 시민들과 유연한 연대를 통해 공유하자"고 제안한다.

천박한 자본주의에서 비롯된 경제적 우선성을 거부하고 정치적 자유를 존중하는 '자유로운 시민 게릴라들'은 정치적 자유가 자라날 토대인 우리 민주주의 기반의 허약성을 인식하는 이들이다. 그래서 항상 정치에 관심을 두려고 노력하는 이들이다. 역사가 증명하듯 민주주의는 정치적 자유가 실현될 수 있는 가장 좋은 환경이며, 이런 불안정한 민주정체에서 정치적 자유와 민주적 가치에 대한 존중은 정치에 대한 관심 없이 결코 실현되지 않는다.

이렇게 정치적 자유의 기반인 민주주의가 허약함을 자각하는 자유로운 시민 게릴라들은 개인의 정치적 자유 및 민주주의의 조건을 향상시키기 위한 합당한 변화를 결코 두려워하지 않아야 한다. 그리고 다른 신념과 입장을 지니고 이런 변화를 추구하는 세력 혹은 구성원들과의 연대에 항상 유연해야 한다. 이런 유연한 연대를 강조하는 이유는 자유로운 시민들이 추구하는 변화를 자체의 노력만으로 이룰 수는 없는 우리 현실을 직시하기 때문이다. 필자는 진보의 재구성 혹은 민주주의의 재구성에서 자유로운 시민들의 바람직한 태도는, 정치적 자유와 민주주의의 조건의 향상을 위한 변화를 지지하는 이들이라면 신념의 다름을 괘념치 않고 적극적으로 연대할 수 있는 유연함에 있다고 생각한다.

이런 유연함과 관련해 언급해 둘 것이 있다면 '진보순혈주의'이다. 자신들이 진정한 진보주의자라고 여기는 이들이 누군가를 향해 "당신들은 진보가 아니다"고 주장하고 비판하는 일은 그 자체로는 '진보순혈주의'도 아니고 잘못된 주장도 아니며 오히려 맥락에 따라 타당할 수도 있다. 그러나 이런 입장과 비판이 (예를 들어 자유주의자들을 모두 싸잡아 광대들이라고 표현하는 혐오발언에서 쉽게 찾아 볼 수 있듯) 자신들과 입장이 다른 이들을 경멸하는 태도로 이어지는 것, 그리하여 자신만의 변화방식을 내세우고 자신과 다른 세력과의 연대를 정치적 배신으로 여기는 태도 등은 '진보순혈주의'라고 불러야 마땅할 심각한 문제이며 자유로운 시민들은 범하지 말아야 할 오류라고 생각한다. 현실적으로 우리 사회를 들여다보면 진보의 힘 자체로만 변화를 모색한다는 것은 거의 불가능하며 진보의 정의를 협소하게 하면 할수록 그 가능성은 더 닫힐 것이다. 순혈주의에 대한 집착은 결국엔 진보를 자신들만의 섬, 갈라파고스로 만드는 일이다.

이런 현실은 자유로운 시민들에게도 마찬가지다. 예를 들어 현재 우리가 맞서고 있는 현실에서 자신을 자유로운 시민이라 보는 세력만으로는 추구하는 변화를 이룰 수 없다. 가치가 다양한 사회일수록 연대는 정치세력 및 지식인들 간에 필수불가결하며, 이런 사회에서 '연대'라는 말은 그 자체로 신념의 차이로 인해 사실상 언제나 결별할 수 있다는 의미를 담고 있다. 그렇지 않다면, 굳이 연대라는 말을 쓸 이유가 없을 것이다. 이런 까닭에 정책, 사안, 필요에 따른 다른 정치세력과의 연대를 자기신념의 배신, 자신이 속한 집단에 대한 배신으로 생각하는 일부 진보진영의 "순혈주의"는 자유로운 시민 게릴라들이 결코 범해서는 안 될 오류라고 생각한다.

자유로운 시민 게릴라들의 정책, 사안, 필요에 따른 연대를 두고 너무

합리성에만 근거를 둔 선택이라 할런지도 모르겠다. 하지만 우리는 모든 가치 있고 견고한 연대가 신뢰에서 시작된다는 것을 알고 있고 신뢰 속에서 작동하며 신뢰로 다져진다는 것을 잘 알고 있다. 이익으로 뭉친 연대는 이익이 서로 달라질 때 무너지기 십상이다.

그렇다면 자유로운 게릴라들이 정치적으로 견고한 연대를 이룰 수 있는 신뢰의 기반은 무엇일까? 필자는 또 한 번 "민주적 원칙"과 "그 원칙에 근거를 둔 행위"라고 말한다. 민주적 원칙에 근거를 둔 연대가 깨질 수 있는 경우는, 누군가가 서로가 합의한 민주적 원칙을 **의도적으로** 무시하거나 어길 때이다. 하나의 민주적 원칙이 진정으로 위반되었는지에 대한 해석은 다양할 수 있다. 이는 논의의 장에서 해결되어야 할 문제이며 이런 논의는 민주적 원칙과 그 원칙에 근거를 둔 행위가 무엇인가를 명확히 하는 데 도움이 될 것이다.

자유로운 시민 게릴라의 "연대"는 어떠한 상황 속에서도 바로 이런 민주적 원칙과 민주적 행위를 신뢰의 기반으로 삼는다. 그리고 연대의 과정에서 이런 원칙과 행위가 지켜진다면, 자신이 지지하는 정책과 사안을 실현하기 위한 연대 속에서 자신이 상대적으로 불편을 겪고 불이익을 받는다 해도 이를 공정한 결과를 위한 과정의 일부로 여길 수 있는 이들이다. 그리고 이런 연대 속에서 "분파의 이익"이 아닌 "공공의 이익"을 모색하며, 그 "공공의 이익"을 공동체뿐 아니라 우리가 서로 돌보아야 할 동료시민 한 사람 한 사람의 처지와 함께 고려하는 이들이다. 이렇게 서로를 돌보는 일의 그물망이 엮어지면 동료시민들을 돌보는 일이 자신을 돌보는 일로 되돌아오는 것임을, 그래서 우리가 함께 짓는 권력이 지배하기 위해서가 아니라 서로 공존하는 세계를 짓기 위한 것임을, 이런 권력의 원천이 동료시민들과의 민주적 신뢰 속에 함께 공유하는 데서 나오는 것임을, 하여 자신의 정치적 입장에 얽매이지 않고 유연한 연대를 통해 이런 권력의 공유를 실현해야 하는 것임을 자각하고 이 모든 것을 자신의 말로 표현하고 행동에 옮길 줄 아는 능동적 시민들, 그들이 바로 '자유로운 시민 게릴라'들이다.

V. 에필로그: 동료시민과 함께하는 새로운 시작

한 사회에 어려운 시기가 오면 누구나 그 상황을 극복할 수 있는 대안을 찾고 싶어 한다. 그리고 그 대안이 상세하고도 구체적인 손에 잡히는 대안이길 바란다. 당연한 일이다. 아마 많은 사람들에게 그런 상세하고도 구체적인 손에 잡히는 대안이 필요한 시기가 지금일지도 모른다. 많은 독자들이 그런 이유로 이 글을 읽고 있을지도 모른다. 그래서 지금까지 이 글을 읽고 좀 더 손에 잡히는 구체적인 대안이 뭐냐고 물어올 수도 있겠다.

만약 여러분이 그런 질문을 한다면, 그 가능성은 오직 한 가지다. 바로 필자가 글을 지금껏 잘못 쓴 것이다. 필자는 지금 이 순간까지 이 책을 읽고 있는 독자 여러분이 바로 그 대안이라고 말해왔다. 필자는 지금껏, 여러분이 처해 있는 각자의 상황에서 각자의 맥락에 맞게 각자가 할 일을 찾아 행동하는 시민이 되기를 바란다고 말해왔다. 그런 시민이야말로 지금의 현실에서 흔들리지 않는 민주적 신념을 쥘 수 있다고 되풀이해서 말해왔다. 그 대안을 타자가 줄 수 있다고 생각지 말고 자신의 안에서 발견하고 그것을 세상에 내어놓고 다른 이들이 내어놓는 대안의 언어들과 연결시키며 그 속에서 행동할 수 있는 권력을 함께 찾아보자고 제안해왔다. 그리고 여러분이 그런 시민이 되어주었으면 한다는 간절한 소망을 피력해왔다. 예를 들어 2011년 한진중공업 영도조선소에서 생산직 동료들을 퇴직 및 정리해고 하려는 사업자에 맞서 김진숙 씨가 309여 일 걸쳐 벌인 크레인 고공농성을 지원했던 희망버스는 전문적 지식을 갖지 않아도 평범한 시민들이 벌일 수 있는 시민 게릴라 활동의 좋은 사례이다.

자발적 시민으로서 모든 가능성은 그 누구의 손이 아닌, 여러분의 손에 달려 있다. 그 자발적 시민의 형성을 여러분의 손으로 여러분의 처지에서 여러분의 상황에 맞게 실행하자고 또 한 번 제안한다. 정당의 대표라는 엘리트들의 구원을 기다리는 것이 아니라 우리 스스로를 동료시민들과 함께 구원하는 일에 나서 보는 것은 어떨까? 누군가는 이런 일이 불가능하다고 할지도 모르겠다. 그러나 한나 아렌트는 인간의 가능성을 "새로운 시작"이라는 한마디에 집약시켰다. 받아들일 수 없는 과거와 단절하고 새로운 시작을 할 수 있는 힘. 그것이 인간의 행위가 만들어낼 수 있는 가장 커다란 기적이며 인류는 끊임없이 새로운 시작이라는 기적을 실현해왔다. 나는 우리 사회에서 새로운 시작을 실현할 수 있는 힘의 근원이 이제 깨어나기 시작한 시민에게 있다고 믿는다. 그리고 그 시민의 힘은, 시민으로서 삶의 충만함은, 다음 선거일을 기다리는 데서 나오는 것이 아니라 일상의 정치에서 민주적 가치를 확장하고 실천하는 데 있다고 제안한다.

참고문헌

강성만 2008: "민주주의의 주체, 민중인가 시민인가", 『한겨레』, 2008.02.28.

김만권 2009: 『참여의 희망』, 서울: 한울.

김만권 2013: 『정치가 떠난 자리』, 서울: 그린비.

김윤태 2013: "지역주의의 오류를 피하려면…", 『프레시안』, 2013.01.09.

박상훈 2012: "게이트오프닝", 『한겨레』, 2012.01.08.

박상훈 2013: "중·고교 필수 과목에 '정당 만들기' 들어간다면?", 『프레시안』, 2013.01.04.

박송이 2014: "묻는다, 시민정치는 성공했는가", 『주간경향』, 2014.09.23.

백인성 2011: "사회현실 불만족, 지지 정당 없다", 『경향신문』, 2011.10.04.

최장집 2013: "마키아벨리의 가능주의", 『경향신문』, 2013.02.25.

최장집, 박상훈, 박찬표 2013: 『어떤 민주주의인가』, 서울: 후마니타스.

Arendt, Hannah 1970: Crises of the Republic. New York: A Harvest Book, 80.

Berman, Sheri 1997: "Civil Society and the Collapse of the Weimar Republic", in World Politics. Volume 49, Number 3, April.

Canovan, Margaret 2005: The People. London: Polity.

Government Offices of Sweden 2010: "Fact Sheet: A policy for civil society", Nov.

Manin, Bernard 1997: The Principles of Representative Government. Cambridge: Cambridge University Press.

Przeworski, Adam 1985: Capitalism and Social Democracy. Cambridge: CUP.

Przeworski, Adam 1991: Democracy and the Market. Cambridge: CUP.

Rancière, Jacques 2009: The Emancipated Spectator. London: Verso.

Rawls, John 1971: A Theory of Justice. Cambridge: Harvard University Press.

Schattschneider, Elmer E. 1983 [1960]: The Semisovereign People. A Realist's View of Democracy in America. Boston: Cengage Learning.

Schumpeter, Joseph A. 1962: Capitalism, Socialism, and Democracy, 3rd Edition. New York: Haper Perennial.

Sehr, David T. 1997: Education for Public Democracy. Albany: SUNY.

Trägårdh, Lars (Hg.) 2007: State and Civil Society in Northern Europe. The Swedish Model Reconsidered. New York: Berghahn Books.

Wolin, Sheldon S. 1996: "Fugitive Democracy", in Democracy and Difference: Contesting the Boundaries of the Political. Princeton: Princeton University Press.

21세기 새로운 시민운동, "조직에서 플랫폼으로"[1]

하 승 창

Ⅰ. 프롤로그: 새로운 변화의 욕구

자고 일어나 보니 세상이 바뀌었더라 하는 이야기는 어쩌면 2012년의 안철수 의원에게 해당하는 말인지도 모르겠다. 안철수 의원 본인은 압도적인 지지율을 갖고 있었지만 5% 정도의 지지율에 머물고 있던 박원순 변호사에게 아무런 조건 없이 서울시장을 더 잘 할 것 같다는 이유만으로 후보를 양보했다. 그리고 그 다음날부터 박근혜 대표를 앞서는 지지율로 유력한 대선주자로 단번에 떠올랐기 때문이다. 박원순 변호사의 선거운동을 돕기로 했던 필자는 두 사람이 사전에 서로 연락하는 과정도 옆에서 지켜볼 수 있었다. 사전에 어떤 것도 서로 따져보지 않

1 이 글은 하승창, 『나의 시민운동 이야기』에 실린 내용을 수정한 것입니다.

았다. 그야말로 두 사람이 만나 이야기 나누면서 조건 없이 박원순 변호사가 후보가 되는 것이 좋겠다고 한 것이었다.

두 사람은 아무런 정당기반이 없다는 공통점이 있었다. 그런 두 사람에게 한 사람은 서울시장 후보로 다른 한 사람은 대선주자로 유권자들의 지지가 몰린 것이다. 그러나 2년여 세월이 지난 지금 박원순 시장은 기대했던 대로 지금까지와는 다른 시정을 펼치며 대선주자 지지율 선두를 다투고 있지만, 안철수 의원의 경우에는 또 다른 변화를 맞고 있다. 안철수라는 이름이 '새정치'라는 이름으로 우리 정치의 변화의 아이콘으로 상징되고 정치 변화를 열망하는 사람들과 세력들의 플랫폼이 되어 줄 것이라 기대했던 실험은 실패로 끝나고 이제 '안철수의 정치'가 다시 유권자들에게 어떤 지지를 받게 될지만 남았다.

필자는 안철수 의원의 대선캠페인에도 참여했다. 안철수 의원이 한국정치의 변화를 위한 플랫폼이 되어 줄 것이라는 기대도 있었고, 박원순 변호사의 서울시장선거 총괄단장으로서 박원순 변호사를 지지해 준 것에 대한 고마움도 있었기 때문이다. 그러나 안철수 의원의 중도사퇴로 한국정치의 변화를 위한 그의 대선캠페인은 실패로 끝났다. 근본적으로는 안철수 의원 자신이나 우리 사회가 정치의 문제에 대해서는 공감했지만 해법을 만들어 낼 만큼의 능력은 갖지 못했던 까닭이다. 희망을 가졌던 필자의 판단도 틀린 셈이었다. 그러나 필자는 지금도 한국정치의 변화는 필연적일 수밖에 없다고 믿는다. 안철수 현상으로 상징되는 변화에 대한 욕구가 아직 실현되지 않았기 때문이다.

그 변화의 욕구에 대해 필자 나름대로의 견해를 잠깐 피력해보려 한다. 실패로 끝났지만 필자가 안철수 의원의 대선캠페인에 참여했던 이유이기도 하기 때문이다. 당시 대부분의 시민운동 출신 인사들은 문재인 후보의 시민캠프에 참여했고, 안철수 의원의 대선캠페인에는 극히 일부의 인사만 참여했으므로 안철수 의원의 대선캠페인 경험은 개인적인 경험에 그치고 있는 것이긴 하다.

안철수 현상은 현상적으로는 기성정당에 대한 유권자들의 외면과 정치를 변화시킬 수 있는 기대를 실현시킬 수 있는 정당 밖 인물에 대한 기대이다. 박원순 변호사가 보궐선거에서 당선될 무렵 독일 베를린에서는 색다른 이름의 정당이 돌풍을 일으켰다. 도대체 그런 이름으로 어떻게 정당을 할까 싶은 '해적당'이라는 이름의 정당이 베를린 주의회 선거에서 10%에 육박하는 지지율을 획득하며 10명이 넘는 주의원을 당선시켰다. 이는 유럽의 주요 정당들에게도 충격적인 결과였다. 2012년 연초에 독일 사민당의 멤버들이 한국을 방문, 한국의 청년단체들과 '청년의 정치참여: 독일의 경험과 한국의 현실'이라는 주제로 이야기를 나누는 자리가 있었다. 대화문화아카데미가 주최한 이 모임에서 크리스찬 크렐(Dr. Christian Krell) 사회민주주의 아카데미 원장과 얀 엥겔스(Jan N. Engels) 사회주의 모니터 담당관은 발제에서 2000년대 유럽의 사민당뿐 아니라 심지어 녹색당마저 젊은 층의 지지가 위축되고 있음을 지적했다. 녹색당마저 기성정당이라며 젊은 층의 외면을 받고 있다는 이야기였다. 사회민주당 계열의 정당과 기타 정당으로 구분해 연령별 득표 현황을 분석한 아래 표를 보면 실제로 대부분의 정당이 다른 연령대에 비해 30대 이하에서 상대적으로 득표율이 아주 저조함을 알 수 있다.

얀 엥겔스 담당관도 '전통적인 사회환경(social milieus)이 사라지고 사회계층이 복잡해지면서, 정당들은 투표자들의 계속적 지지를 확보하기가 점점 더 어려워졌다. 모든 정당들이 피해갈 수는 없는 문제이지

Tabelle 9: Altersstruktur sozialdemokratischer Wählerschaft in zwölf Ländern im Vergleich

	Sozialdemokratische Wähler				Wähler anderer Parteien			
	2002	2004	2006	2008	2002	2004	2006	2008
Altersklasse	%	%	%	%	%	%	%	%
bis 18	0,1	0,0	0,0	0,0	0,0	0,1	0,0	0,0
bis 25	7,8	7,3	7,7	6,2	9,8	8,1	9,2	7,4
bis 30	6,2	6,9	5,9	5,8	7,0	6,8	6,5	7,0
bis 35	7,5	7,1	7,8	6,9	9,0	8,4	8,0	7,9
bis 40	9,8	10,1	8,4	8,4	10,5	9,7	9,6	9,1
bis 50	20,8	21,1	21,6	20,8	20,7	20,8	21,0	20,3
bis 65	28,7	29,5	28,1	28,8	25,8	26,8	26,7	27,3
bis 75	12,2	12,5	12,9	14,6	11,4	12,9	12,0	13,2
76 u. älter	6,8	5,6	7,6	8,6	5,9	6,5	6,9	7,8
Total	100,0	100,0	100,0	100,0	100,0	100,0	100,0	100,0
n = 100 %	5.508	5.229	4.979	4.567	11.635	11.264	11.476	10.428
Altersmittel in Jahren:								
Wählerinnen u. Wähler	49,8	49,6	50,4	51,8	48,0	49,4	49,1	48,2
Im Vergleich: Gesamtbev.	46,5	47,0	47,6	48,5	46,5	47,0	47,6	48,5

Quelle: Eigene Berechnungen auf Basis des *European Social Survey* 1–4 (2002–2008).

〈2000년대 유럽 12개 국가 사회민주주의 정당 투표자 연령 구성변화〉[2]

만, 특히 노동자층에 뿌리를 둔 사회민주주의 정당들에게는 사회적 변화와 인구구성의 변화 및 그 후유증들이 심각한 문제다'라며 정당의 존립조건 자체가 변화하고 있음을 지적하고 있다. 특히 그가 지적하는 해적당 등 새로운 정당에 참여하는 사람들의 특징 중에 주목할 것은 '지지자 및 투표자의 대부분은 사회의 비주류에 속하는 젊은 남성이 아닌, 교육수준이 높고 공학 또는 자연과학을 전공하고 주로 디지털 네이티브(Digital Natives)인 젊은 층'이라는 점에서 정당의 변화는 정당의 미래와도 직접적 관련이 있다는 것을 알 수 있다. 엥겔스 담당관은 독일 사민당은 해적당을 벤치마킹하며 젊은 층과 직장인들이 당에 보다 더 적극적으로 결합할 수 있도록 내부를 바꾸고 있다고 전하기도 했다.

비슷한 시기에 시민단체의 전직 사무처장들이 보고 온 유럽과 미국

2 얀 니콜라스 엥겔스, "유럽 젊은이들의 정당정치 참여", 대화문화아카데미, 2012.2.

의 정치의 모습도 다르지 않았다. 이들은 유럽과 미국 모두 기성정당이 외면 받으며 좌우 양측에서 시민들의 직접적인 정치 참여가 늘어나고 있음을 보고 왔다.

> 유럽과 미국을 막론하고 정당으로부터 대중의 이탈이 전 세계적인 현상으로 굳어져가고 있는데, (…) 이러한 현상을 중대한 정치적 위기로 보고 이를 극복하기 위한 다양한 노력을 경주하고 있는 상황에서 독일 사민당(SPD)은 당의 의사결정권을 점진적으로 대중들에게 오픈하는 방향으로 선회하고, 특히 젊은 층의 정당이반 현상을 막기 위한 다양한 참여 프로그램을 강구하고 있고, 미국 민주당 싱크탱크인 미국 진보센터(CAP)는 한 해 예산의 절반 이상을 대중 참여와 홍보 분야에 쏟아 붓고 있음. (오성규, "세계의 정치지형은 변화의 소용돌이 속에 있다", 시민단체 관계자 회의자료, 2012)

2008년 한국의 촛불시위나 미국의 점령운동, 독일의 슈투트가르트 시위 등에서 나타나는 것처럼 거리에서의 직접시위나 소셜미디어를 매개로 한 네트워크의 형성 등은 지난 몇 년간 세계적으로 공통적이다. 기성정당 대신 독일의 해적당, 미국의 무브온이나 티파티 등의 새로운 정당이나 정당 외 정치조직을 통한 정치적 진출 또한 공통적이다. 이런 현상이 한국에서는 안철수라는 인물과 결합하여 드러났을 뿐이다. 따라서 안철수 의원은 기성정치와는 다른 정치의 모습을 보여주고 이를 매개로 새로운 정치과정을 설계할 능력을 보여주는 것이 가장 중요했던 셈이다.

독일의 해적당이나 미국의 티파티, 무브온 등이 공통적으로 보여주는 것은 기성정치의 과정과는 다른 모습을 보여주고 있다는 것이다. 새로운 미디어로서 혹은 새로운 소통의 도구로서 소셜미디어에 익숙하다는 것, 따라서 의사결정과정에 가능한 많은 사람들이 참여할 수 있게 만들어서 민주주의를 확장하고 있다는 것 등은 이들 흐름에서 공통적이다.

말하자면 기성정당에 대한 외면이란 곧 지금까지의 정당이나 정치과정이 인터넷의 발전과 함께 시민들의 직접행동이 가능해지면서 보다 더 민주적이고 지지자들이 일상적으로 참여할 수 있는 정치과정이 없다는 것에 대한 문제제기이기도 한 셈이다. 해적당이 자신들의 민주주의를 흐르는 민주주의[liquid democracy]라 부르는 것처럼 기존의 박제화된 의사결정구조는 이미 정당에서 지지자, 당원과 당의 지도부의 경계를 그어 놓은 셈인 반면에 자신들은 이 경계를 허물어뜨렸다고 말하고 있는 것이다. 그러므로 정당이 제기하는 입법과제들은 늘 지지자나 당원들이 현장에서 움직이거나 활동하는 이슈들을 중심으로 변화하고 재편된다. 그 이슈에 연결되어 있는 사람들이 끊임없이 정당과 소통하게 된다. 그렇게 하지 못할 때 촛불시위나 점령운동처럼 거리에서 이야기하기 시작하거나 티파티처럼 아예 스스로 정치조직을 만들어 정치적 진출을 해버리게 되는 것이다. 유럽 각국의 정당들도 해적당 등의 영향으로 정당혁신을 위한 노력을 기울이고 있다. 영국의 노동당의 경우에도 2012년 당 혁신안을 발의하고 당원과 지지자들이 연결될 수 있도록 당내에 다양한 플랫폼 기제들을 만들어 나가고 있다.

안철수 현상을 실현할 것으로 보였던 안철수 의원이 실패에 이른 것은 이런 변화를 자신의 정치과정에 담지하지 못한 이유가 큰데, 안철수 의원 본인도 이를 위해 자신이 어떤 역할을 해야 하는지 명확히 하지 못했고, 안철수 의원에게 연결되어 온 사람이나 세력도 기성 정치과정에 익숙한 사람들이나 세력이었다는 점에서 사회적인 역량도 부족했던 셈이다. 해적당처럼 새로운 내용으로 기성정당을 위협할 내용을 가진 새로운 정당을 만들 역량이 없었다는 이야기다. 이런 상태에서는 비슷한 정당은 만들어 봐야 기성정당과 경쟁력을 가질 수 없다. 그 역사와 경험을 이길 수 없기 때문이다.

새로운 사회적 이슈와 의제들에 대한 관심, 정치적 참여의 확대와 투명성 제고를 통한 당내 민주주의의 확장, 당원과 지지자의 경계를 없애는 것 등 지금과는 다른 정당의 모습을 만들거나 현재의 정당들이 그런 모습으로 혁신적으로 변화할 때만 우리 사회는 스스로 만들었던 안철수 현상을 조금씩 풀어가게 되지 않을까 하는 생각을 하게 된다.

이런 안철수 현상에 반영된 변화의 욕구를 제대로 수용해내지 못하고 있다는 점은 정당뿐 아니라 기존의 시민운동 조직도 마찬가지다. 이런 맥락에서 이 글은, 변화하고 있는 환경 속에서 영역과 경계를 넘어 '연대하는 개인들'이란 변화가 어떻게 일어나고 있는지 살펴보려 한다.

Ⅱ. 조직하기에서 연결하기로

개인적으로는 2010년 하반기부터 고민하던 내용들이 구체화되어 2011년 5월에 '씽크카페컨퍼런스@대화—지금 우리에게 필요한 것들'이라는 시민들이 직접 참여하는 대화 플랫폼을 처음 시작하게 되었다. 초기 사업기획에는 여러 아이디어가 있었지만 그중에 우선 한 가지로 시민들이 직접 참여하는 대안적 논의를 위한 플랫폼을 만들어 볼 생각을 하였다. 지금은 필자가 선거캠페인 등 정치 영역에 드나들게 되니까 함께 했던 분들에게 있을 수 있는 오해를 피하기 위해 이 이름 대신 다른 이름을 사용하고 있어 '씽크카페 컨퍼런스'라는 이름의 대화 플랫폼은 더 이상 지속되고 있지는 않다. 그러나 시민운동 진영에서 보면 어쨌든 거의 처음 시작한 대화 플랫폼이었고 시간이 지난 지금은 원탁회의, 오픈테이블 등 다양한 이름으로 일반화되었다. 2012년까지 두 번의 대화 플랫폼을 운영하고 나서 오프라인에 씽크카페라는 공간을 만들게 되는데, 이 또한 새로운 운동 방법으로 생각해 본 것이었다.

그렇게 하여 2012년 가을에는 홍대 인근에 '공간이 운동한다'라는 생각 아래 오프라인 씽크카페를 열게 되었다. 말리는 사람들이 많았음에도 불구하고 카페를 연 것은 씽크카페라는 대화 플랫폼을 2년여 가까이 유지하면서, 이름이 카페여서 그랬는지 모르지만, 오프라인에도 있느냐고 묻는 사람들도 꽤 있었던 탓이기도 하다. 그러나 무엇보다 필자 스스로도 꽤 오래전부터 '공간이 운동한다'는 이야기를 하고 다닌 터라 실제 오프라인 공간에 대한 관심이 적지 않았기 때문이기도 하다. 마침 홍대 인근에서 카페를 운영하던 대학교수 한 분이 함께 하자고 제안하면서 오프라인에도 씽크카페를 운영하는 경험을 하게 되었다. 2년여 간 함께 비싼 임대료를 내면서 카페를 운영하는 일이 절대로 쉬운 일이 아니라는 것도 알게 되었지만 그 2년여 동안 카페라는 공간을 통해 여러 모임들과 네트워크가 형성되면서 새로운 운동의 흐름에서 의미 있는 역할을 하고 있는 다양한 모임들을 알게 된 것은 큰 소득이었다. 특히나 오래전부터 기존의 시민단체들과 다른 형식, 다른 방법을 가진 사회운동의 흐름이 생겨나는 것이 필요하다고 역설해 온 필자의 입장에서는 반가운 모임들이었다.

씽크카페 컨퍼런스나 오프라인의 카페에 대한 생각들은 꽤 오래전부터 고민해 오던 것들이기도 했다. 특히 2008년 촛불시위는 다르게 접근해야 한다는 생각을 더욱 분명하게 해준 경험이었다. 촛불시위에 이어 안철수 현상의 이면에 자리 잡은 기성정당이나 시민운동 조직들에 대한 시민들의 외면은 이런 생각들을 더 분명하게 해주는 것들이었다.

그때나 지금이나 모두가 변화를 원하는 것은 분명하다. 지금은 '끝없는 개발과 지속적 성장이라는 사회발전전략'이 우리의 미래를 든든하게 보장해 줄 것이라 믿는 사람은 거의 없다. 오히려 이를 고집하는 세력이 이를 고집하면 고집할수록 공동체의 박애정신과 공정한 질서, 생태적 가치에 기초한 다른 사회발전전략을 꿈꾸는 사람들 사이의 대립과 갈등의 크기만 커져 가고 있는 형국이다. 다른 발전전략을 꿈꾸는 세력이라 하지 않고 굳이 사람이라 한 까닭은 그런 변화를 이끌 세력은 아직 보이지 않기 때문이다. 어쩌면 이 상황을 타개할 누구를 기다리기보다 스스로 변화를 만들어 내기 위한 노력을 시작하지 않으면 안 되는 일이다.

그러기 위해서는 미래의 비전을 만드는 일도, 사회변화와 혁신을 위한 일도 변화한 시대에 적합한 새로운 방법으로 시작하지 않으면 안 된다. 사실 변화는 이미 시작된 지 오래되었다. 디지털 네이티브라 불리는 새로운 대중들이 등장하고 있고, 새로운 기술에 기반을 둔 소통방식은 기존의 사회관계를 뒤흔들고 있다. 예컨대 과거에는 소수의 전문가들과 정치인, 행정가, 시민운동가, 이해당사자들이 폐쇄적인 논의공간에서 우리의 삶과 관계된 정책을 만들었고, 다수의 사람들은 전통적인 미디어로부터 그 내용을 전해 듣고 단지 이를 수용할 것인지 말 것인지를 결정했을 뿐이다. 혹시 이견이 있는 사람들은 투표를 통해 자신의 입장을 대변해 줄 정치인을 교체하거나 이마저 힘들면 별도의 조직을 만들어 사람들을 모으고 이렇게 조직화된 집단의 힘을 이용해야 했지만 기성정당들은 이런 공간을 내어주지 않았다.

그러나 이제 우리를 둘러싼 모든 사회적 환경들은 바뀌었다. 그것은 인터넷이 만들어낸 전혀 다른 환경이기도 하다. 인터넷은 지금도 진화 중이다.

중세에서 근대로 시대가 바뀔 때 가장 큰 영향력을 준 기술발전 가운데 하나가 인쇄술이다. 성경을 모국어로 대중적 출판을 하기 시작하면서 면죄부를 팔아대던 중세의 권력자인 성직자들은 영주와 함께 독점하고 있던 권력을 부르주아지들에게 내어줄 수밖에 없었다. 종교개혁 운동과 계몽사상의 발전은 인쇄술을 통해 시대를 전혀 다르게 만들어 갔다. 대중들의 지적 수준은 중세에 비해 훨씬 넓어지고 깊어졌다. 다시는 중세로 역진할 수 없었다. 마찬가지로 지금 인터넷은 다시 한 번 시대를 구분하는 기술적 발전의 위치에 놓여 있다. 기존의 미디어와 폐쇄적인 사회적 관계망에서 소외되었던 사람들이 훨씬 개방된 인터넷 공간에서 정보를 검색하고 공유하면서 소통하고 관계를 맺고 스스로 조직화하고 있음을 눈앞에서 본 사건이 촛불시위이기도 했다. 권력을 독점하고 있던 기성정당들은 흔들리고 있고, 지적 권위를 독점하던 전문가들의 권위가 약화되고 있는 것은 이미 새삼스런 일이 아니다. 사회 한구석에 머물러 있던 새로운 의제들은 소셜미디어와 네트워크를 기반으로 한 새로운 여론의 장에서 세상으로 나와 논의되고 있는 것이다. 우리 사회뿐 아니라 세계적으로도 아프리카와 중동의 민주화는 그런 모습으로 세계에 알려졌다.

역사적으로 보아도 인쇄술은 말할 것도 없지만 미디어라는 측면으로 보아도 미디어의 큰 변화가 있을 때마다 한 국가나 사회에 큰 변화가 있었음을 알 수 있다. 레닌은 문맹률이 90%가 넘었던 러시아에서 '이스크라'와 '프라우다'라는 일간신문을 만들어 사회주의 정당의 조직수단으로 삼았고, 이를 매개로 러시아 혁명을 성공시키고, 차르 체제에 종언을 고하게 한다. 라디오라는 새로운 미디어는 히틀러의 선동적 연설에 날개를 달아주었고 그가 총통이 되는 데 중요한 매개가 되었다. 무명에 가까웠던 케네디는 TV라는 새로운 미디어의 등장으로 최초의 대통령 후보 간 TV토론을 통해 닉슨이라는 거대한 산을 넘었다. 노무현 대통령은 세계 최초의 인터넷 대통령으로 불린다. 노사모라는 그의 팬클럽은 인터넷 없이는 전국적 활동을 폭발적으로 해나가기 어려웠을 것이다. 당 조직이 아니라 개인 지지자들을 전국적으로 연결해낸 힘으로 그는 대통령이 되었다. 소셜미디어 덕에 대통령이 된 사람은 오바마다. 이미 오바마의 선거운동 방법은 후발주자들이 모두 벤치마킹하려 하고 있다. 이처럼 인터넷을 미디어의 발전이라는 측면에서만 보아도 세상을 바꾸려는 사람과 세력은 과거와는 다른 방법으로 접근하지 않는 한 소통하기조차 쉽지 않다. 그러므로 이제는 미래의 비전을 만드는 일도, 사람들과 소통하고 관계를 맺는 방법도, 그래서 세상을 바꾸고자 하는 방법도 달라져야 한다.

알버트 아인슈타인은 '우리가 지금 직면하고 있는 문제는 그 문제가 만들어졌을 때와 같은 사고방식으로는 해결할 수 없다'고 했다. 우리가 처음 경험한 것과는 차원을 달리하는 현재의 인터넷 환경은 기존의 생산 관계와 정보 소유 관계를 밑바닥부터 뒤흔들어놓고 있다. 정보를 소유하는 자가 아니라 정보를 공유하는 자가 미래를 움직일 수 있다. 나 혼자가 아니라 '독립적 개인이 연결된 집단'이 훨씬 현명하다는 것을 믿는 세력이 새로운 것을 만들어낼 수 있다. 조직이 아니라 플랫폼을 만들어 많은 사람들이 참여하게 할 때 새로운 것들이 만들어져 갈 것이라는 생각이다.

돈 탭스콧(Don Tapscott)은 '열린 사회를 위한 네 가지 원리'라는 테드 강연에서 인터넷이 변화시킨 앞으로의 사회는 협력과 투명성, 공유와 권력의 분산이라는 원리로 움직일 것이라고 이야기한다. 정보의 독점과 권력의 집중, 폐쇄적 관계망들로 진행되는 시도들은 대중들의 참여를 촉진하거나 조직할 수 없고 이는 변화를 만들어낼 힘을 '연결'해 낼 수 없다.

이미 우리 사회는 변화를 위한 사람들의 생각과 행동을 '연결'해 내는 다양한 플랫폼들이 만들어져 가고 있다. 이런 플랫폼들은 논의를 조직하는 데 머물지 않고 새로운 운동의 흐름이라고 할 만큼 다양하게 발전하기 시작했다.

III. 삶과 운동의 경계가 없는 움직임들: '통치'에서 '협치'로

90년대 이후 필자는 직업란에 스스로를 시민운동가로 적었다. 요즘은 사회단체 항목이 추가되었지만, 통계청의 직업분류에는 없었던 직업이고, 혹여 은행에서 대출을 받으려 해도 무직이나 기타란에 표기되던 직업이다. 그럼에도 시민운동가로 표기했던 이유는 굳이 자신이 하는 일을 가려야 할 이유도 없기도 했거니와, 시민운동가도 그 일을 하는 사람들에게는 자기 인생의 의미 있는 직업임을 말해주고 싶었기 때문이기도 하다.

그러나 시민운동가라는 표현이 대개 개인적 결단이나 결의가 뒷받침된 일인 것처럼 여겨져서 편견을 갖게 만들기도 한다. 그런 부담을 없애고 하는 일을 보다 명확히 하려고 해서였는지는 모르지만 박원순 시장은 희망제작소에서 일할 때 자신의 직업을 소셜디자이너라고 부르기도 했다. 여기서 더 나아가 '지혜공유협동조합'의 이사장인 유정길은 아예 운동을 한다는 생각을 갖지 않는 것이 좋다고까지 말하고 있다.

> 운동가라는 용어는 남다른 결의를 한 사람이라는 인상을 준다. 자신이 남다른 삶을 산다는 선민의식이 강할수록 타인과 자신을 구별하게 된다. 운동가는 다른 사람이 운동가라는 이름을 붙여줄지언정 운동가라고 자처할 것은 아니다. 나아가 스스로 운동을 한다는 생각마저 갖지 않는 것이 좋다. 활동이 그저 자신의 생활이 되어야 하며 스스로의 즐거움이 되어야 한다. 활동을 하면서 행복하지 않으면 오래 일할 수 없다. 내가 행복해야 남도 이 일에 동참시킬 수 있다. (유정길, "'운동권 문화'와 운동하는 삶의 문화", 『창작과 비평』 2014 가을)

시민운동가라는 표현은 이제 어느 단체에 소속해서 정부나 기업을 상대로 자신이 지향하는 공적인 가치를 위해 다투는 사람이라는 전형을 떠올리게 한다. 그러나 2000년대 후반 무렵부터는 삶과 운동의 경계가 없는 움직임들이 많아지면서 자신을 운동가로 칭하지 않아도 자연스레 사회운동의 영역에서 일하는 사람들이 늘기 시작했다. 반대로 운동가 스스로도 직업적 운동가로 일하기보다 자신의 삶과 운동을 일치시켜 나가려는 움직임도 많아졌다. '지역'에 대한 관심으로 시작해서 귀농을 하는 사람도 생겨났지만, 아예 자신이 사는 동네에서 '동네일'을 하는 것이 자연스레 사회운동이 되기도 하는 모습들도 나타나기 시작했다. 그런 점에서 유정길 이사장의 제언은 의미 있다. 그렇다고 스스로 여전히 운동가로 생각하는 사람이 있고, 운동을 통해 변화를 모색한다는 생각으로 활동하는 사람이 있는데 굳이 그러지 마라 할 이유도 없다. 어쨌든 굳이 운동가라 칭하지 않지만 마을 사람들 속에서, 청년들 가운데서, 주부들 사이에서 자신들의 삶의 필요와 공적인 가치를 일치시켜 보려는 사람들이 늘어나고 있다.

서울 마포의 성미산 마을은 『월간조선』 같은 잡지로부터 종북세력을 만들어 내는 곳이라는 명예훼손성 기사로 비난 아닌 비난을 받기도 하고 같은 계열사인 신문으로부터 올해의 히트상품으로 뽑힌 마을공동체의 대명사로 거론되기도 했다. 그들이 종북세력이라 부르는 사람들은 다 그저 마을에 사는 마을 사람들이다. 이 마을 사람들은 스스로 생협도 만들고, 대안학교도 만들고, 카페도 만들고, 극장도 만들고, 어린이집도 만들고, 마을 축제도 만들고, 반찬가게도 만든다. 이런 점에서 동네에서 아무것도 하지 않고 잠자고 출근하기 바쁜 사람들이 볼 땐 '좀 다른 사람들'이라 느낄지도 모른다.

성미산 마을 사람들이 지난 20년간 일구어 온 일들은 확실히 마을의 개념을 바꾸어 놓았다. "공동육아가 대안교육과 공동소비로 확장되면서 성미산 주민들에게 '이웃'은 '비슷한 사고와 가치관으로 엮이는 관계'(64.7%)로 정의된다. '인접한 주민 간의 친밀한 관계'(14.9%)라는 전통적인 마을 개념을 대체한 것이다. 가치관을 공유하는 주민들이 자발적으로 사회적 경제활동을 하는 새로운 마을 개념을 형성한 것이다."[3] 이전 같으면 주민운동가가 만들어 왔음 직한 일들이 마을 사람들에 의해 만들어지고 운영되어 오면서 마을에서는 운동가와 주민의 경계는

3 김보미, "성미산 20년, 공동육아-대안학교-마을기업으로 확장 도시마을 개념을 바꾸다" 『경향신문』(2014.09.25).

〈성미산 마을 지도〉[4]

사라진다.

성미산 마을이 육아를 위한 어린이집에서 출발해 10여 개의 마을기업을 만들고 이제는 부모들의 노래패와 풍물패까지 결성되며 노년의 마을공동체까지 포괄하며 발전해 가고 있다면 동작의 성대골은 에너지를 매개로 마을이 변화하고 있는 곳이다. '에너지 자립마을'이라 불리는 성대골 마을은 마을 사람들이 나서서 에너지절약과 생산을 위한 마을로 만들어 가고 있다. 환경운동가들이 하는 일이라고만 생각되던 에너지 문제에 대해 마을 사람들이 자신들의 삶의 환경과 연결해 이전과는 다른 해법을 만들어 가고 있는 셈이다. 2011년 성대골 절전소가 만들어지면서부터이니 아직 채 5년이 지나지 않았지만 에너지 마을학교, 에너지 슈퍼마켓 등 그런 게 될까 싶었던 공간들이 현실화되고 있다.

4 김보미, "성미산 20년, 공동육아-대안학교-마을기업으로 확장 도시마을 개념을 바꾸다".

성미산에서 성대골까지 주민들 스스로 그동안 많은 시민운동가들이 해왔던 일들을 주민 스스로 자신들의 삶의 문제를 해결해 나가기 위해 스스로 만들어 가며 마을을 변화시키고 있다. 성미산과 성대골 두 군데만 소개했지만 협동조합 마을이라 불리는 홍성 같은 곳은 성미산보다 더 오래된 마을이기도 하다. 지리산 주변의 마을들도 귀농인구와 함께 새로운 변화들을 만들어 나가는 대표적인 지역이기도 하다. 그러나 이처럼 현재 '마을만들기'에 참여하는 마을에 대한 정확한 통계는 없고 또 있다 하더라도 변화의 속도를 알 수 있는 정도다. 전국적으로 마을만들기 지원센터 전국협의회에 광역과 기초단위를 가리지 않고 17개 지역이 참여하고 있고, 마을만들기 워크숍이나 마을신문 만들기 워크숍 등에 참여하는 인원이 50~100여 명 정도에 이르는 것을 보면서 대략 규모를 짐작해 볼 수 있을 뿐이다. 2010년 이후 확대되는 추세에 있고, 박원순 시장이 당선된 이후 마을공동체지원센터가 만들어지고 유사한 지원기관들이 생기면서 더 급속히 확장되고 있다고 볼 수 있다.

삶과 운동의 경계를 없애며 사회적 문제를 해결하기 위해 노력하는 것 중에는 흔히 말하는 사회적 기업과 협동조합도 있다. 우리나라에서 정부의 인증으로 사회적 기업이 된 최초의 경우는 '아름다운가게'다. 환경운동의 중요한 의제 중의 하나인 재활용이라는 사회적 문제를 해결하는 데 도전한 기업이다. '아름다운가게' 이전에도 경실련의 '알뜰가게'나 YMCA의 '녹색가게' 등 재활용운동을 하는 곳이 있었지만 사회적 기업의 형태로 시작한 것은 '아름다운가게'가 처음이다. '아름다운가게'에서 시작해서 독립한 사회적 기업들도 있다. '에코파티 메아리'는 재활용을 통해 만든 상품들이 뉴욕의 모마에도 진출했다 해서 화제가 되기도 했고, '아름다운커피'는 공정무역운동으로 성장해서 또 다른 사회적 기업이 되기도 했다. 전국에 140개가 넘는 매장이 있으며, 여기서 나온 수익금은 국내외의 소외계층을 위한 기금으로 사용된다.

탈학교 아이들을 위한 프로그램으로 시작되었던 하자센터의 '노리단'은 문화예술 분야의 최초의 사회적 기업이기도 하다. 포스코 광고로도 유명한 '노리단'은 2004년 하자센터 내의 청년, 예술가, 문화기획자들이 함께 모여 재활용을 매개로 한 퍼포먼스 그룹을 만든 것이 시작이다. 공연만 하는 것이 아니라 디자인, 교육사업도 그들의 사업 영역이다. 생태적 가치를 기반으로 한 사회적 기업들이 적지 않은데, '대지를 위한 바느질'은 디자이너로서의 사회적 책임을 고민한 이경재 대표에 의해 만들어졌다. 지금은 친환경결혼식으로 알려져 있는데, 지역사회와 연결해 알뜰한 결혼식을 진행하는 것으로도 알려져 있다. 친환경유기농 도시락을 만들어 주는 '소풍가는 고양이'도 사회적 기업이다. 이처럼 사회적 문제를 해결하면서 동시에 그 일에 참여하는 사람들의 삶도 지속가능하도록, 시장경제 내에서도 경쟁력을 확보해가기 시작하고 있다.

성미산 마을 이야기를 하면서 마을기업 이야기를 했지만 이 역시 대부분 사회적 기업이기도 하다. 물론 법적으로 사회적 기업 인증을 받았느냐 그렇지 않았느냐가 이들 기업의 정체성을 가름하는 기준은 아니다. 이명박 정부 때 우후죽순으로 늘어난 사회적 기업에 대해 오히려 우려하는 목소리가 높은 것도 사실이다. 여전히 기업의 운영과 사회운동 사이의 괴리를 제대로 메우지 못하는 사회적 기업들이 많아서 정부 지원에만 의존하다 문을 닫는 경우들이 늘어날 것이라는 우려다. 그럼에도 이처럼 점차 사회적으로도 자리 잡아 가는 사회적 기업들이 늘어나고 있을 뿐 아니라 성미산 마을의 카페 '작은나무'나 동작구의 카페 '사이시옷'처럼 동네사람들이 운영하는 작은 기업들도 생겨나고 있다.

이명박 정부 마지막 해에 입법된 협동조합법으로 가히 협동조합 붐이라고 할 만큼 많은 협동조합들이 생겨나고 있다. 서울시만 해도 이미 천 여개가 넘는 협동조합들이 등록되어 있을 정도로 협동조합은 급속한 성장 중에 있다. 협동조합은 스스로의 문제를 해결하기 위한 모임이기도 하다. 협동조합의 주요한 정신이 자조와 자립, 민주주의이기도 하다. 어린이집을 만들기 위한 협동조합, 고등학교 매점을 학생들에게 도움이 되도록 만들기 위한 부모들의 협동조합, 청년들의 금융문제를 해결하기 위해 청년들 스스로 만든 '토닥토닥 협동조합', 청년들 스스로 주거문제를 해결하기 위해 '민달팽이 유니온'이 만든 주택협동조합, 이들이 만든 협동조합이 구입한 임대주택에 싼 가격으로 청년들이 입주해 살고 있다. 에너지 문제를 해결하기 위한 '친환경햇빛발전소'는 태양광에너지를 주택과 건물에 공급하기 위해 만들어진 협동조합이며, 경기도 파주 및 고양 주민들이 만든 '지혜공유협동조합'은 시민교육이라는 의제에 도전하는 협동조합으로 스스로 만들어낸 강좌와 교육 프로그램이 운영되는 곳이기도 하다. 아마도 자신들의 문제이자 곧 사회적 문제이기도 한 의제들에 도전하는 협동조합들은 더 많이 생겨날 것이 틀림없다.

이런 흐름들은 각 자치단체들의 중간지원기관들의 설치로 더 확장될 것으로 보인다. 서울시가 박원순 시장이 취임 이후 설치한 마을공동체지원센터, 청년일자리허브, 사회적경제지원센터는 각각 마을공동체 활동과 청년들의 모임, 사회적 기업에 대한 지원으로 이들 활동이 더욱 활발해지도록 만드는 데 크게 기여했다. 특히 마을센터의 경우에는 초기에는 이를 정치적으로 바라본 보수언론이나 새누리당에 의해 종북의 근거지 등으로 비난받기도 했지만 오히려 새누리당 자치단체장들마저 속속 마을공동체지원센터를 만들고 있다. 특히 2014년 지방선거에서 당선된 경기도의 남경필 지사가 6천 개의 마을공동체를 지원하겠다고 함으로써 정파를 가리지 않고, 앞으로도 더욱 확장되어야 하는 의제로 확인된 셈이었다.

그러나 중간지원기관들에 일하는 운동가들은 자치단체의 지원금으로 집행되는 사업의 성격상 일정한 규제와 제한이 가해지는 문제와 행정절차와 실제 주민들이 움직이는 시간들 사이의 괴리로 인해 탄력적이지 못한 지원이 오히려 성장에 저해될 수 있다는 문제의식으로 지난 3년간의 성과에 기초해 중간지원기관들의 변화가 필요하다는 주장을 펴고 있다.

중간지원기관 이야기를 하다 보니 시민운동과 연결된 개념 중에 많이 거론되는 '거버넌스'(Governance)에 대한 이야기를 해야 할 것 같다. 거버넌스란 용어를 처음 접했던 것은 경실련 활동을 하면서였으니 90년대 초중반 어디쯤 되는 것 같다. 당시만 해도 정부와 민간이 함께 공동의 의제에 대해 이야기한다는 것만으로도 큰 이슈가 되는 시절이었다. 대표적으로 김영삼 정부가 들어서고 나서 경실련이 당시의 경제기획원에 김영삼 정부의 신경제정책에 대한 토론회를 열자고 제안하고 당시 강봉균 차관보가 이에 흔쾌히 응해서 신경제정책 토론회가 열린 것이 큰 화제가 되었다. 각 언론사의 1면 톱으로 실린 경우가 적지 않았다. 시민단체의 토론회에 정부의 경제기획원의 차관보와 과장이 함께 패널로 나선 일이 처음이었기 때문이다. 요즘에야 방송사 심야토론에서 흔히 볼 수 있는 형식이지만 당시로서는 파격에 가까운 일이었다.

그 무렵부터 '거버넌스'란 개념을 자주 사용하기 시작했던 것으로 기억된다. 우리말로 협치라고 번역된 거버넌스란 개념은 정부의 영어식 표현인 '거번먼트'(Government)와 구별된다. 통치라는 표현 대신 협치라는 말을 사용한 것처럼 거버넌스란 민간과의 협의가 통치의 중요한 수단이 되었다는 의미 정도로 이해되었고, 민간이 참여하는 수많은 위원회가 협치의 중요한 수단처럼 인식되었다. 초기에는 정부가 해결하기 어려운 문제들을 함께 해결해가는 파트너란 의미나 정부가 하기 어려운 일을 민간이 대행해 준다는 의미 정도로 이해되는 것에서 점차 옴부즈만 제도 등 단순한 논의 테이블을 함께 하는 것을 넘어서 행정과정에 시민들이 참여하는 것을 의미하는 것으로 확장되었고, 참여예산조례 등 부분적으로 의사결정과정에도 참여할 수 있는 공간들이 만들어질 정도로 제도화되어 갔다.

무엇이 거버넌스인가를 두고 많은 논란이 있지만 경험적으로 보면 거버넌스의 개념이 확장되어 왔다고 느껴진다. 1980년대부터 거론되기 시작한 거버넌스란 개념이 우리 사회에서 현실적 의미를 획득하기 시작한 것은 김영삼 정부 이후이고 그 내용이 점점 확장되어 온 것도 사실이다. 다양한 개념 정리들이 있기는 하지만 대체로 넓게는 기존의 전통적인 정부기관뿐 아니라 자율적이고 독립적인 주체들까지 포함한 조정이나 관리라는 의미로 쓰이며, 좁게는 공공영역과 시민사회 간의 네트워크 방식의 수평적 협력 같은 의미로 쓰인다고 할 수 있다. 여기서는 학문적 논의과정보다는 사회운동을 하면서 거버넌스란 개념을 어떻게 이해해 왔는지를 이야기해 보려 한다.

필자가 이해하는 '거버넌스'는 정부의 업무방식 혹은 통치방식의 변화이다. '정부'(government)는 공식적인 권위, 선거로 선출된 사람에 의해 조직된 권위, 유권자들이 위임해 준 권위에 근거한 활동을 지칭하는 반면, '거버넌스'는 공유하고 있는 공동의 가치나 목표에 근거해 조직되는 행위라고 할 수 있다. 말하자면 지금의 시대는 '정부에서 거버넌스로'(from government to governance) 정부의 업무방식이 변화하고 있는 시대이다. 이 경우 거버넌스는 중앙정부, 지방정부, 정치·사회적 단체, NGO, 민간 조직 등의 다양한 구성원들이 기존의 상하관계식의 명령과 통제가 중심이 되는 위계적 조직이 아니라 네트워크로 움직인다는 것이다. 말하자면 모든 참여자들이 상호 독립적이라는 것을 의미한다. 물론 그렇다고 해서 모든 참가자가 권한이나 책임이 동등한 것은 아니다. 중앙정부와 NGO가 동등한 권한을 갖고 있을 리도 만무하지만 그러나 민간 차원의 조직들에게 정책결정이나 예산집행의 권한을 나누어 주는 것은 더 이상 예외적인 일은 아니다. 이미 유럽 등에서는 정부와 NGO 사이에 협약을 맺어 일정한 임무와 범위 안에서 NGO 스스로 예산을 집행할 수 있도록 하는 경우도 생겨나고 있기 때문이다. 말하자면 전통적인 하향적 통제 방식보다 공동으로 합의되는 규율이나 공동의 가이드라인 등이 더 강조되고 있는 것이다.

이런 업무방식의 변화가 확장되는 이유는 더 이상 하향적인 통제방식의 정부업무 방식으로는 '통치'가 불가능한 사회가 되어 가고 있기 때문이다. 사회가 이미 복잡화되어 가고 있고, 다원화되어 가고 있으며 무엇보다 정보화로 인해 더 이상 정부의 일률적인 통제와 모니터도 불가능한 시대이며 정보의 독점 또한 불가능한 시대이다. 사회가 복잡화, 다원화되어 감에 따라 정부가 과거처럼 일률적으로 국민을 통제하기 어렵다는 것은 다양한 계층 갈등이 과거보다 이미 더 중요한 사회적 갈등으로 전개되고 있다는 것에서도 알 수 있고, 중앙정부의 일방적 정책집행이 반드시 주민들의 이익에 부합하지 않을 경우 과거처럼 일방적으로 희생되었던 것이 더 이상 받아들여지고 있지도 않다. 앞서 살펴본

한약분쟁도 대표적 경우이고, 2014년 현재 끊임없이 논란이 되고 있는 밀양 송전탑 문제도 마찬가지이다. 말하자면 거버넌스라는 정부의 업무방식의 변화는 사회의 변화와 더불어 필연적인 것이다.

더구나 미네르바 사건이나 위키리크스 사건이 보여주듯 정부가 더 이상 '정보'를 독점할 수 없는 세상이기에 과거처럼 정보 소유의 비대칭으로 인한 권력행사가 가능하지 않게 되었다. 오히려 정보를 공유하고 공개하면 시민사회의 창의적 노력들이 더해져 더 나은 세상을 만들어 가게 된다는 생각이 공감대를 넓혀 나가고 있다.

영국 총리 데이비드 캐머런은 '다음 세대의 정부'라는 테드 강연에서 시대를 관료제 이전의 시대, 관료제 시대, 관료제 이후의 시대로 나누고 지금을 관료제 이후의 시대로 보았다. 그는 관료제 이후의 시대인 지금은 정부가 시민사회와 함께 공동체를 만들어 나가기 위해서 정부의 투명성과 책임성이 과거보다 훨씬 중요하다며 가장 일차적으로 공적 정보의 투명한 공개가 중요하고 점차 권력을 시민들과 나누어야 한다고 말하고 있다. 거버넌스에서 가장 중요한 것이 투명한 정보의 공개와 공유이다. 정보를 독점하고 있으면서 공동의 규제를 만들거나 가이드라인을 만들 수는 없기 때문이다.

다음으로는 정부가 가진 권력을 분산하는 것이다. 정책결정과정에 보다 많은 시민들이 참여할 수 있도록 논의하는 과정을 만들고 함께 결정할 수 있는 수단들을 만들어 내야 한다. 영국의 사회학자 앤서니 기든스(Anthony Giddens)는 『제3의 길』에서 자율적이고 독립적인 수많은 조직들에게 권력을 분산하는 것이 민주주의를 확장하는 것이라고 했다. 말하자면 거버넌스는 변화된 시대적 조건에 맞게 민주주의를 확장하고 심화시켜 가는 길이기도 하다. '타운홀미팅', '원탁회의', '충남도민

정상회의', '청책', '서울시 정책박람회' 등과 같이 시민들이 참여할 수 있는 논의과정을 만들어 내는 것과 함께 참여예산조례, 주민투표 등 다양한 방법으로 시민들이 정책결정과정에 참여해 함께 결정할 수 있도록 하는 제도를 만들어 내는 것이 중요하다.

Ⅳ. 개인과 조직의 경계 허물기

> 21세기에 들어서 네트워크가 급속도로 발전하고 웹 2.0이라 불리우는 변화 안에서 조직의 성격이 변하기 시작했다. 조직은 더 이상 하나의 "단위"가 아니라, 구성원들이 어떠한 목적과 목표를 위해 움직이는 극히 유연하고 형체가 급변하는 하나의 유기체가 되어 버렸다. 다음 아고라, 위키피디아, 페이스북 등에서 끊임없이 목격되는, 어떤 목적에 의해 움직여지며 창발했다 사라지는 그 유기체를 말하는 것이다. (김태우, "조직을 바라보는 또 하나의 관점", 태우's log, http://twlog.net)

조직에 대한 다른 생각들을 굳이 강조하지 않더라도 기존의 시민운동과 관계없이 스스로 디지털 네이티브이기도 한 세대들은 이미 다양한 플랫폼을 만들어 움직이기 시작하고 있다. 촛불시위 때 다음의 아고라는 정치적 논의와 행동을 위한 플랫폼으로 역할했다. 이 무렵부터 해서 '쌍코', '엠엘비파크' 같은 카페들도 정치적 논의와 행동을 위한 플랫폼 역할을 하고 있다. 이런 공간들은 일상적으로 늘 정치적 행동을 하는 것은 아니지만 특정한 이슈와 사안에 대해서는 플랫폼 역할을 한다.

변화를 위한 행동에는 꼭 정치적 행동만 있는 것은 아니다. 각자의 경험을 나누고 공유하는 것으로부터 변화가 시작되기도 한다. 2012년에 시작된 경험을 나누고 공유하도록 돕는 경험 공유 플랫폼 '위즈돔'은 지금까지 3,000여 건에 가까운 만남을 연결하고 2만 명이 넘는 사람들이 그 연결을 통해 만나도록 도왔다. '위즈돔'은 사회적 기업이기도 하다.

시민단체들이 활동이나 행사를 만들어 내려면 그만한 자금이 필요하다. 대개는 회원들의 회비에 기대지만 정부나 기업의 후원에 의존하기도 한다. 그 때문에 때로는 논란이 되기도 한다. 그래서 아예 시민들의 직접 모금에 호소하기도 한다. 이 또한 변화된 사회의 모습을 반영하는데 일상적으로 회비를 내기보다 자신이 공감하는 활동과 행사를 후원하는 모습으로 바뀌어 가고 있다. 쌍용차노조에 대한 탄압으로 이루어진 손배소 소송에 따른 비용을 만들기 위한 아름다운재단의 노란봉투 캠페인에 참여하는 사람들의 경우가 그렇다. 아름다운 재단의 모금사이트 개미스폰서는 크라우드펀딩으로 사회활동을 돕는 플랫폼 역할을 한다. '텀블벅'도 대표적이다. 2011년에 만들어진 '텀블벅'은 문화예술 사회운동 등 영역도 넓다. 사회운동에 집중하는 모금 플랫폼은 소셜펀치가 있다. 이런 모금 플랫폼들은 회비 내는 방식으로 시민단체를 돕는 방법을 바꾸고 있는 셈이다.

모임을 돕는 플랫폼 중에 '집밥'이라는 플랫폼이 있다. 소셜다이닝이라는 새로운 흐름과 관련이 있는 플랫폼인데, 소셜다이닝(Social-Dining)은 고대 그리스의 식사문화인 '심포지온'(Simposion)에서 비롯되었다고 한다. 미국의 대표적인 소셜다이닝이 'grub with us'라면, 우리나라에서는 '집밥'이 2012년 최초로 시작했다. 2014년 5월 현재 누적모임이 3,700개가 넘었다. 혼자 먹기보다 함께 먹으며 공통의 관심사와 일상을 주제로 이야기를 나누는 모임이다.

서울시 중간지원기관의 하나인 청년일자리허브에서 열리는 모임 중에 '청년참'이라는 플랫폼도 있다. 한 달에 한 번 모임을 갖는데 참여하는 서울시 내 청년모임이 200여 개가 넘는다. 정말 다양한 청년들의 모임이 반상회라는 이름으로 모여서 서로를 소개하고 비슷한 관심사가 있는 모임들끼리 새로운 활동을 함께 모색하기도 하는 자연스런 교류의 장이 되고 있다.

지난 3~4년 사이에 늘어난 플랫폼들을 몇 가지 소개해 보았다. 이런 플랫폼들을 통해 사람들과 모임이 연결되고 새로운 '사건'들이 생겨난다. 기존의 시민단체들이 토론회를 열던 것이나 회원모임을 열어 대화하고 강좌를 열던 것, 정치적 압력을 가하기 위해 회의를 열던 일들은 이제 이런 플랫폼들을 통해 일상적으로 사람들이 논의하고 참여하는 흐름으로 급속히 대체되고 있는 것이다.

다양한 플랫폼이 조직의 경계를 허물고 있다면 이런 플랫폼들을 매개로 하면서 개인들이 네트워크가 되어 활동하는 경우들도 많아졌다. 최근에는 스스로를 인디활동가 혹은 독립활동가로 부르는 시민운동가들을 심심찮게 만날 수 있다. 어떻게 보면 필자 자신도 지난 몇 년간은 단체를 만들기도 했지만, 대개는 개인으로 일하는 경우가 많았다. 스스로도 조직이라는 경계 안에 가두어 두지 않으려 했다.

그러나 이런 기존의 시민운동가들 중에서 인디형 혹은 독립형 활동가로 변화한 사람들보다 스스로 특별히 운동가라 하지 않으면서도 새롭게 운동의 지평을 넓히거나 새로운 시도들을 해나가는 사람들이 부쩍 늘어난 것으로 보인다. 이런 새로운 전형을 보인 사람 중에 필자는 배우 김여진이 가장 기억에 남는다. 김여진이 배우라는 자신의 직업을 포기한 적이 없지만 일정한 기간 혹은 특정한 사안에 대해 대응하던 모습은 당시 어떤 활동가나 시민단체 못지 않았고 때로는 그 이상이었다.

2011년 1월 홍익대 170여 명의 청소노동자들이 무더기로 정리해고를 당하게 된다. 이는 기존 용역업체가 인건비 협상에서 실패해 입찰을 포기하자, 기존 노동자들이 고용승계를 보장받지 못하게 되었기 때문이다. 이들의 농성이 사회적으로 그다지 관심을 받지 못하고 있을 때 배우 김여진은 자신의 트위터를 통해 이들에 대한 관심을 촉구했고, 스스로 이들의 농성장에 방문하면서 문제를 더 분명하게 알려나갔다. 이에 호응한 사람들이 김여진과 함께 하면서 스스로를 '날라리 외부세력'이라 칭하며 이들의 농성을 지원했고, 결국 홍익대 청소노동자들은 49일 농성 끝에 학교로부터 전원 고용승계를 보장받고 이전 계약보다 높은 인건비로 계약할 수 있었다. 이후에도 부산 한진중공업의 크레인에서 100일 넘게 고공농성을 하고 있던 김진숙 씨에 대한 관심을 촉구하면서 끝내는 김진숙 씨가 내려올 수 있는 조건을 만드는 데 기여하기도 했다. 당시 그가 '그곳에도 사람이 있다'고 한 한마디는 많은 사람들에게 해고가 단지 이미 해고되어 버린 어느 누구의 문제가 아니라 누구라도 해고자가 될 수 있다는 생각으로 공감대를 만들어 내고 노동운동에 대한 새로운 연대의 모습을 만들어 낸 희망버스 캠페인으로 발전하는 데 큰 기여를 하게 된다. 연이어 제주 강정해군기지 문제까지 관심을 보여 강정 문제에 대한 전국적 관심을 끌어내는 데도 기여했고, 반값등록금 문제의 이슈화에도 기여했다. 2011년과 2012년으로 이어지는 짧은 기간이었지만 그 해의 시민운동가를 뽑으라면 단연 김여진이 아닐까 싶을 정도로 그가 한 역할은 작지 않았다.

김여진 씨처럼 사회적으로 주목받는 활동을 만들어 내는 사람뿐 아니라 사회적으로는 주목받지 못하고 있지만 특정한 주제나 특정한 영역에서 스스로 사회운동 한다는 생각이 없이도 변화를 만들어 내는 데 기여하는 개인들이 있다. 파주에는 똑똑도서관이라는 곳이 있다. 관장인 김승수 씨는 자신의 집을 동네 사람 누구나 이용할 수 있는 도서관으로 만들었다. 일정한 시간에 자신의 집을 노크하면 누구라도 함께 할 수 있다는 것이다. 자연스레 동네 사람들의 모임이 이 집을 매개로 만들어져 갔다. 대학에서 강의를 하고 있지만 그는 아파트입주자 대표를 지내기도 했다. 입주자 대표를 지내면서 아파트 주민들과 함께 아파트 문제를 해결하기 위해 주민 컨퍼런스를 열기도 하고, 동네 음악회를 만들어 내기도 했다. 김 관장은 이때의 경험을 기반으로 전국적으로 새로운 방식의 대화 모임을 만들어 내는 교육 프로그램의 강사로도 활동 중이다.

공정무역카페나 나눔카페 등 사회적으로 가치 있는 일들을 매개로 공간을 운영하는 사람들이 늘어나고 있지만 그런 공간들이 어디에 있는지 알기도 어렵고 이를 알려주는 곳도 없을 때 이런 공간들에 관심을 갖고 발품을 팔아 일일이 인터뷰하면서 관련 지도를 만들어 낸 사람도 있다. '바이왓유빌리브'(Buy what you believe, http://www.bwyb.net)는 주부 신혜숙 씨가 다니던 기업을 나와 스스로 만든 홈페이지다. 그냥 자기가 좋아서 시작한 일이지만 전국 각지의 좋은 공간들을 잘 소개해 주고 있다. 이런 공간들이 의미 있는 것은 이런 공간들을 매개로 새로운 네트워크가 형성되고 있기 때문이다. 공간들을 잘 연결해 주는 '페어스페이스'라는 사회적 기업 등은 다양한 공간에 대한 세심한 정보로 가득 차 있다. 공간의 중요성에 착안한 사람이라면 누구나 관심을 가질 만하다.

'더 체인지' 같은 경우는 이런 개인 활동가들의 네트워크이다. 더 체인지는 사무실도 없고, 상근자도 없다. 그러나 세상을 바꾸는 방법에 대한 생각을 공유하는 독립적 활동가들이 연결되어 '모이고 떠들고 꿈꾸는 방법'에 대한 워크숍을 연다. 이 워크숍에 참여한 사람들은 다시 '더 체인지'와 연결되어 다음의 프로그램을 또 함께 한다. 조양호, 이창림, 김승수 등 독립적으로 활동하는 사람들이 주축이 되어 운영하고 있는 이 프로그램을 거쳐 간 사람들은 어느새 100명이 넘는다. 인디활동가 혹은 독립활동가들의 대표적인 네트워크라 할 만하다.

사회변화에 따른 새로운 운동조직들이 만들어지고 있는 것도 주목해야 한다. 노동운동의 경우에 비정규직이 많아지면서 기존의 민주노총이나 한국노총이 자신들의 조합원 수는 유지하거나 늘어난다 하더라도 포괄하지 못하는 노동자들이 많아지면서 노조조직률은 사실상 낮아지고 있다. 그런 와중에 새로운 형태의 노동조합들이 등장했다. 그 첫 흐름을 만들어낸 주체는 청년들이었다. '청년유니온'이 그것인데, 취업하기 힘든 청년들이 주로 아르바이트로 살아가면서 청년이라는 세대 자체가 사회적으로 어려운 상태에 처했음을 드러내며 청년들의 삶의 조건과 노동조건을 개선하기 위해 2010년 시작되었다. 창립 당시 60명의 조합원으로 출발한 '청년유니온'은 현재 1,000여 명에 가까운 조합원이 가입해 있다. 청년들이 배달 아르바이트를 하며 늘 위험을 안고 살고 있는 노동조건을 개선하기 위해 30분 배달제 폐지 운동을 소셜미디어를 통해 사회적 이슈로 만들어 배달업체들이 동참하게 만드는 성과를 내기도 했다. 노동조합으로 정식 인정된 후 서울시와 단체교섭을 이루어내기도 했다.

'청년유니온'에 이어 노령인구가 많아지는 사회변화를 반영하듯 2013년에는 '노년유니온'이 창립되기도 했고, 아르바이트로 생활을 하는 청년들이 별도로 '알바노조'를 만들기도 했다. '알바노조'는 '알바연대'라는 비영리단체에서 출발했다. 대기업, 정규직으로 대표되는 노동운동의 구심점으로 민주노총이 지난 30여 년 가까이 활동해 왔던 것에 비추어 보면 세력은 작지만 노동 양태의 변화를 반영한 노동운동 조직들이 만들어지고 있음을 알 수 있다.

이처럼 우리 사회의 새로운 문제와 현상에 대응하는 움직임은 관련 주체들의 자발적 움직임에 의해 새로운 조직과 모임으로 발전해 나가면서 이전과는 다른 사회운동의 영역을 만들어 나가고 있다.

V. 에필로그: 경계를 넘나드는 새로운 시민운동을 위하여

우리 사회는 시민운동이 성장하던 시기와는 또 다른 사회적 변화에 직면했고, 이제 또 다른 해법을 찾아야 하는 상태에 있다. 마침 기존의 시민운동과 때로는 독립적으로 때로는 기존의 시민운동에서 자원을 공급받으며 다른 사회운동들이 생겨나고 있고, 그 영역은 훨씬 넓어지고 다양해졌다. 아직 이 흐름에 어떤 이름이 붙거나 한 것은 아니지만 일각에서는 '사회혁신운동'이라 부르기 시작하기도 한다. 희망제작소의 이원재 소장이나 사회혁신공간 There의 김병권 같은 사람들이다. 홍성과 성미산 같은 주민운동과 '청년유니온' 같은 청년세대의 운동, '오픈테이블' 같은 새로운 대안적 논의를 위한 플랫폼과 '대지를 위한 바느질'이나 '아름다운가게' 같은 사회적 기업들과 사회적 협동조합들, 지리산 문화공간 토닥이나 스페이스노아 같은 공간들은 기존의 시민운동 개념으로는 이해하기 쉽지 않은 운동들이다. 그러나 분명한 것은 이미 이런 새로운 사회운동들이 생성의 시기를 지나 성장하기 시작했다는 것이다. 이들의 성장이 우리의 사회적 토대를 변화시키고 나아가서는 정치적 변화에도 영향을 미치게 될 것이 틀림없다. 새롭게 성장하는 사회혁신운동들의 흐름은 아직 사회적으로 중심적인 역할을 하는 상태에까지 이르지는 못했다. 그러나 이런 흐름들이 성장하는 속도에 비추어 보면 멀지 않아 사회적으로도 중심적인 역할을 하게 될 것이라는 점을 상상하는 것은 그다지 어렵지 않다.

실제로 1990년대 시민운동보다 훨씬 네크워크의 규모도 크고 참여하는 사람도 많으며 운동의 형태도 다양해졌다. 하지만 여전히 사회적 영향력이 크게 느껴지지 않는 까닭은 아직 이 새로운 운동의 흐름을 사회적으로 대표하는 곳이 없기 때문이다. 1990년대에는 경실련, 참여연대 같은 대표적인 단체가 그런 위상을 대변했다. 조만간 이런 운동의 흐름을 사회적으로 대표하는 곳이 나타나리라고 생각한다.

이렇듯 지금의 시민운동은 영역의 경계를 허물고 연대하는 개인들 가운데 혁신하며 나아가고 있다. 설사 동일한 주체와 동일한 단체가 아니더라도 과거의 운동이 만들어 놓은 공간에서 새로운 변화에 대응하는 움직임들을 과거와는 다른 방법으로 만들어 내며 새로운 영역들을 만들어 가고 있다. 1980년대의 민중운동이 우리 사회가 변화하는 데 기여한 것처럼, 그를 이어 1990년대의 시민운동이 우리 사회가 한 걸음 더 나아가는 데 기여한 것처럼, 2000년대 이후 성장하고 있는 새로운 사회혁신운동들은 우리가 부딪히고 있는 청년과 노인들의 문제, 빈곤의 문제, 인류의 문제이기도 한 생태적 문제들에 도전하면서 다시 또 우리 사회가 한 걸음 더 나아가는 데 기여할 것이 틀림없다. 우리 사회의 운동이 지금보다 더 활기차게 자기를 혁신하며 나아갈 것이라고 믿는다.

정치혁신이 실패하는 이유
실험주의 거부하는 낡은 정당론[1]

안 병 진

1. 공적 지식인 문화의 종말?

최근 소위 한국의 리버럴(중도+진보) 진영 전반의 위기에 대한 수많은 분석의 글들이 백가쟁명처럼 제기되고 있다. 하지만 대부분 글들은 주로 민주화 운동 출신 진영들이 가지고 있는 이념적 경직성이나 혹은 정세에 대한 대응 능력의 무능에 대한 비판에만 머무르고 있다. 과거 80년대를 풍미했던 한국 사회의 성격과 전략에 대한 사회구성체 논쟁처럼 단지 정세 대응을 넘어선 이론적 차원에서 치열한 논쟁들이 잘 보

1 이 글은 원래 2015년 『내일을 여는 역사』 58호에 실렸던 본인의 졸고인 '정당정치인가, 시민정치인가?'를 편집부의 요청에 따라 최근의 문제의식을 보강하여 일부 수정하였음을 밝힌다. 이 글은 전자의 글보다 대의제의 한계를 이론적으로 더 강조하고 이 견지에서 네트워크 정당의 보다 더 큰 상상력의 필요성을 강조하는 특색을 지닌다.

이지 않는다. 최근 새누리당과 새정치민주연합 등 정당 일각에서 제기한 오픈 프라이머리 제도에 대해서도 과거와 달리 공적 지식인 진영 내에서 심도 깊은 학문적, 실천적 논쟁 자체가 일어나질 않았다. 그저 정치세력별 이득에 대한 정치평론이나 혹은 각 이론적 경향의 일방적 논평일 뿐 상호 치열한 논쟁들을 통한 이론적 심화의 노력들이 잘 보이지 않는다.

도대체 과거와 달리 왜 생산적이고 치열한 논쟁의 풍토가 약화되는 것일까? 이제 민주화의 진전 이후 공적 지식 담론의 영역은 긴장감을 상실하고 대학 간 경쟁과 평가 체제에 순응하고 편입되고 만 걸까? 혹은 더 이상 체계적 담론의 쟁투가 영향을 발휘하기에는 지식인들이 너무 많이 SNS에서 시간을 보내고 웹의 문화가 카드뉴스의 언어로 단순화되기 때문일까? 이제 '공적 지식인의 종말'이라는 불길한 테제를 선언해야 할 시기가 도래한 것인지도 모른다. 아니면 과거 지나친 논쟁을 위한 논쟁의 과정에서 내부의 분열과 상호 불신의 문화에 대한 트라우마가 현실 정치만이 아니라 담론 진영 내에도 작용하는 것일지도 모른다. 혹은 연속적인 야권의 선거 패배 이후 결기와 의지를 잃어버린 희망 실종의 분위기 때문이기도 할 것이다. 그 이유가 무엇이든 최근 공적 지식인 진영 내의 무기력한 태도는 심히 우려할 만하다.

지금 이 글이 수록된 저널에서 원래 심도 깊은 논쟁을 위해 기획한 정당 노선 간 대화는 최근 공적 지식인 진영의 문화에 비추어 볼 때 매우 의미 있는 시도라 평가하고 싶다. 다만 아쉽게도 양 노선 간의 생산적 논쟁의 장이 마련되지는 못했지만 그런 시도 자체만으로도 일보 진전이라 평가하고 싶다. 앞으로는 과거 민주화 운동 시절의 사회구성체 논쟁이 가졌던 그 치열한 모색이 좀 더 성숙된 형태로 본격화해야 한다. 과거 80년대의 남미형 종속 심화와 민중 삶의 파탄에의 우려만큼이나 현재 '헬조선'과 청년의 디스토피아 미래에 대한 우려가 크다. 그 위기의식이 큰 만큼 지식인 진영의 공적 역할에 대한 책임감이 더욱 요구된다.

필자는 과거 민주화 운동의 낡은 패러다임을 청산하고 새로운 길을 만들어가는 취지에서 몇 년간 비슷한 문제의식을 가진 학자들과 함께 미래형 비전으로 시민 네트워크 정치 모델을 화두로 제기해왔다. 하지만 이 과정에서 필자로서는 억울한 오해를 받기도 했다. 최근 강준만 교수는 최장집 교수의 정당 모델을 복고적이라 비판한 필자의 칼럼에 대해 『싸가지 없는 진보』란 책에서 품위 없는 비난의 대표적 예로 신랄하게 지적한 바 있다. 그는 이론적 차이의 문제가 아니라며 (안병진이 주장하는) "시민 개입주의 시대에 조응하는 시민 네트워크 정당은 나도 지지하고 최장집도 지지할 것이다"(215)고 덧붙이고 있다.

서로 다른 주장이 갈등 지향이 아니라 "각기 다른 정파들 사이의 화합과 타협"을 추구하는 강준만 교수의 선의는 매우 바람직한 정치적 태도라 할 수 있다. 하지만 안타깝게도 최장집 교수를 비롯한 활동가 정당론과 필자를 비롯한 유권자 정당론은 한국 정치 현실의 추세에 대한 진단, 바탕에 깔린 이론적 배경, 규범적으로 바람직한 사회와 정당 모델에 대한 엄청나게 다른 담론 공동체 간의 커다란 충돌이라 할 수 있다. 전자는 최장집, 박상훈, 박찬표 등의 진보적 대중 정당론 그룹을 형성하고 있고 필자가 소속된 후자는 정진민, 임성호 등의 유권자 정당론 그룹을 형성하며 날카롭게 대립하고 있다.[2] 강준만 교수의 좋은 의도의 타협안에도 불구하고 공적 지식인의 더 중요한 책무는 정치인들 사이의 화합과 타협을 말하기 전에 그 담론의 역사적 배경과 철학적, 이론적 차이를 학문적으로 깊이 들여다보고 쟁점과 그 함의를 분명히 하는 것에서 출발해야 한다. 정치적 타협과 공존은 그다음의 실천적 과제라 할 수 있다.

특히 필자가 복고적이라는 강한 톤의 비판을 주저하지 않는 이유는 21세기에 이러한 활동가 정당론을 당연시하는 태도가 현재 야권 진영의 가장 본질적 문제에 닿아 있다는 판단이 깔려 있다. 기존 진보적 대중정당 노선의 고수는 변화되는 새로운 현실에 대한 감수성이나 혹은 새로운 호기심을 가진 실험주의의 태도가 부재하다는 점에서 그리 진보적인 에토스와는 잘 어울리지 않는다. 필자는 진보적 이론과 실천이 꽃피기 위한 토양으로서 중요한 문화는 변화되는 현실에 대한 실사구시와 더 나은 사회를 위한 역동적인 실험주의의 태도라 본다. 미국 사회의 리버럴 정당들이 금권 정치로의 타락과 한국 진보 진영의 과소평가에도 불구하고 오바마나 샌더스 현상 같은 역동성을 간헐적으로라도 만들어 낼 수 있는 토양은 바로 이 실사구시와 실험주의에 있다. 이는 존 듀이 등으로 상징되는 미국의 프래그머티즘의 철학적 사유가 사회 전반에 뿌리내린 토양과도 관련된다. 오늘날 로베르토 웅거 교수는 『주체의 각성』에서 이 미국식 프래그머티즘이 그 역동성을 잃고 현실추수적 이데올로기로 타락하는 것을 한탄하지만 그래도 최소한 미국 리버럴 진영은 한국보다는 예민한 촉수를 가지고 민심의 역동성에 반응한다. 이념적 지형으로는 중도주의자에 불과하지만 오바마 대통령은 한

2 전자에 대해서는 최장집 외, 『논쟁으로서의 민주주의』(후마니타스, 2013)가 대표적이고 후자에 대해서는 정진민, 『한국의 정당 정치와 대통령제 민주주의』(인간사랑, 2008)를 참조할 것. 필자는 이 유권자 정당론 그룹에 속하지만 보다 21세기적인 시민 개입주의와 네트워크 정치를 강조한다는 점에서 스스로의 관점을 주로 시민 개입주의 네트워크 정당 모델이라 부른다.

국의 진보 진영들보다 한 발 더 나아가 시민 개입주의 정치를 통한 '참여감'을 이끌어냄을 통해 불리한 환경인 레임 덕 시기에서도 최저임금 인상이나 이민법 개혁 등을 시도하고 있다. 이러한 노력을 높게 평가하여 스탠리 그린버그 전략가는 미국에 신진보주의가 도래하였다고까지 최근 평가할 정도이다(2015). 이러한 시민과의 연결감, 참여감의 특성은 비단 정치만이 아니라 기업 등 사회 전반에 이미 오래전 뿌리내린 21세기의 핵심 특징이다. 오늘날 한국이 과소평가해온 샤오미 등 중국 기업들도 일상적이면서도 강력한 참여함을 이끌어내는 21세기형 기업의 가치와 운영 모델로 세계적으로 부상한 바 있다.

사실 보다 능동적인 참여감은커녕 아직 수동적 반응성조차도 전혀 확보하지 못한 채 끝도 없이 추락하는 한국의 야권에 비하면 미국 프래그머티즘의 타락에 대한 웅거의 고민은 행복한 상황이라 할지 모른다. 그렇다면 도대체 무엇이 얼마나 다른 것일까? 여기서 최장집 교수 등이 주장하는 정당 강화론이란 담론은 강준만 교수 등 많은 이들이 쉽게 생각하듯이 단지 정당을 강화하자는 지극히 당연해 보이는 교과서 수준의 규범적 주장으로 오해해서는 안 된다. 매우 깊이 있고 단단한 진보적 정치학 이론의 토대에 기초한 이 담론은 샤츠슈나이더(E. E. Schattschneider) 등의 걸출한 근대 정치학 이론에 근거하여 진보적 정당은 지향하는 진보적 강령에 대한 강한 정체성을 가지는 당원에 기반하고 이를 책임지고 의회에서 실현하는 정당 정부를 책임성 있는 정치 모델로 추구하는 20세기 대의정치 시대의 엘리트 정당 모델이다. 반대로 필자가 주장하는 후자의 담론은 크게 보면 달톤(Russell Dalton) 등의 탈근대적 시민정치론에 근거하여 진보적 정당은 일부 당원의 강령 정치에 국한하지 않고 광범위한 지지자 층을 연결하고 이들이 함께 부단히 재구성해가는 21세기 탈(脫)대의제 시대의 시민 정당 모델이다.

이 글은 버나드 마넹(Bernard Manin)의 정당 발전 단계론과 사이먼 토미(Simon Tormey)의 '탈대의제론'(post-representative democracy)을 이론적으로 활용하면서 최장집 교수 등의 정당 강화론 진영의 관점을 근대 시기에 등장한 정당 민주주의론, 정진민 교수 등이 주도하는 유권자 정당론을 탈근대 시기에 등장한 청중 민주주의론 및 시민 개입주의 네트워크 정치론에 해당되는 유형으로 역사적으로 발전 단계를 규정한다. 필자의 이론적 고민을 이 일반적 유권자 정당 진영 속에서 더 깊이 세분화하자면 지지자 층과 연결되는 네트워크 정당 모델을 통해 정당의 근대적 대의성의 결핍을 보완하고 당원의 기반을 강화면서도 동시에 이 대의제를 넘어 직접 민주주의로의 과감한 진전이라는 두 모순되어 보이는 과제를 실현하고자 하는 이중적 목표의 문제의식을 지닌다. 즉 단지 유권자 정당이 기존 대의제를 강화하는 수준에만 머물기에는 이미 현실의 시민들과 IT 기술은 글로벌하게 더 높은 수준의 참여도를 요구하기 때문이다. 기존 대의제 시대의 정당들의 상상력의 한계를 넘어서는 미국의 월가 점령 시위(Occupy Wall Street), 독일 슈투트가르트 시위, 이태리 오성운동(Five Star Movement), 스페인의 포데모스(PODEMOS), 아이슬란드의 시민주도 헌법개정운동 등 일련의 글로벌한 시민정치 운동들의 역동적인 흐름을 어떻게 이론적으로 표현해낼 것인가? 이 운동들은 정당 강화론자들이 보듯이 그저 엘리트 정당의 외곽에 존재하는 일회적일 뿐인 현상이나 운동인가? 아니면 이들에 의한 새로운 정당의 등장 및 기존 대의제 모델 정당성의 약화라는 현상들을 동시에 하나의 새로운 시민정치의 이론이자 생태계로 모아낼 것인가? 아래에서는 기존 근대 시대의 엘리트 정당론자들과 달리 이 새로운 현상들을 보다 적극적으로 이론화해내면서 탈근대 시대에 걸맞은 시민개입주의 정치론과 정당론의 새 차원을 열 것을 주장한다.

2. 정당의 발전 단계상의 두 모델: 대중 정당론 대 시민 개입주의 정당론[3]

마넹 교수는 근대 정당의 변모 과정을 다루면서 오늘날 시대가 정당 민주주의 단계에서 청중 민주주의 단계로 이행하였다고 주장한 바 있다. 그는 정당 민주주의 단계를 정치의 일반적 유형이 아니라 유권자를 엘리트가 대표하는 대의제 정치의 한 특수한 유형이자 역사적 발전 형태 중 하나로서 규정한다. 그에 따르면 이 모델은 과거 지역적 기반의 명사들이 주도하는 의회 정치처럼 개인과 정치인 간의 사적인 연계가 아니라 정당의 강령과 신뢰 브랜드를 유권자가 선택하는 작동방식이며 이 단계에서 주된 주체는 명사 정치 단계의 의원이 아니라 정당 활동가와 당 관료로 정의하고 있다. 따라서 의원들은 독립적 주체라기보다는 강한 기율을 가진 정당 기구의 통제를 받는 파견인으로 간주된다.

이러한 정당 민주주의 모델은 근대 시기 정당들이 계급적 균열구조 등 자신의 당 정체성에 기반을 둔 충성스러운 유권자 층을 확보한 안정적인 엘리트 정치를 운영하기에 매우 적절한 작동방식이었다. 따라서 미국 근대 시기에 샤츠슈나이더처럼 다수 민중의 사회적 이해 대변(그들의 직접 참여가 아니라)을 규범적으로 선호한 엘리트들은 이의 대표체인 사회민주주의 정당(민주당)과 특권층의 대표체인 보수주의 정당(공화

3 아래의 정당의 발전 단계론은 주로 안병진의 "시민 네트워크 정치로의 가능성과 한계: 민주통합당의 사례를 중심으로", 『동향과 전망』 85호(2012)의 이론적 틀 파트에서 인용함을 밝힙니다.

당) 간의 양당 경쟁을 안정적이고 이상적인 정치 유형으로 사고하였다. 즉 이 활동가 정당 모델은 진보이든 보수이든 엘리트들이 주도하는 정당원의 정치를 암묵적으로 상정한다. 미국의 민주당은 뉴딜 시기 일부 이러한 사회민주주의적 정당으로서 기능을 수행하였고 보다 진보적 정치 지형을 가진 유럽은 더 선명한 사회민주주의 정치 체제의 황금기를 누린 바 있다. 이 시기 정치의 특성을 한 문장으로 표현하면 '나(당원)는 나의 당 정체성을 표현한다'(I express my party identity)로 요약될 수 있다.

최장집 교수를 비롯한 정당 강화론의 주장은 특정한 역사적 시기에 발생한 이 샤츠슈나이더의 사회민주주의 활동가 정당 모델을 정당의 항상적인 이상적 모델로 일반화하였다는 특성을 가진다. 이들이 현재 한국의 정당, 특히 민주화 이후 리버럴한 정당의 문제의 핵심을 사회경제적 균열구조를 반영하지 못하고 보수화된 것으로 진단하는 것은 샤츠슈나이더의 사회경제적 균열 구조에 기초한 갈등적 정치 이론과 맞닿아 있다. 이들은 이러한 관점에 입각하면서 현재 한국의 리버럴한 정치 진영이 당의 강령과 정체성 구축보다는 이념적으로 모호한 지지자층에 문호를 확대하는 국민경선 채택 등을 당 기반의 약화 및 보수화의 심화 길로 들어선 핵심 오류로 진단한다. 심지어 모바일 경선 등의 실험을 정당의 가장 기본적인 정체성을 완전히 부정하는 태도로서 보는 강한 비판의식을 지닌다. 이들은 오늘날 미국의 민주당이 샤츠슈나이더의 권고 방향과 달리 정당 민주주의 모델에서 미디어 정치에 기반한 지지자 정당(청중 민주주의 모델)으로 변모해간 것을 미국 민주주의 위축 등 정치 타락의 핵심 이유로 파악한다.

하지만 이들이 놓치고 있는 점은 정당 민주주의에서 청중 민주주의로의 변모는 역사적으로 마치 군중집회에서 텔레비전으로, 그리고 더 나아가 인터넷과 모바일의 등장이 불가피한 현실의 변화 추세이듯이 새로운 현실에 정치세력들이 불가피하게 적응해나감과 동시에 기존 정당 민주주의 모델의 내재적 단점을 극복해나가는 전략적 선택임을 간과한다는 사실이다. 사실 충성스러운 계급 기반을 가진 정당 민주주의의 계급 정치는 매우 안정적이고 민주적으로 보이지만 시민을 대신하여 정당 엘리트들이 정치를 지배하고 혁신으로의 유연성이 떨어지는 굳어 있는 체제라는 역사적 한계도 분명히 지닌다. 우리는 이 단점의 극단적 양상을 일부 당 활동가들이 철저히 지배하면서 유연한 반응성을 상실한 한국의 통합진보당의 퇴조에서 생생히 확인할 수 있다.

정당 민주주의론자들의 주관적 희망과 달리 마넹이 지적한 것처럼 전 지구적으로 정당 민주주의는 청중 민주주의적 성격을 강화하는 것으로 변모하였다. 이들이 이상적 모델로 간주하는 유럽의 진보적 대중정당들도 영국 노동당은 물론이고 프랑스 사회당조차 국민경선 채택 등을 고민하고 유권자와의 결합을 강화하기 위해 몸부림치는 것이 부인할 수 없는 추세라 할 수 있다.

사실 마넹에 따르면 청중 민주주의로의 변모는 불가피한 객관적 환경의 변화에서 기인한다. 특히 가장 기술 혁신이 앞서가는 미국에서 1970년대 이후 예비경선과 미디어 정치의 강화 추세는 규범적 지향성과 무관하게 정당 민주주의가 더 이상 작동하지 않는 환경을 만들었다. 라디오와 텔레비전 등의 매체는 정당이 동원하는 대형 유세장을 주로 대체하여 '의사'(pseudo) 이벤트의 기능을 수행하기 시작했다. 정당 조직의 매개 없이도 유권자와 직접적으로 소통할 수 있는 수많은 장이 열린 것이다. 또한 갈수록 기존 좌우의 틀로 이분법적으로 재단하기 어려운 정치 이슈의 복잡성과 예측 불가능성이 증가함에 따라 정당의 강령이나 기존 프로그램이 아니라 개인 정치인의 자율성과 유동적 반응성이 더욱 중요하게 등장한다. 따라서 기존 계급적 정체성과 당 강령에 입각한 정치적 활동가와 정당 당원이 아니라 미디어적 인물이 선거 전문가를 활용하여 유권자 그룹들과 유연하게 공감하고 반응하는 유권자 반응형 정치가 정치의 주된 양식으로 전화한다. 이 시기 정치를 한 문장으로 표현하면 청중 민주주의 단계의 정치 아이콘이라 할 수 있는 클린턴 후보의 유명한 문장인 '나(후보나 정치인)는 당신들(유권자 그룹)의 고통에 공감한다'(I feel your pain)라 할 수 있다(내가 공감한다란 표현은 엘리트의 대표성을 의미하지, 참여와 구성을 의미하는 것은 아님에 주목할 필요가 있다).

이 모델은 기존 대중 민주주의가 일반적 민심보다는 공천권을 장악한 보스와 당 관료의 이해관계를 중심으로 정치가 운영되는 것의 부작용을 보완하기 위한 하나의 역사적 진화라고 할 수 있다. 한국의 민주당은 이러한 반응성의 결핍을 극복하고 유권자 정당으로 발전하기 위해 2002년 미국식 예비경선을 도입하여 일반적 민심과 당심의 괴리의 격차를 줄이고자 한 바 있다. 그 결과 당의 기득권을 가진 주류 후보라 할 수 없었던 노무현 후보는 예비경선과 텔레비전 등 미디어에서의 인기에 힘입어 경선에서 승리는 물론이고 대통령으로 당선될 수 있었다. 한국의 고전적 정당 민주주의론자들은 부정하고 싶겠지만 국민 경선의 새로운 단점(중산층 편향과 자본 편향의 정치)에도 불구하고 이는 기존의 활력을 상실한 위로부터의 정당 민주주의보다 상대적으로 더 역동적인 '고 에너지 민주주의'를 가능하게 하였다. 정당 민주주의 모델을 통해 진보주의를 추구하는 이들은 진보주의 정치 철학의 핵심은 아래로부터 시민의 역동적 활력(empowering), 혹은 웅거 교수식으로 표현하면 '정치의 온도를 높이는 것'이 아닌가 하는 비판에 답할 수 있어야 한다. 정치의 온도를 높이기보다는 자신들만의 협소한 강령과 조직에 의존하고 유권자의 에너지와 운동을 폄하하는 것은 전형적인 엘리트 운동가들의 태도일 뿐이다. 거대한 민심의 바다 속에서 유연하게 활동하고 비록 불완전한 요구와 목소리일지라도 이 흐름과 궤를 같이하면서 좀 더 진보적인 태도로 이끌고 이후 이를 시스템으로 구조화하는 지혜가 혁신가의 바람직한 리더십이다.

하지만 이 시기는 비록 기존 명사 정당이나 정당 민주주의보다 상대적으로 더 시민의 참여가 보장되고 정당 엘리트들의 자의적 지배를 좀 더 제어할 수는 있지만 미디어 인물과 선거 전문가들이 새로운 엘리트로 등장하고 고비용의 자본 집약적이고 중산층 편향의 정치가 등장하게 된다. 이제는 정당 활동가가 아니라 정치 컨설턴트들이 미디어 정치 시대에서 가장 중요한 역할을 수행한다. 이에 대해 사실상 미국 최초의 정치 컨설턴트 회사를 창립한 맷 리스는 사샤 아이센버그의 『빅토리 랩』에서 다음과 같이 지적하고 있다.

> 정치 컨설턴트는 정당이 쇠퇴했기 때문에 탄생할 수 있었습니다. 그리고 컨설턴트는 정당을 더욱 무능하게 만들었지요. (56)

하지만 마넹의 책은 여기서 멈춘다. 그리고 정당 강화론자들은 자신들 주장의 근거를 이 청중 민주주의의 수많은 부작용에서 찾는다. 하지만 마넹과 이 강화론자들은 21세기에 들어와 정당 민주주의에서 청중 민주주의로의 변화만으로는 설명할 수 없는 새로운 현상들이 강력하게 등장하고 있다는 사실까지 이론화하지는 못하였다. 정진민, 임성호 교수 등은 이를 유권자 정당이라 이론화하고 필자는 이를 시민 개입주의 시대의 시민정치 혹은 네트워크 정당 단계로 개념화하고 있다.

필자가 보기에 오늘날 새로운 정치로서의 네트워크 정치란 정당 외부의 다양하고 광범위한 온/오프 시민들과의 연결망이 보다 능동적 역할을 수행하고 이들과의 상호작용이 획기적으로 강화된다는 점에서 기존의 수동적 관객으로서의 청중 민주주의의 성격과 차원을 달리하고 심지어 대의제 소멸의 장기적 씨앗까지 포함한다(이는 이후 후술하고자 한다). 이는 흔히 정당 존재의 세 가지 측면인, 조직 수준 정당(정당 활동가와 당원으로 구성), 공직 수준 정당(정당 소속 선출직 공직자로 구성), 유권자 수준 정당(정당 지지자와 정당 투표자로 구성) 중 마지막 측면이 특히 획기적으로 강화됨을 의미한다.

원래 전통적으로 정치학 이론에서 선거에서 유권자에게 제공하는 정보의 단서(political cue)는 기존 전통적인 정당의 대변인이나 언론들이 제공하는 것으로 이해되어왔다. 샤츠슈나이더의 정당 민주주의 이론에서 일반 시민들은 수동적으로 이 정당 단서에 반응한다. 하지만 이제 시민들은 정치적 판단의 지름길을 제공하는 전통적인 단서들(정당이 제공하는 단서, 교회나 노조 등 이익집단 단서, 기존 미디어가 제공하는 단서, 오프라인 여론조사 기관의 단서)에서 나아가 페이스북, 트위터, 팟캐스트, 인스타그램 등 뉴미디어를 통한 '사회적' 단서, 소위 영향력 있는 명망가들에 의한 '멘토' 단서, 혹은 극소수의 인물들이 정당처럼 행동하는 '마이크로 파티'(Micro Party) 단서 등을 실시간으로 활용하는 등 전혀 새로운 정보 단서의 네트워크를 보이고 있다. 나아가서는 단지 정보의 제공 기능에서 머무르지 않고 의제나 전략의 설정과 집행을 외부의 네트워크가 주도하는 기능을 강화하고 있다.

이 외부 시민 네트워크의 활동방식은 비유하자면 '프로슈머'(prosumer: producer + consumer)에서 '프로듀시지'(produsage: producer + usage)로의 이동으로 요약할 수 있다. 프로슈머란 미래학자인 앨빈 토플러의 오래된 개념으로 오늘날 소비자들이 단지 상품을 소비하는 수준을 넘어 아이디어의 제출을 통해 사실상 생산에 참여함을 말한다. 이를 정치에 응용한다면 유권자들이 다양한 기법의 여론조사에 응함을 통해 정치 엘리트의 정책과 메시지의 생산에 참여함을 가리킨다. 이는 90년대 미국의 현대 정치에서 기업의 최첨단 라이프스타일 조사나 심층 면접 등 다양한 기법의 조사를 통해 유권자의 정치적 선호도와 메시지를 과거 어느 때보다 구체적이고 세밀하게 반영했던 경향에서 잘 드러난다. 예를 들어 공화당 깅그리치 하원의장 주도의 입법 운동인 '미국과의 계약'은 이러한 유권자와의 긴밀한 대화에 근거하여 진행되었다.

하지만 2000년대 시민들의 일상적 네트워크 활동이 두드러진 미국 정치의 특징을 단지 소비와 생산의 동시적 과정을 표현한 프로슈머라는 개념으로 포착함은 한계를 가진다. 왜냐하면 유권자들이 단지 개별적인 차원에서 아이디어 제시로 생산과정에 참여하는 수준이 아니라 모든 콘텐츠의 협력적 생산, 창조적 재생산, 유통, 확산 등의 일상화 과정에서 집단지성의 협력과 상호작용을 통해 보다 강한 주도권을 가지기 때문이다. 이러한 경향은 네트워크 선거에서도 어김없이 등장한다. 예를 들어 미국의 시민정치 운동으로 선거에 참여한 무브온(MoveOn)은 액션포럼이라고 하는 독립적 웹사이트까지 만들어서 일상적으로 지지자들의 다양한 아이디어를 수렴하고 많은 지지자들의 참여 속에서 그 아이디어의 순위를 매긴 바 있다. 그리고 무브온의 지도부는 이러한 집단지성의 수렴된 의견 속에서 운동의 방향을 제시해 갔다. 심지어 오늘날 능동적 시민들은 무브온 시대보다 훨씬 진화된 IT 기술을 활용하여 선거 및 일상 거버넌스에서 대의제의 거추장스럽고 왜곡되기 쉬운 한계를 넘어 직접 민주주의적인 토론 플랫폼에 기반한 의제 설정과 토의를 주도하고 있다. 이제는 샤츠슈나이더의 엘리트주의 시대와 달리 권능이 강화된 시민의 역동적인 에너지 흐름이 제도권 정치의 흐름을 결정적으로 좌우할 수 있는 시대가 도래한 것이다.

엑셀 브룬즈(Axel Brunse) 교수는 이러한 탈근대 시대 시민의 능동적 개입주의 성격을 강조하면서 프로듀시지란 개념을 사용하는데 이는 오늘날 정치에서 유권자의 위상을 표현하는데도 적합한 개념으로 보인다. 이러한 변화된 조건에서 제도권 정치와 정당 영역은 이러한 사용자들의 일상적 네트워크 활동의 공간을 제공하고 이의 사용, 창조적 재생산, 유통, 확산의 흐름을 격려하고 확산하는 촉진자(facilitator) 내지는 조정자(coordinator) 역할로 재규정되게 된다. 오늘날 이 플랫폼의 새로운 조정자 역할을 이해하지 못하는 모든 정치와 기업 조직은 결국 퇴화해갈 운명을 가지고 있다.

결국 이러한 네트워크 정치의 특징을 앞의 정당 민주주의나 청중 민주주의 단계와 비교하는 관점에서 한 문장으로 표현하면 '우리 유저(User: 유권자, 정당 활동가, 당원, 정치인 등 관련된 생태계에의 참여자)는 따로 또 같이, 표현하고 상호작용한다'로 요약할 수 있다. 여기서 유저라는 표현은 정당 민주주의 단계의 당원이나 청중 민주주의 단계의 유권자 그룹과는 사뭇 다른 뉘앙스를 가진다. 그리고 정당 민주주의 단계가 자신의 정당 정체성을 표현하는 것에 방점을 가지고 청중 민주주의 단계가 유권자 그룹의 수동적 반응성을 강조한다면 이 단계에서는 개인이자 그 자율적 개인의 네트워크의 표현과 공감 기능이 융합되어 상호작용으로 나타난다. 당 정체성 표현의 시대는 공감의 시대로, 이는 다시 공감을 포함한 상호작용의 시대로 진화하고 있는 것이다.

물론 이러한 네트워크 정치가 과연 마넹의 유형인 청중 민주주의 단계에서 새로운 단계로의 변모이냐 아니면 청중 민주주의 단계 내의 소단계이냐는 논란의 여지가 있을 수 있다. 페이스북, 트위터 등 미디어 중심의 정치가 강화된다는 점에서는 청중 민주주의 단계가 가지는 특성 및 부작용과 유사한 특성을 가진다는 점에서 연속성을 이야기할 수도 있다. 그리고 이 단계라고 해서 정치 엘리트들의 역할이 사라지는 것도 아니다. 다만 기존 청중 민주주의 단계에서의 선거 전문가의 압도적 정보 독점과 전문적 권위의 역할에서 이제 빅 데이터 분석에의 접근성과 정보의 손쉬운 공유, 집단지성의 참여 속에서 상대적으로 보다 권한이 약화된 코디네이터 수준의 역할로 수위가 조정될 뿐이다. 하지만 필자는 청중 민주주의 단계에서 유권자가 미디어 인물 정치인 및 선거 전문가 지식인과 맺은 수동적인 관계와 대비할 때 훨씬 더 집단 지성의 정치 참여 및 상호작용이 능동적으로 이루어진다는 특성을 강조하여 새로운 단계로 정의한다.

심지어 이 청중 민주주의 시대에서 시민 개입주의 네트워크 정치 시대로의 이행에서 이후 대의제 소멸의 잠재적 씨앗이 태어나고 있다는 징후에도 주목할 필요가 있다. 사이먼 토미(Simon Tormey)는 『대의제 정치의 종말』(*The End of Representative Politics*)이란 책에서 대의제 정치란 결국 근대 문명의 발명품으로 이제는 대표되는 자에 대한 환상을 뛰어넘어야 한다고 강조한다. 사실 마넹이 지적한 것처럼 엘리트 정당 모델은 이 대의제 정치의 특수한 유형에 불과하다. 유권자 지지층을 동원하는 예비경선 제도의 도입은 기존 활동가 대의제보다는 훨씬 진전이지만 결국 여전히 대표자와 지지자 사이의 구분을 넘지는 못한다. 기존 미국 민주당의 한계에 대한 비판적 문제의식에서 나온 시민정치 운동인 무브온도 결국 대표자와 지지자가 존재한다는 점에서는 대의제의 불가피한 한 유형이다.

하지만 앞에서 언급한 것처럼 오늘날 미국의 무브온 실험을 넘어서는 반(反)대의제, 반(反)정치적 운동들이 글로벌하게 일어나는 것에 주목할 필요가 있다. 미국 월가의 시위는 아예 기존 제도권 정치인에 대한 불신 및 대표되는 자를 거부하는 모델을 명시적으로 내세웠다는 점에서 기존 무브온의 시대에서 한 발 더 나아간다. 한국에서도 지금 일부 청년 활동가들이 벤치마킹을 시도하는 데모크라시 OS 운동 등은 직접 민주주의 모델을 추구하는 플랫폼이다. 사실 오늘날 블록체인 기술처럼 IT 기술의 눈부신 진전은 과거 고대 그리스의 제한적 조건과 달리 보다 광범위한 수준에서 직접 민주주의와 집단지성의 정치를 가능하게 한다. 심지어 아이슬란드는 헌법개정에까지 직접 민주주의적 방식을 적극 도입한 바 있다. 과거에는 공화주의자 링컨이 격찬했던 스위스 산마리노 공화국 같은 작은 공동체에서나 가능했던 직접 민주적 토의가 오늘날 눈부신 IT 기술로 인해 블록체인, 데모크라시 OS, 루미오 등의 수많은 실험들에서 가능해졌다(『한겨레 21』, 2015.12.07).

이제는 토미의 주장처럼 대의제를 넘어서는 모델들이 단지 이론적 가정이 아니라 실질적으로 구현되어가고 있으며 정치에 대한 개념이 바뀌고 있다. 기존 정당 강화론의 정치관은 어디까지나 제도권 정치 내의 엘리트들 간의 경쟁이다. 하지만 이제 이 정치의 영역은 과거에는 주요한 장이였지만 이제는 폭넓은 정치 생태계의 일부일 뿐이다. 이 생태계 안에는 기존 정당, 새 실험주의 정당, 자율적 개인이나 이들이 모인 마이크로 정당, 시민정치 운동 등 매우 다양한 실험들이 공존한다. 이미 새천년 세대의 청년들은 기존 의미의 정치를 부정하기 시작했다. 일부에서는 이 청년들에게 단지 낡은 모델을 유지한 채 선거 참여가 중요하다고 훈계하거나 정당으로 쳐들어가라고 권유한다. 하지만 이는 과거의 협소한 정치관을 전제로 한 충고이다. 정치의 생태계가 무척 넓어진 상황에서는 전혀 다른 방향의 조언도 가능하다. 매혹적이지 않은 이들에게 미온적으로 투표하거나 기존 정당으로 들어가야 하는 강박관념 대신에 자신의 가슴이 움직이는 새로운 다양한 마이크로 실험들을 전개하고 실험주의 정당은 이를 연결하거나 이를 통해 새로운 브랜드를 부단히 창출해내어 투표장에 스스로 나오게 하는 것이다. 연결되었다고 해서 과거처럼 그것이 곧 당원 가입서를 의미하지는 않는다. 오래된 충성의 시대는 정당 활동가의 시대처럼 이미 흘러간 과거이다. 흩어진 것처럼 보여도 일상적으로 정치를 축적하다가 다시 새로운 매혹적인 프로젝트가 있으면 조우하고 지지하는 흐름의 정치가 오늘날 새천년 세대의 특징이다. 결국 정당 활동가 능력의 측정은 과거처럼 당 강령 이해도나 협소한 조직능력이 아니라 다양한 가치에 기반을 두고 이러한 연결을 탁월하게 해내며 함께 진화해 나가는 '구성의 정치' 능력이다.

이제 네트워크 정당의 대상은 가치를 공유하는 모든 시민이다. 이는 흔히 청중 민주주의 시대 정당을 정당 강화론자들이 비판하는 논거인 포괄정당(캐치 올 파티) 이론과는 뉘앙스가 다르다. 이 포괄정당은 집권을 위해서 이념을 희석시키고 집토끼와 산토끼를 모두 잡는 국민 전략을 말한다. 여기서 가치를 공유하는 모든 시민이 대상이라고 함은 토미가 말한 것처럼 기존 개념의 협소한 정치에 포괄되지 않고 남겨진 수많은 영역의 시민들까지 포괄함을 의미한다. 기존 낡은 정당에 참여를 거부하거나 스스로 마이크로 정당을 만드는 이들, 아예 대의제를 거부하는 이들 등 기존 정치의 배제된 자들을 불러내는 보다 넓은 의미의 정치라 할 수 있다. 시민 개입주의 네트워크 정당이 정당의 연결자, 촉진자 기능을 강조하고 유권자 정당 모델을 말하는 이유는 바로 이 새로운 현상을 적극적으로 수용하고 정치의 의미를 확대하기 위해서다. 이러한 확대의 관점에 서 있지 않은 정당 활동가들은 아무리 진보적 쟁점의 표출을 이야기하거나 진보로의 좌선회를 강조하더라도 기존 좁은 정치 영역을 강화한다는 의미에서 결국 이미 보수주의의 기둥일 뿐이다.

3. 네트워크 모델의 대의제 보완 및 지양의 이중적 목표

지금까지 우리는 정당 강화론 대 시민 네트워크 정당론의 역사적 배경, 이론적 전제 등의 큰 차이를 살펴보았다. 만약 필자의 주장처럼 한국의 현실에서 더 이상 복고적 정당 강화론이 불가능하다면 시민의 능동적 참여와 반응성을 가지는 네트워크 정당 모델의 시대를 어떻게 열어갈 것인가?

위에 대한 필자의 전망은 매우 회의적이다. 물론 더 이상 정당 민주주의 시대로 복귀하는 것은 불가능하지만 한국의 현실은 시민 네트워크 정당이 가능한 조건도 지극히 열악하기 때문이다. 네트워크 정당의 원형인 미국은 정당 보스에 의한 공천의 시대에서 유권자 정당으로의 탈바꿈의 첫 계기인 예비경선 도입과 시행착오의 오랜 역사를 가진다. 이 과정은 연방주의 나라답게 각 주에서의 다양한 형태의 정당 모델이 실험되고 이론화되어 온 정치혁신의 생태계 진화라 할 수 있다. 반면에

압축성장의 속도사회이자 단방주의 국가이며 시민과 정당의 형성이 급속히 이루어진 한국에서는 정당 및 시민 형성의 기반과 역사가 극히 취약하고 주로 인물의 리더십에 의해 쉽게 좌우된다. 이 독특한 발전 경로에서 한국은 마넹이 말하는 활동가 정당 단계의 단단한 당원 구조를 가진 적이 없다. 자신의 정당 당원이 몇 명인지도 파악이 제대로 안 되고 파악의 노력도 결핍한 상황에서 시민 네트워크 정당은 어쩌면 이상주의적이고 사치스러운 이야기처럼 들리기까지 한다. 이는 한국 특유의 '비동시성의 동시성' 현상으로 설명이 가능하다. 즉 정당 민주주의, 청중 민주주의, 시민 네트워크로 단계적으로 진화한 서구 민주주의 역사와 달리 한국은 정당 민주주의조차도 성숙되지 못한 조건에서 시민의 능동적 개입주의가 본격화한 비동시적 공존의 특징을 가진다.

이러한 한국의 독특한 현실에서 시민 네트워크 정당의 모델은 앞으로 많은 시련이 기다리고 있다. 한편으로 정당의 기본 당원 구조를 튼튼히 뿌리내리면서도 동시에 초연결성을 가지는 네트워크로의 동시적 발전이라는 고도로 험난한 이중적 과제가 기다리고 있기 때문이다. 이를 우선 가능하게 하는 것은 한국 현실에 대한 정확한 이해에 기초하면서도 대담한 혁신가의 정치 리더십이 성공하는가에 달려 있다. 너무나 당연하게 들리는 이야기지만 역동적이고 유동적 성격이 강한 대한민국 정치의 미래는 결국 제도나 규범 이전에 혁신적인 정치 리더십의 성공 여부에 달려 있다. 서구 선진 민주주의 국가와 달리 역사와 시스템이 단단하게 응결되지 않은 유동적 조건은 여러 가지 큰 진폭의 실험을 가능하게 하기 때문이다.

다른 한편으로 혁신적인 정치 리더십과 그를 뒷받침하는 핵심 블록이 가장 중요한 이유는 정치과정에서 제도와 전략적 행동 이전에 문화와 태도가 중요하기 때문이다. 흔히 이 문화는 혁신의 결과 이후 오랜 기간 형성되거나 혹은 보조적 요소로 취급되는 경향이 있다. 하지만 오늘날 혁신 이론에서 문화의 선결적 중요성이 강조되는 이유는 혁신적 태도 없이는 그 어떠한 제도적 변화도 결국 중간에 생명력을 잃거나 제도의 본질적 취지를 지속해 나가기 어렵기 때문이다(애덤 모건 2007).

지금으로서는 21세기 사회의 특성을 이해하면서도 아수라장 같은 정치 현실 속에서 네트워크 정당으로 지혜롭게 이행해 나가는 정치 혁신 리더십을 기대하기란 어렵다. 왜냐하면 21세기 특성을 실사구시의 태도로 이해하는 집단이 강고하게 형성되어 있지 않기 때문이다. 한국의 리버럴 진영들은 그간 민주화 운동 시대의 관성 속에서 실사구시적이고 미래지향적인 태도로 전혀 진화하지 못했다. 그리고 지혜로운 혁신 경영 능력을 아래로부터 훈련받아올 그 어떠한 기회도 가지지 못했다. 아무리 미래지향적이라 하더라도 한국처럼 비동시성이 공존하는 아수라장 판에서는 혁신 마인드만큼이나 중요한 것이 지혜로운 경영능력이다. 이는 네트워크 정당에 대한 가치와 목표를 가지면서도 전략적 우선순위와 공략 대상, 커뮤니케이션 등에서 능수능란할 수 있는 리더십을 말한다. 새로운 혁신이란 이 미래지향성 실험과 현실주의적 경영의 두 가지 균형 속에서 고통스럽게 한 발 한 발 진전해 나갈 수 있다.

아직 너무나 척박한 현실을 보이고 있는 한국 사회에서는 이론적 쟁점이 되지는 않았지만 필자는 이후 이 시민 네트워크 정당 모델이 대의제 모델의 붕괴를 향해 과감히 진화해 나가야 한다고 본다. 즉 한편으로는 아직 제대로 구현하지 못하는 대의제를 보완하면서도 다른 한편으로는 대의제 자체의 한계선을 넘어서는 이중의 복잡 미묘한 과제가 기다리고 있다. 어쩌면 국내외적으로 기술과 제도의 급변하는 현실의 역동성은 이 이중적 과제의 모순을 생각보다는 쉽게 해결할 수도 있다. 이미 아이슬란드에서는 한국에서 오직 국회의 전문가 특위 등 엘리트 방식의 근대적 상상력에 그치는 헌법 개정마저도 아래로부터의 집단지성을 통해 시도하고 있다. 정부는 이를 조정하고 촉진하는 플랫폼으로서 변신한다.

한국에서도 이러한 서구의 사례로부터 영감을 받으면서 현재 일어나고 있는 직접 민주주의 플랫폼 운동이 이후 본격화하도록 공적 지식인과 실천가들의 모든 에너지를 모아야 한다. 이 과정은 곧 기존 대의제 모델에 창조적 긴장을 불어넣는 일이자 전혀 새로운 정당의 모델을 만들어 나가는 과정이기도 하다. 촛불 시위 등이 일시적이라는 진보적 대중 정당론자들의 비판은 반만 맞다. 한국의 촛불 시위, 미국의 오큐파이 월스트리트 운동 등은 기존 정당 모델을 넘어서는 실험이기에 이는 결코 일시적 이벤트가 아니라 새로운 상상력을 자극하는 지속적인 에너지의 흐름이다. 문제는 이를 그저 이후 전통적 정당으로 연결되어야 하는 일회적 압력 운동 정도로만 사고하는 정당 강화론자들의 상상력의 빈곤이다. 더 능동적 태도는 이 운동의 실험을 전혀 새로운 정당과 시민정치의 생태계 모델로 만들어 영구적 혁신의 운동들을 전개하는 것이다.

위에서 본 것처럼 지금 정당 강화론 대 시민 네트워크 정당론의 담론 논쟁은 일각에서 바라보는 것처럼 그저 사소한 차이가 아니다. 이는 21세기 새로운 현실에서 대한민국 정치의 미래를 어떻게 이끌고 갈 것인가의 대논쟁이란 점에서 보다 심도 깊은 학문적, 실천적 논쟁으로 발전되어야 한다. 비단 정당 담론만이 아니라 지금 한국 사회는 모든 영역에서 어떻게 시민의 능동적, 성찰적 참여를 통해 대위기를 겪지 않고도 영구적인 혁신 시스템을 만들어낼 것인가에 그 미래가 달려 있다. 이미 일부 청년들은 직접 민주주의의 정치혁신 실험을 시작했다. 이제 본격적인 공적 지식인 세계의 대논쟁을 시작할 때이다.

참고문헌

강준만 2014: 『싸가지 없는 진보』, 인물과사상사.

러셀 J. 달톤 2010: 『시민 정치론: 선진 산업민주주의 국가의 여론과 정당』, 아르케.

버나드 마넹 2004: 『선거는 민주적인가』, 후마니타스.

안병진 2012: "시민 네트워크 정치로의 가능성과 한계: 민주통합당의 사례를 중심으로", 『동향과 전망』 85호.

안병진 2015: "정당정치인가, 시민정치인가?", 『내일을 여는 역사』 58호.

애덤 모건, 2007: 『큰 물고기를 잡아라』, 김앤김북스.

정진민 2008: 『한국의 정당정치와 대통령제 민주주의』, 인간사랑.

최장집 외 2013: 『논쟁으로서의 민주주의』, 후마니타스.

Greenberg, Stanley 2015: America Acendent. Thomas Dunne Books.

Tormey, Simon 2015: The End of Representative Politics. Polity.

‘경계의 정치’에서 ‘연결의 정치’로
대담

김만권, 안병진, 하승창

이 대담은 2015년 10월 22일 참여연대 소회의실에서 김만권이 묻고 하승창과 안병진이 입장을 제시하는 형식으로 열렸다. 참여자들은 이 대담을 통해 현재 우리 사회의 정당정치의 현실을 진단하고 새로운 가능성으로서 시민정치가 정당정치와 어떻게 함께 가야 하는지 그 전망을 제시하고자 했다.

김만권: 오늘 대담에 응해주신 두 분께 진심으로 감사드립니다. 오늘 두 분을 이렇게 대담에 모시게 된 이유는 ‘정당’중심 모델 민주주의, ‘시민’중심 모델 민주주의, 그리고 ‘정당-시민’ 연계 모델 민주주의라는 세 개의 다른 민주주의 모델을 두고 우리가 새롭게 짓는 민주주의는 어떤 방향을 지향해야 하는지 살펴보기 위해서입니다. 특히 오늘은 기존에 우리 진보에서 영향력 있는 최장집 선생님을 비롯한 정당주의자들

이 강조하는 '정당'중심 모델에 맞서 혹은 균형을 잡기 위해 시민사회의 역할을 강조하는 입장에서 논의를 진행해볼까 합니다. 이런 맥락에서 저희들의 논의는 '새로운 정치의 가능성으로서 시민'에서 출발하는 것이 어떨까 합니다.

새로운 정치의 가능성으로서 시민

김만권: 안토니오 그람시는 『옥중수고』에서 정당을 '근대의 군주'(modern prince)라고 불렀습니다. 근대라는 새로운 시대에 독자적인 군주는 더 이상 불가능하며 이제 '지식인들'이 모여서 형성한 정당이 근대라는 새로운 시대에서 새로운 군주로서 역할을 해야 한다고 말합니다. 실제 정당은 근대 이후 대의민주주의 체계에서 아주 중요한 역할을 해왔습니다. 특히 정당이 계급과 사회적 갈등 라인을 따라 형성된 유럽의 경우 정당은 아주 중요한 역할을 해 왔습니다. 그런데 최근의 경향을 보면 세계적으로 정당의 당원조직이 약화되고 있는 현상이 나타나고 있습니다. 그리고 안병진 선생님의 표현을 따르자면 "잠에서 깨어난 거인", 하승창 선생님의 표현을 따르자면 "현명하기까지 한" "시민"이 새로운 세력으로 등장하고 있습니다. 어떻게 보면 너무나 당연한 개념이라 누구나 알고 있는 듯하지만, 사실 시민은 알고 보면 많은 이들에게 여전히 거리감이 있는 개념인 듯합니다. 출판계에서는 '시민'이라는 말을 책표지에 넣어서 성공할 수 있는 건 '유시민'밖에 없다는 농담도 있습니다. 두 분께서 생각하실 때 '시민'이란 누구인지, 이 시민은 국민과는 어떻게 다른 존재인지 이 대담을 읽는 독자들을 위해 정의해 주셨으면 합니다. 그리고 왜 시민이란 존재가 이 시점에서 유효한 행위자라고

생각하시는지 이야기해 주셨으면 합니다.

안병진: 일단 막연할 수도 있지만 하나의 사례로부터 시작해 보겠습니다. 지난 대선에서 상징적인 하나의 사건이 있었습니다. 야권의 시민정치행동의 일환으로 '내가 꿈꾸는 나라'라는 단체가 만들어졌습니다. 이 단체의 이름이 '우리가 꿈꾸는 나라'가 아니라 '내가 꿈꾸는 나라'인 점은 아주 흥미로운 징후였습니다. 이 징후는 다름이 아닌 이제는 우리가 아닌 개인의 시대, 특히나 '자율적인 개인의 시대'라는 것이었습니다. 그런데 당시 여권의 박근혜 후보 역시 '내가 꿈꾸는 나라'라는 표현을 썼습니다. 유기체성을 강조하는 박근혜 후보조차 개인에 주목했다는 점을 기억해야 합니다. 이렇듯 여야가 이런 표현을 함께 썼다는 점에서, 시대가 '우리'라는 이름으로 묶이는 '국민'의 시간에서 다른 어떤 것으로 이행한 것은 아닌가라는 생각이 들었습니다. 더 이상 유기체적인 덩어리로서 개인이 사라진 '국민'이 아니라, '따로 또 같이' 다시 말해 개인이 살아 있으면서도 연대를 통해 함께 공동체를 만들어갈 수 있는 존재들의 시대가 온 것이라는 생각이 들었습니다. 이런 맥락에서 이런 양상을 잘 살려 표현할 수 있는 '시민'이라는 용어가 더 적절하다고 보입니다.

하승창: 저도 비슷한 생각을 하고 있습니다. 집단보다 개인이 강조되는 것. 사실 시민이 새로운 개념은 아닙니다. 그런데도 우리가 다시 새삼스럽게 '시민'을 이야기하는 이유는 지금 현재 정치 영역에서만 보더라도 기존의 권위가 해체되는 현상 때문입니다. 말씀하신 대로 그람시가 근대의 군주라고 불렀던 정당의 권위가 하락하고 있는 현상이죠. 이

렇듯 한편으로 이런 정당 등의 권위가 하락하고 있기 때문에 한편에서 시민이란 주체가 더 부각되어 드러나 보이게 되었다는 생각입니다. 그 배경에는 시민들의 지력을 향상시킬 수 있는 환경, 바로 시민 개개인이 알고 있는 내용과 정보의 흐름이 과거와 비할 수 없을 만큼 빠르고 많아졌다는 사실이 있습니다. 이로 인해 시민들이 스스로 판단할 수 있는 가능성이 높아진 것이지요. 과거에는 정당을 통해 자신의 의견을 피력할 수밖에 없었다면, 이제는 이런 구조 자체가 해체되어가고 있습니다. 여전히 시민들은 공동체의 테두리 안에 있습니다. 그러나 예전엔 시민들을 둘러싼 공동체가 강조되었다고 한다면, 지금은 그 구성원들 각자의 모습도 강조되는 시대입니다. 이는 우리뿐 아니라 대부분의 기술력을 갖춘 국가에서 일어나고 있는 현상입니다. 슈투트가르트 시위, 월 스트리트를 점령하라 등도 이런 배경에서 일어난 사례로 볼 수 있습니다.

안병진: 얼마 전 경희대 학생 약 1만 명을 대상으로 어떤 현재와 미래의 가치를 추구하는지를 두고 전수 조사를 했습니다. 저는 2천 명 정도를 대상으로 하자고 제안했지만 열정에 넘치시는 후마니타스 교양학부의 교수님들이 적극 나서서 이런 조사가 이행되었습니다(웃음). 제가 이 프로그램을 기획총괄 했는데 이분들이 정말로 1만 5천 명을 대상으로 이런 조사를 진행했습니다. 그런데 이 조사결과를 보고 기획실무를 진행한 교수들이 놀라고 말았습니다. 학생들이 추구하는 가치 1위가 '개인의 행복'이란 가치였기 때문입니다. 학생들이 보여준 바에 따르면 이제 '국민'이란 국민국가의 전체의 행복은 더 이상 중요한 것이 아니라는 것입니다.

하승창: 이게 '국민국가'가 무너졌다는 것을 의미하는 것은 아닙니다. 예를 들어 유럽연합이 탄생했다고 해서 국민국가의 경계가 허물어진 것이 아니듯 말이지요. 특히 우리 사회에서 그런 국민국가의 경계는 여전히 남아 있습니다. 다만 이전에는 국민국가라는 공동체 속에서 매몰되어 버렸던 개인이 이제는 존중되어야 한다는 요구가 확산되었다는 것이고, 이제 이런 요구가 반영될 수 있는 조건이 마련되어 있다는 것입니다.

김만권: 선생님들의 말씀에 따르자면 우리 사회에서 시민의 탄생은 공동체에 매몰되어 버린 개인의 탄생과 맞물려 있다는 생각이 듭니다. 이런 시민들이 잠에서 깨어나 현명하게 서로를 연결 짓기 시작했습니다. 이런 시민 네트워킹과 관련해서 하승창 선생님께선 '시민운동'이란 용어를, 안병진 선생님께선 '시민정치'라는 용어를 좀 더 자주 쓰고 있습니다. 제 개인적으로는 『정치가 떠난 자리』에서 '운동'은 "같은 신념을 지닌 이들이 변화를 위해 기울이는 일치된 행동"으로 묘사했고, '정치'는 "다른 신념을 지닌 이들이 공존을 위해 기울이는 협력"이라 정의한 바 있습니다. 두 분에게 '시민운동'과 '시민정치'는 어떤 차이가 있는 개념인지요? 만약 차이가 없다면 어떤 점에서 그러하고, 만약 차이가 있다면 어떤 점에서 그런 것인지요? 쉽게 말해 왜 선생님께서 이런 특정한 용어를 더 선호하시는지 듣고 싶습니다.

하승창: 제가 시민운동이라는 말을 쓰는 이유는 운동에 여러 영역이 있다는 것을 함의하고 있습니다. 안 교수가 쓰고 있는 '시민정치'라는 용어는 제게 있어서 시민운동의 정치 영역에 해당하는 용어라 보시면 됩

니다. 제가 알고 있는 한에서 보자면, 안 교수가 쓰고 있는 '시민정치'라는 용어가 제가 의미하는 바와 크게 다를 게 없다는 생각입니다.

김만권: 그렇다면 시민운동을 시민정치보다 훨씬 포괄적인 의미로 쓰셨다는 의미이군요.

안병진: 네, 그렇습니다. 저도 하승창 선생님과 유사한 맥락에서 '시민정치'라는 표현을 쓰고 있습니다. 시민운동에 있어 정치 영역을 '시민정치'라는 의미로 쓰고 있습니다.

김만권: 결국 두 분은 같은 것을 다르게 표현한 것이 아니라, 시민운동을 시민정치보다 좀 더 큰 개념으로 쓰고 계신 듯합니다. 이제 저희 대담을 읽을 분들의 편의를 위해서 시민정치와 정당정치라는 개념도 좀 더 명확하게 했으면 합니다. 제가 대담을 위해 자료조사를 하던 가운데, 하승창 선생님의 경우 『나의 시민운동 이야기』(2015)에서 시민정치와 '정당정치를 비롯한 제도권 정치'를 구별할 수 있도록 '거버넌스'(governance)와 '거번먼트'(government)라는 두 상응하는 개념을 제공하고 계신 걸 발견했습니다. 학문적이라기보다 선생님께서 경험적으로 확인하신 거버넌스의 개념은 어떤 것인지 들려주신다면 '시민정치'에 대해 독자들이 감을 잡는 데 많은 도움이 될 듯합니다.

안병진: 저도 읽어봤는데요, 바쁜 현장의 시민운동가이시면서도 아주 학문적으로 쓰셨더군요.

하승창: 이 개념은 정치학, 행정학, 사회학 등에서 자주 등장하는 개념이잖아요. 90년대에 우리 사회에서 거버넌스라는 개념이 자주 쓰이기 시작한 것 같기는 합니다만 제가 물론 엄밀한 학문적 의미를 담아 체계적으로 쓴 개념은 아닙니다. 저에게 있어 거번먼트는 통치행위로서 지금의 정부를 이르는 말입니다. 반면 거버넌스는 이제는 더 이상 기존의 통치라는 행위로는 사회운영이 가능하지 않은 환경을 반영한 용어입니다. 현실에서 통치 질서의 변화가 요구된다는 의미에서 거버넌스가 등장했다는 것이죠. 이런 변화에는 우리가 앞서 이야기했던 시민들의 등장과 성장이 있습니다. 이들이 공동체를 운영하고 규율하는 데 있어 의사결정을 할 수 있는 공간을 열어줄 필요가 제기된 것이죠. 현실적으로 그러지 않고는 국가의 운영이 가능하지 않았던 겁니다.

제가 운동을 하면서 경험적으로 보면, 처음에 우리나라에서 거버넌스에 대한 이해는 '어떤 위원회에 참여하는 것'이었습니다(일동 웃음). 그렇게 해서 의견을 내주는 것이죠. 저는 이것도 민주주의의 확장에서 아주 중요했다고 생각합니다. 그 이전의 독재정권 하에서는 그럴 필요가 없었기 때문이죠. 어쨌든 이런 위원회, 자문회가 생겨났고 처음엔 많은 활동가들이 이것이 거버넌스라고 생각했습니다. 그다음엔 정부의 이러저러한 사업에 같이 참여하는 것으로 발전해 갔습니다. 이렇게 거버넌스라는 개념이 우리 사회에 확장되었는데 이제는 이런 단계를 훌쩍 지났습니다. 이제 이런 일들이 거버넌스가 아니라는 점은 다 알고 있습니다. 최근의 거버넌스의 개념은 '정부의 일하는 방식을 변화시키는 것'으로 좀 더 적극적인 단계에 들어간 것으로 보입니다. 영국 같은 경우 시민사회부 장관 같은 직위를 두고 있습니다. 시민들의 요구들을 어떻게 행정적으로 잘 받아들여서 정책을 설계하고 조율할 것인가라는 임무를 부여한 것이죠. 그만큼 정부 안으로 시민들의 요구를 수용하는 것이 중요해졌고, 이것이 기존의 통치행위를 바꾸는 역할을 하게 되는 겁니다. 그래서 우리가 거버넌스를 '협치'라고 번역한다고 생각합니다. 요약하자면, 지금까지의 통치방식, 거번먼트를 바꾸지 않으면 통치 자체가 어렵다는 현실을 반영한 용어가 바로 '거버넌스'라고 생각합니다.

김만권: 네, 잘 알겠습니다. 결국은 기존의 국민국가가 해오던 통치방식을 변화시키는 일종의 협치의 노력으로서 '거버넌스'를 바라보고 계시는 것으로 보입니다. 지금까지 논의를 위해 필요한 개념들은 대체로 살펴보았다는 생각이 듭니다. 이제 본격적으로 우리가 논의하고자 했던 주제, 우리 민주주의 어떤 모델인가? 기존의 정당중심 모델인가, 새로운 시민중심 모델인가, 아니면 '정당-시민'의 연계 모델인가를 두고 논의해 보도록 하겠습니다.

우리 정당정치에 대한 진단

김만권: 사실 저희가 이런 대담을 하게 된 계기는 우리 사회에서 영향력 있는 진보주의자들의 담론이 주로 '정당'중심 모델, 특히 엘리트적 민주주의 모델에 맞추어져 있기 때문입니다. 제가 이 정당중심 모델을 『정치가 떠난 자리』(2013)에서 엘리트 중심 모델로 비판하기도 했었습니다. 예를 들어 박상훈 선생님은 최근에 발간한 『정당의 발견』(2015)에서 "정치가가 정치하는 것이 민주주의"라고 말합니다. 그리고 정당정치란 현대 민주주의의 별칭이며, 아무리 불만스럽고 문제가 많더라도 정당정치를 대신하거나 이보다 우월한 민주주의론 내지 공동체 운영원리

가 없다고 말합니다. 이런 발상 아래 박상훈 선생님은 우리 사회의 기존의 정당시스템을 비판하며 "좋은 정당 만들기"를 강조합니다. 이런 기조는 최장집, 박상훈, 박찬표 선생님이 쓴 『어떤 민주주의인가』(2013)에서도 쉽사리 확인할 수 있습니다. 여기서 진정한 포인트는 이런 모델을 강조하시는 분들이 정치의 변화를 바로 이념, 계급, 진성 당원이 주축을 이루는 "좋은 정당 만들기"에서 시작해야 한다고 믿는 데 있는 듯 보입니다.

우선 현재 우리 정당정치에 대한 선생님들의 진단을 듣고 싶습니다. 그리고 선생님 각자가 내리시는 진단 속에서 이념, 계급, 진성 당원으로 이루어지는 "좋은 정당 만들기"가 우리 민주주의의 새로운 모델이 될 수 있다고 보시는지, 이런 방안이 새로운 시작이 될 수 있다고 보시는지 듣고 싶습니다.

안병진: 워낙 엄청난 주제라 쉽사리 짧은 말로 하기는 힘들 것 같습니다. 제가 볼 때 현재 한국 정당정치의 가장 큰 문제는 반응성의 결여라고 생각합니다. 시민들의 다양한 의견들과 문제의식을 경청하고 그 속에서 새로운 어젠다를 뽑아내고 피드백을 받는 과정, 바로 이런 반응성의 과정이 가장 극단적으로 마비되어 있는 상태가 가장 핵심이라고 봅니다. 시민참여 이전에 시민들에게 반응하는 기능이 극단적으로 떨어져 있습니다. 이를 어떻게 극복할 것인가가 우리가 당면한 사태의 초점이 되어야 한다고 봅니다. 그럼에도 한국의 많은 지식인들은 이런 구체적인 현실에서 출발하기보다는 본인들의 이념형에서 자꾸 한국사회의 문제를 풀려고 하는 데서 비극이 시작된다는 게 제 생각입니다. 자신들의 이념형인 미국 모델, 유럽 모델, 이런 데서 출발하지 말자는 겁니다.

이런 이념형적 사고는 관념적인 지식인들이 무엇인가를 시작하는 방식입니다. 제가 이해하는 정당중심주의자들이 따르는 이념형의 도식은 때로는 보이지 않은 전제로서의 추구하는 사회의 모델이 있습니다. 덴마크, 노르웨이와 같은 사회민주주의적 국가, 이를 실현하기 위한 정당은 노동자를 중심으로 한 계급에 기반을 둔 진성 당원의 정당과 이에서 파생되는 사회민주적인 정당정부입니다. 문제는 이런 모델이 현 단계의 한국사회의 현실과 얼마나 적합한지입니다. 이 정당중심주의적 이론은 최장집 선생님께서 샤츠슈나이더의 이론에 기반을 두고 미국에서 수입해온 모델이라 보아도 무방하다는 생각입니다. 이 이론은 계급에 기반을 두고 이를 대변하는 두 개의 정당이 치열하게 갈등하면 사회가 발전한다는 모델을 보여준다는 점에서 미국의 근대 양당제 시대에 있어 유의미한 것이었습니다. 그러나 정당중심주의자들이 상대적으로 소홀히 하고 있는 점은 모든 구체적인 정치적 모델은 역사와 맥락 속에서 보아야 한다는 점입니다. 이 모델은 일반시민들의 의사들을 정당체계 속으로 활동가와 정당관료들이 대표해서 이행하는 일을 가장 중심에 두고 있는 전통적인 대의제를 바탕으로 하는 정치엘리트 이론입니다. 그런데 21세기의 미국과 한국사회의 환경은 이 이론이 탄생한 맥락과 달리 어마어마하게 변화했습니다. 바뀐 환경 및 대의제의 안과 바깥을 동시적으로 강화해야 할 한국사회의 복잡성을 심각하게 고려하지 않다 보니 '따로 또 같이' 할 수 있는 시민들의 역할을 어떻게 반영할 것인가라는 문제의식이 사실상 빠져버린 것입니다.

정당중심주의자들이 이런 늪에 빠져버릴 수밖에 없는 이유가 있습니다. 이분들에게 정당활동가 모델 이후에 나온 민주주의의 모델은 아주 위험해 보인다는 것이죠. 소위 미디어 '명사들'이 민주주의에서 활개 치기 시작한 것입니다. 이런 청중민주주의는 자신들이 추구하는 급진적인 강령을 실현하기에는 아주 부적절한 것으로 보였을 것입니다. 명사들은 대부분 중산층의 지지를 받습니다. 예를 들어 '노무현'은 '권영길'만큼 급진적이지 않지요. 최장집 선생님은 실제로 『민주화 이후의 민주주의』의 초판 서문에서 노풍에 대해 아주 불건전한 것이란 평가를 내렸습니다. 그런데 정말 노풍이 불건전한 바람이었던 것일까요? 그러한 태도는 한국사회의 독특한 역동적 특성을 무시하고 그저 자신들의 정당이념형에 현실을 억지로 뜯어 맞추려는 시도에 불과합니다. 비록 노풍이 그들의 진보적 요구에는 턱없이 못 미쳤지만 그 자체로도 한국사회가 진전해 나가는 과정입니다. 실천적 지식인에게 중요한 태도는 이 불가피하고 불완전한 과정 속에서 역사를 한 발 한 발 진전시켜 나가려는 관점입니다. 반대로 이러한 역사의 역동적 흐름 속에서 움직이지 않는 화석화된 이론은 결국 아무 힘을 발휘하지 못하거나 혹은 심지어 역사의 진전을 가로막게 됩니다.

한편으로 기존의 정당중심주의자들이 불편해하는 것으론 새롭게 등장한 인터넷 문화도 있습니다. 사실 인터넷이라는 도구가 한편으로 기존의 사유를 천박하게 만드는 경향이 있다는 점은 사실입니다. 더군다나 정당중심주의자들에게 이런 인터넷 환경은 명사 중심의 정치가 이루어지는 천박한 토대를 제공합니다. 하지만 새롭게 바뀐 인터넷 환경은 이제 더 이상 돌이킬 수 없는 조건입니다. 여기에서 우리가 부정적인 측면만을 본다면 바뀐 환경에 적응할 수 없게 됩니다. 제가 말씀드리는 바는 기존의 정당의 가치들이 잘못되었다고 말하는 것이 아닙니다. 이 돌이킬 수 없는 추세 속에서 어떻게 기존의 정당이 변화해야 하는지 생각해야 한다는 것인데 이를 보지 못하고 있다는 것입니다. 마치 지금의 정당주의자들은, "왜 디지털 세계에 들어가 있는 거야, 아날로그를 유지해야 해"라고 말하는 것과 사실상 다를 바 없다는 생각입니다. 제가 볼 때 정당중심주의자들이 바뀐 환경에 적응하지 못한다면 과거의 개혁주의자에서 복고주의자로 전락할 수도 있을 것입니다.

이제 환경은 더 급속도로 바뀌어 인터넷을 매개로 하는 미디어는 더 복잡한 지층을 이루는 시대로 발전해 가고 있습니다. 김만권 선생이 사석에서 언급했듯 지금 현재 정당중심주의자들이 주장하는 바와 가장 가까운 정의당이 활동하는 방식을 보아야 합니다. 정의당은 누적량으로 수천만 건의 다운로드 횟수를 기록하는 팟캐스트 활동 등을 통해 정당의 정책도 알리고 지지자도 확보하고 있습니다. 그리고 이런 팟캐스트의 애청자들이 정의당에 가입하는 현상도 쉽사리 볼 수 있습니다. 그 가운데 '노회찬, 진중권, 유시민'이란 정치적 명사들이 역할을 하고 있음을 보아야 합니다. 시민네트워크 속에서 당원들을 수혈하는 구조를 갖추고 있으면서도 네트워크 정당에 적대적인 이율배반성. 저는 여기에 정당중심주의자들의 지나친 완고함이 드러난다고 생각합니다.

김만권: 외부인으로서 제가 볼 때 지금 현재 정의당의 대중적 지지도를 넓혀 가는데 팟캐스트의 역할이 아주 컸다는 생각입니다. 저도 정의당 관계자의 말을 듣고 너무 놀랐는데 '노유진의 정치카페'가 누적 다운로드 회수가 9천만 건에 이른다고 합니다. 스트리밍으로 듣는 이들의 수를 합치면 훨씬 더 많다는 거지요. 이처럼 네트워크와 미디어가 정당중심주의자들이 가장 대안적으로 바르다고 여기는 현실정당의 지지도 확장에 긍정적 영향을 미치는데도, 네트워크 정당론 그 자체에 적대적이라는 건 실천과 이론 사이의 단순한 괴리라기보다는 실천적 모순이라

는 생각이 들었습니다.

하승창: 시민중심 모델을 주장하는 제가 정당을 부정하느냐, 거기에 대해 한마디로 말하자면 '아니다'입니다. 권력을 위임받을 수 있는 주체가 있어야 한다는 점에서 정당은 필수적인 것이라 할 수 있습니다. 하지만 저는 정당을 너무 완고하게 정당법에 쓰여진 대로만 볼 필요는 없다고 봅니다. 과거에는 사실 'OO민족전선'이라고 불렀던 것들이 정당의 역할을 했던 것과 마찬가지로 말이죠. 그런데 우리는 기존에 알고 있는 그리고 법에 규정된 '정당'이라는 틀을 벗어나면 안 되는 것처럼 이야기합니다. 하지만 현실은 이런 기존의 틀로서 수용 불가능한 것이 되어가고 있다는 점을 지적하고 싶습니다. 한때 박상훈 선생님이 제가 박원순 서울시장 선거운동을 하는 것을 보고 차라리 '안희정이 더 낫다'는 글을 낸 적이 있는데 그 이유는 안희정 지사의 선거운동이 정당에 기여하는 바가 크다고 생각하기 때문이었습니다.

하지만 시민중심 모델을 이야기한다고 해서 정당의 중요성을 부인하는 것은 아닙니다. 중요한 점은 지금의 정당이 권력을 위임받아서 권력을 행사할 수 있는 주체들을 만들어내고 있냐는 점입니다. 그런데 우리 사회 지금의 정당은 그 일을 못하고 있습니다. 그 역량을 보여주지 못하고 있는 것이죠. 이런 비판 앞에서 정당이 변화의 가능성을 보여주고 권력의 빈자리를 메울 수 있는 프로그램을 제공한다면 사람들은 당연히 정당을 지지할 것입니다. 쉽게 말해 사람들에게 이끌어갈 수 있는 능력을 보여주어야 합니다. 그런데 우리 사회 정당은 오랫동안 그러질 못했고 그 세월이 누적되어 왔습니다. 솔직히 말해 정당 밖에 있는 사람들이 훨씬 더 능력이 있는 경우도 허다합니다. 그렇다면 사람들의 정상적인 반응은 기존의 정당을 지지하는 대신 새로운 대안을 찾는 것입니다. 예를 들어 미국의 경우, 민주당은 '무브온'이 그리고 공화당은 '티파티'가 그 역할을 하고 있는 것이죠. 정당 밖의 세력이 정당을 향상시킬 수 있는 여지를 주었던 것입니다. 이런 사례는 정당이 정당 밖의 정치세력과 소통할 때 나올 수 있는 긍정적인 부분입니다. 그러면 우리가 해야 할 일은 정당법 등을 통해 이런 교류를 막고 있는 제도적 장치를 개선하는 일이지 더 정당의 벽을 견고하게 만드는 건 아니라는 생각입니다.

정당을 중심으로 말씀하시는 분들의 주장에서 조금 이해할 수 없는 부분은 이런 현상에 맞서 새로운 대안을 찾는 현상을 두고 그것이 잘못되었다고 말하고 정당 안으로 들어와서만 바꾸라고 요구하는 것입니다. 그런데 대부분의 정당은 이미 견고하게 의사결정 구조가 갖추어져 있고 어쩌면 이런 주장은 나쁜 정당의 리더 아래서 계속 나쁜 일을 하라는 말과 다를 바 없다는 생각도 듭니다. 물론 정당을 중심으로 생각해야 한다고 하는 분들의 의도가 그런 것은 아닐 것입니다. 하지만 현실이 그렇다는 이야기입니다.

문제는 정당으로 접근할 수 있는 물적 토대를 어떻게 바꿀 것이냐이고 정의당의 경우 '노유진의 정치카페' 같은 경우가 부분적으로 그런 역할을 하고 있는 것이라 볼 수 있다는 점에서 긍정적으로 생각합니다. 이를 통해 기존의 정당과 정당 밖의 경계를 자꾸 허물어주어야 합니다. 단지 정당 안으로 들어오라는 요구만으로는 정당의 개혁이 가능한 일이 아니라는 생각입니다. 정당의 접근성을 향상시킬 수 있는 다른 좋은 물적 토대가 외부에 마련되면 정당이 적극적으로 찾아가 경계를 허물어야지, 기존의 경계를 지키며 자꾸 내부로 들어오라고만 요구해선 안

될 일이라고 봅니다. 변화된 조건 하에서 이념형 정당을 유지시키는 것이 얼마나 유효한지 생각해보아야 합니다. 요즘의 변화된 환경에서 한번 조직원이 되면 반영구적으로 어떤 조직의 구성원으로 남는 충성심을 요구하는 것 자체가 무리입니다.

김만권: 사실 제가 요즘 느끼는 것은 우리가 소비사회에 살고 있다는 점입니다. 기본적으로 소비사회는 영구적 규범에 대한 충성이 없어야 유지되는 사회입니다. 사람들의 삶의 방식도 그런 방식으로 바뀌어가고 있습니다. 그럼에도 기존의 정당중심 모델이 유지하고 있는 건 '충성스런 당원'으로 보입니다. 충성할 수 없는 시대를 살아가는 이에게 충성을 요구하면서, 사람들이 충성하지 못하게 되는 환경과 조건을 배척하고 부정할 뿐 아니라 충성하지 않는 이들을 비판하는 것이 얼마나 유효한가라는 생각을 해봅니다. 그리고 어쩌면 변화에 가장 민감해야 하는 진보정당에서 이런 일들이 자주 일어난다는 점에서 아쉬운 생각이 듭니다. 물론 저도 당비를 내는 당원이 많아지면 좋다고 생각합니다. 그런데 문제는 일부 지독한 지지층을 제외하고는 대부분의 사람들이 당의 이념을 보고 움직이기보다는 정책을 보고 움직이는 경향이 늘어나고 있다는 점입니다.

하승창: 실제 사람들이 돈을 내는 방식도 달라졌습니다. 우리 세대야 한번 계좌번호를 걸어놓고 CMS로 나가도록 해놓고 잊어버리는 경향이 있지만 젊은 세대들은 확실하게 특정 프로그램에 돈을 냅니다. 그러면 정당 역시 이런 경향을 파악하고 당에 돈을 낼 수 있는 방식도 바꾸어주는 게 바람직하다는 생각입니다. 기본적으로 플랫폼 자체가 바뀐

겁니다.

안병진: 이런 점에서 본다면 (또 강준만 선생님이 저를 싸가지 없다고 야단치실지 모르겠지만) 한국의 일부 레프트들은 레프트라기보다는 과거 자신들의 교과서에 집착하는 복고주의자들에 가깝다는 생각입니다. 레프트의 핵심은 영구적 실험주의, 바로 변화된 세상을 향해 새로운 상상력을 발휘해 치고 나가는 것입니다. 그리고 중도적 성격을 가질 수밖에 없는 야당인 '새정치'는 이런 실험 가운데서 필요한 것들을 수용하는 방식이 되어야 하는데, 우리 레프트 속에서는 변화된 환경에 맞는 실험주의, 환경을 바꾸는 실험주의에 대한 시도가 드물다는 것이 현실입니다. 사소한 예로 제가 이전에 주목했던 내용이 노회찬 대표가 아이폰이 히트를 쳤을 때 수십 개를 구입해 당원들에게 나누어줬다는 것이었습니다. 그런 크고 작은 실험주의가 일상적으로 일어나는 것이 레프트입니다. 물론 그것이 애플보다 더 혁신적인 조직 모델로의 확장이란 물적 토대로 이어지지 않았다는 아쉬움은 있습니다.

김만권: 그렇다면 당시의 노회찬 의원 같은 경우 플랫폼의 변화를 읽어냈던 것이라 보아야 할까요?

안병진: 부분적으로는 그랬다고 봅니다. 정치에서 진보의 상상력의 정도를 제가 조금 과격하게 말한다면, 기업들이 진보들의 상상력 속에서 아이디어를 얻고 그것을 기업 속에서 어떻게 구현할까를 고민하게 만들어야 할 정도가 되어야 합니다. 예를 들어 지금의 삼성이 한국의 정치권에서 배울 수 있는 건 어떤 것이 있을까요? 기업과 정치가 구현하

고 있는 플랫폼의 차이를 보면 오히려 정치가 너무 뒤떨어져 있습니다. 그러니 기업이 정치를 우습게 보는 겁니다. 목숨을 걸고 10년 후 미래를 고민하는 기업가가 지금의 정치를 보면 그 변화의 의지의 차이를 확실히 읽어낼 수 있을 것입니다. 소위 바꾸려고 하는 자는 지키려는 자보다 최소한 두 배의 간절함은 있어야 합니다. 그런 간절함이 지금 한국의 소위 야당 정치에는 없습니다. '빅데이터' 분석도 삼성이 도입한 속도와 정치가 이를 다루는 속도를 보면 현저한 차이를 느낄 수 있습니다. 이걸 단순히 자본의 차이로만 단언해선 안 됩니다. 분명 그 안에는 의지의 차이도 분명히 존재합니다.

더 나아가 '전위적 상상력'이라는 측면에서 보아도 그렇습니다. 오바마 이전에 등장했던 하워드 딘 민주당 당의장의 정당혁신과 같은 예를 보면 좋겠습니다. 기존의 정치꾼들의 시선으로 보면 이들이 하는 정당 경계의 붕괴나 전국적 네트워크의 확장 등의 일은 정말 어이없는 일일 것입니다. 하지만 기존 당 관료와 활동가들의 어리석은 단견과 달리 그러한 실험들이 결국 이후 오바마의 성공적인 네트워크 선거 캠페인으로 열매를 맺게 됩니다. 그와 유사한 예로 하승창 선생님이 서울시장 선거캠프를 꾸렸던 방식을 생각해봅시다. 정치꾼들의 논리에서 보자면 선거캠프 사무실 자체를 개방적으로 '쿨'하게 꾸리는 일은 바빠 죽겠는데 말도 안 되는 소리인 것이죠.

김만권: 그러니까 소위 사무실 공간을 얼마나 개방적으로 꾸릴 것인가 따위를 왜 고민하고 있냐는 것이죠?

하승창: 일주일 동안 공간구성을 달리 하느라 사무실이 열리지 않았죠.

(일동 웃음)

안병진: 공간과 디자인의 예술성? 그런 것은 우리의 기존 관점에서 보면 미친 짓이지요. 하지만 그렇게 해서 미국의 정치는 바뀌어 왔던 겁니다. 이런 실험과 관련해서 저는 미국 유학시절 2001년 무렵 『마이크로 소프틱스』라고 잘 안 팔려서 나오자마자 절판된 그 책에서 리눅스 정치의 시대가 왔다라고 얘기했었어요. 이게 굉장히 중요한 말이에요. 개방, 공유, 참여의 이 개념은 요즘 들어 이야기하는 웹 2.0과 유사한 의미로 만약 한국 레프트 정당들이 리눅스적 관점을 갖고 정당의 구조, 태도, 강령, 문화를 다 바꿨으면 해적당과 같은 실험을 더 앞서서 했을 겁니다. 박원순 캠프의 실험은 그 점에서 혁신가다운 의미 있는 실험이었습니다.

하승창: 문제는 거기에서만 한다는 거죠.

안병진: 앞서 이야기한 빅데이터도 마찬가지입니다. 문제는 새정연(민주당)과 같은 정당이 국민경선 등을 통해 당으로 유입되는 수많은 사람들에 대한 데이터 하나도 제대로 갖고 있지 않고, 분석도 하지 않는다는 겁니다.

하승창: 얼마 전에 있던 것도 잃어버렸다면서요.

안병진: 그런데 여기에는 한국 정치 현실의 중요한 모순이 들어 있습니다. 왜 잃어버리고 했는지 아세요?

김만권: 제가 공중에 떠 있는 이론가라 현장에 계시는 여러분께 들어야겠습니다.

하승창: 시디로 보관했는데 시디가 없어졌답니다. 너무나 어이없는 일이죠.

안병진: 한동안 새정연은 심하게 비유하자면 계파 영주들의 연합이었기 때문에 한 정치세력이 경선을 해서 데이터를 축적하면 그건 그 진영의 사유물이어서 자기네 캐비넷에 들어가게 되고 다른 진영은 관심도 없고 잊어버립니다. 더구나 일부 당 관료의 판단으로는 그 경선과정이 그리 투명하지 않아 데이터의 장기보관이 그리 현명하지 않다는 생각을 할 수 있습니다. 이것이 소위 21세기 국가를 운영하겠다는 소위 수권정당의 참담했던 모습입니다. 제가 지난 총선에서 정치권에 빅데이터 플랫폼을 실험해서 데이터를 축적, 분석하고 이후 대선에서 전면적으로 시도해 이기자고 했다가 정신 나간 사람 취급을 받았습니다. 아직 대선이 멀었는데 무슨 준비냐고요. 결국 어이없게도 박근혜 캠프가 오히려 IT 영역을 더 잘 활용한 결과를 대선 후에야 그들이 알게 됐던 겁니다. 한국의 소위 야권은 냉소적으로 얘기하면 빅데이터 분석을 할 수준의 단계가 아니에요. 근대적인 진성 당원의 정당을 이야기하는 이들의 입장에서 보면 자기 당원이 누구인지도 모르는 상태에서 어쩌면 안병진이 얘기하는 시민네트워크 정당, 그거 웃기는 얘기죠. 그런 점에서는 저는 그분들의 고민을 이해합니다. 다만 우리는 지금 미국이나 유럽이 아니라 독특한 나름의 발전단계를 가진 한국입니다. 지금 한국의 현 단계에서는 정당의 내부와 외연을 동시적으로 강화하는 과제를 이해해

야 합니다. 들어올 수 없는 이들에게 근대 시대에나 통하는 공허한 주문을 할 것이 아니라 다층적 연결망을 가진 네트워크 정당을 통해 정당의 내부도 진정으로 강화할 수 있습니다. 요즘 기업 용어로 이야기하면 오픈 이노베이션이지요.

하승창: 그 토대를 다 바꾸어야 합니다. 저런 토대를 갖고 정당 활동 못해요. 그런데 거기다가 대고 자꾸 정당으로 안 들어오냐고 하면 말이 안 되는 거죠.

김만권: 한국 정당정치의 토대에 대해서 현실을 듣고 나니 정당관계자라도 불러서 변명이라도 들어야 할 얘기인 것 같습니다. 이렇듯 한국 정당정치의 현실을 진단하다 보니 하나의 대안으로 떠올릴 수 있는 것이 시민정치인 것 같습니다. 하승창 선생님께서는 시민사회에서의 시민정치에 가까우신 듯하고, 안병진 선생님께서는 시민정치로 제도권 정치를 반격하는, 제도권으로 뛰어들어 가는 형태의 정치라는 생각이 들어서 두 분을 모시게 되었습니다.

시민정치는 어떻게 이루어지는가?

김만권: 우선 하승창 선생님께 먼저 질문하겠습니다. 하승창 선생님께서는 제가 "유연한 시민네트워크 짓기"라고 부르고 싶은 "연대하는 개인들"이란 시민운동의 역할을 강조하십니다. 다시 말해 '유연한 시민권력'을 민주주의의 새 판을 짜는 데 중심축으로 써야 한다고 보십니다. 이런 하승창 선생님의 출발점은 "좋은 시민 연결하기"인 듯 보입니다.

선생님께서 "공간이 운동한다"는 발상 아래 내놓은 오프라인 씽크카페는 하버마스가 분석한 부르주아 공론장의 개념을 시민 공론장의 개념으로 전환시켜 놓은 듯한 느낌이 들었습니다. 그리고 "조직이 아니라 플랫폼이다"라는 선생님의 표현에서 네트워킹의 매개가 기존의 조직화에서 전혀 다른 무엇인가로 변형되었음을 인식할 수 있었습니다. 우선 선생님께서 말씀하시는 "공간이 운동한다는 의미"와 "조직화와 플랫폼의 차이"가 무엇인지 설명해주시고, 이런 연대하는 개인들의 유연한 시민네트워크가 민주주의적 변화의 시작이 될 수 있다고 보는 배경은 어떻게 되는지 말씀해주셨으면 합니다.

하승창: 정리를 잘하신 것 같아요. 고려대 사회학과 조대엽 교수는 전자적 개인이라는 표현을 썼는데 제가 주장하는 주체들은 비슷한 것일 수 있습니다. 우선 공간이 운동한다는 것부터 답해보지요. 사람들을 연결하는 매개에 대해 생각들을 해봤을 때 과거 시민운동하면서 했던 사회포럼 같은 그런 것도 사회적으로 연결할 수 있는 플랫폼으로서의 공간이라고 생각해요. 꼭 물리적 공간을 공간으로만 본 것은 아니었습니다. 사람들한테 얘기할 때는 이해하기 쉽게 물리적 공간에 대해 얘기하는 거지만 제 머릿속에는 꼭 그런 것만 있는 것은 아니었습니다. 연결할 수 있는 매개를 이야기하기 위해 공간을 이야기한 것이었고, 이러한 공간도 운동할 수 있다는 것도 일부러 강조한 거죠. 오프라인 씽크카페 같은 경우가 그런 거였는데, 온라인에서도 유사한 일들이 가능합니다. 예를 들어 제가 온라인에 씽크카페 컨퍼런스라는 것을 열었습니다. 그런 집단 대화는 우리나라에서 아마 처음이었을 겁니다. 500명을 모아 '지금 우리에게 필요한 것이 무엇인가'와 같은 것을 주제로 말이죠. 기

존의 시민운동 활동가들이 볼 때는 황당하죠. 그래서인지 사람들이 '이런 걸 갖고 뭘 하려고 하는 거야'라고 많이 물어 보더군요. 하지만 저에겐 연결하는 과정이 중요하지 결과가 중요한 건 아니었습니다. 많은 사람들이 일단은 연결하는 것이란 점을 이해 못했어요. 이런 연결을 시도하면 비슷한 생각을 하는 사람들이 확인되고 서로 연결되고 사건은 거기서 일어나는 거지 내가 계획하는 건 아니라는 사실을 서로 잘 이해를 못했으니까요. 참여한 사람들은 너무 재미있어 했습니다. 여러 가지 아이디어가 막 쏟아져 나왔지요. 그러면서 그 아이디어 중에서 어떤 것은 채택도 해보고 시도하는 일이 가능해지는 것이지요. 그렇게 사람들은 각자 영감을 얻어서 돌아가서 각자의 자리에서 하는 겁니다. 이런 연결짓기가 플랫폼 같은 역할을 해주는 거거든요.

김만권: 은유적으로 표현하면 '의도된 우연성의 공간'이네요.

하승창: 그런 겁니다. 우연적 사건이 일어날 수 있는 공간들을 기획해주는 거예요. 그런 걸 만들어주고 거기서 내가 어떻게 성과를 낼 수 있을까라는 생각을 버리면 됩니다. 거기서 독점하려고 하는 생각이나 경계 지우려고 하는 생각을 버리면 연결하는 일이 가능해지는 거지요. 조직하려고 하는 것은 경계를 짓는 것입니다. 예를 들어 '당원이 되어주세요, 당원이 되어야 당신에게 무엇을 해줄 수 있습니다' 그런 것이란 말이죠. 경계를 허물면 '같은 생각을 공유하셨나요. 그럼 함께 할까요 언제라도.' 그런 일들이 가능해지는 겁니다. '그럼 우리가 이런 걸 만들테니까 와서 하실래요?' 하면 사람들이 옵니다. 당원이 아니라도 말이죠. 그렇게 모인 사람들이 움직이다 보면 '저 사람들이 뛰어난 능력을

가지고 있으니 우리의 리더그룹으로 모시지요'가 가능해지는 겁니다. 하지만 이런 일은 기존의 방식으로는 불가능합니다.

김만권: 그렇죠. 기존의 방식은 경계 허물기에 익숙하지 않으니까요.

하승창: 넘나들 수 있어야 하는데 넘나드는 구조를 만드는 일이 어렵죠. 그런데 그게 가능하게 하고 일상적으로 가능하다는 것을 말해주고 싶어서 온라인 씽크카페를 만들었고 오프라인 씽크카페 경우도 그런 공간이었습니다. 지금은 그런 공간이 너무 많아져서 저는 문을 닫으려고 합니다. 저는 역할을 다 했다고 생각해요. 제가 끝까지 할 수 있으면 하는데 물리적으로(재정적으로) 할 수 없으면 깨끗하게 닫는 것도 필요하다고 봐요. 그런 일들을 이벤트나 프로그램으로 하는 것이 가능하고, 물리적 공간으로도 가능하다고 봅니다. 저는 정당도 그런 공간으로 바뀌어야 한다는 생각입니다.

김만권: 제가 두 분의 책을 읽을 때 느꼈던 것을 은유적으로 표현하자면 두 분은 시대가 정착민의 시대에서 유목민의 시대로 바뀌었다는 것을 읽으셨던 것 같아요. 정착민의 정체성이 더 부자유스럽고 유목민이 더 자유롭다는 점에서 네트워크 엮기를 하신 것 같습니다. 이런 네트워크 짓기가 '시민사회뿐 아니라 정당 차원에서 가능한 일이다'고 안병진 선생님께서는 제시하며 이걸 소위 네트워크 정당론이라 부르고 계십니다. 이 네트워크 정당론에서 선생님께서 주목하고 계시는 프로슈머에서 프로듀시지의 이동이 상당히 흥미로웠습니다. 이런 주장을 하게 되신 배경은 어떤 것인지요? 미국의 무브온과 같은 것이 이런 네트워크

정당론의 시초라고도 볼 수 있는 것일까요? 한국의 네트워크 정치는 어떤 상황인지요? 그리고 한국과 미국의 새로운 선거운동과 대의제 작동방식의 혁신을 '위키폴리틱스'(집단지성정치)로 제시하셨는데 구체적으로 어떤 것인지 듣고 싶습니다.

안병진: 간단간단하게만 말씀을 드리면 프로슈머라는 개념도 굉장히 좋은 개념입니다. 21세기는 소비자가 수동적인 소비의 대상에 머무르는 것이 아니라 실제 생산의 과정에 참여한다는 토플러가 제시한 좋은 개념입니다. 이런 맥락에서 제가 정치에서도 세상이 엄청 바뀌었다는 것을 강조하고 싶어서 '프로슈머라는 소비자라는 것도 좀 한계가 있다. 이제 사람들은 단지 개별적인 차원에서 아이디어 제시로 생산과정에 참여하는 수준이 아니라 모든 콘텐츠의 협력적 생산, 창조적 재생산, 유통, 확산 등을 일상적, 집단지성의 협력을 통해 보다 강한 주도권을 쥐길 원한다. 이제 사용자는 소비자가 아닌 생산자로서 역할을 하고 싶어 한다'는 주장을 엑셀 브룬즈(Axel Brunse) 교수의 프로듀시지 개념을 통해 제시했던 것이죠. 생산자와 사용자의 결합. 여기서 사용자라는 개념이 굉장히 중요합니다. 저는 정당 당원이라는 표현 대신에 심지어 비유적으로 유저, 사용자라는 표현을 씁니다. 정당에 관계된 다양한 사람들은 다 유저, 당원도 유저고, 당 관료, 당 활동가도 유저고, 국회의원도 유저고, 바깥의 유권자도 유저고, 이런 관념에서 사고를 해야 경계 속에서 갇혀 있는 생각을 안 하고 자꾸 넘나드는 생각을 할 수 있습니다. 그래서 이 개념에 굉장히 주목을 했던 것입니다.

이런 맥락에서 제가 요즘 주장하고 있는 '네트워크 정당'은 감히 제 개념이라 말할 수는 없습니다. 달톤 교수나 시민정치를 오랫동안 주장해온 사람들이 많이 쓰는 개념이죠. 이게 대단한 개념이 아닌데도 자꾸 제가 얘기하는 게 조금은 속상하기도 합니다. 일 더하기 일은 2라고 설명을 해야 되는 것 같은 느낌입니다. 지금 전 세계가 그리고 한국도 네트워크 사회로 바뀌고 있습니다. 기업은 초연결 조직, 그냥 연결도 아니고 초국가적이지요. 기업의 조직형태는 그냥 코넥티드 조직이 아닙니다. 수퍼 코넥티드 조직입니다. 기업 조직의 형태도 그렇고, 엔지오도 그렇고, 대학교 교육에서도 교수는 더 이상 콘텐츠의 공급자가 아닙니다. 그냥 퍼실리테이터, 혹은 코디네이터로서의 역할이 더 중요해지는 추세입니다.

하승창: 그렇죠. 그래야만 살아남아요.

안병진: 그래야만 살아남을 수 있습니다. 그렇다고 해서 박상훈 선생님 같은 분들이 저의 모델이 정당을 부정하거나 약화시킨다고 비판하듯이 지금 얘기가 교수가 없어져야 한다는 것이냐고 반문할 수 있을 겁니다. 그건 아닙니다. 제 주장이 정당의 활동방식의 전면변화이듯이 다만 교수의 활동방식이 상당히 달라지는 것뿐입니다. 옛날에는 미국에서 유학을 했으니 미국정치를 유학을 안 간 사람은 모르니까 선진지식 독점 속에서 학생들은 수동적으로 받아 적으면서 '우리 선생님 정말 뛰어나' 그럴 수 있었습니다. 그러나 오늘날은 폴 크루그만의 강의를 듣기 위해 이제 미국으로 가지 않아도 어느 정도는 내용 파악이 가능합니다. 요즘 일부 미국 유명 브랜드 대학들에선 스타교수의 강의를 듣기가 힘듭니다. 시간강사, 비정규직들로 채워지니까요. 오히려 이런 스타교수들의 강의는 유튜브에서 많이 찾을 수 있습니다. 피터 한센이 이런

현상을 참 잘 정의했는데 지금은 콘텐츠의 시대가 아니라 '콘택트의 시대다. 상호작용의 시대다'는 것이죠. 그래서 교수도 단지 콘텐츠가 아니라 그 상호작용 속에서 한국적 상황에 맞는 혹은 학생의 상황에 맞는 내용을 풀어내는, 즉 교수도 하나의 플랫폼적인 기능을 하는 것으로 바뀌어야 하는 겁니다. 교수도 기업도 모든 영역이 그렇게 흘러가고 있는데 왜 이게 한국의 야권 정치에선 이상한 사람들의 얘기인 것처럼 여겨져야만 하는 걸까요?

하승창: 시대의 맥락에 따라서 전문가의 기능과 역할이 달라지는 것이지요.

김만권: 교실에서 느끼는 것이 학생들의 반응이 예전에는 강의 잘하시는 교수님이면 수업이 좋다고 했지만, 이제는 강의, 발표, 토론이 아주 잘 어울려져서 코디네이팅이 잘 되어야 학생들이 만족하는 걸 볼 수 있습니다. 사실 지식의 정확도가 구글이 교수들보다 높을 때가 훨씬 더 많습니다. 그렇다면 이제 교수는 지식을 주는 게 아니라 지식을 짓는 법을 알려주어야 하는 데 그게 퍼실리테이터, 코디네이터의 역할로 생각되는군요.

하승창: 유저라고 하는 사람들이 지금은 소비자이면서도 생산자이기도 하잖아요. 콘텐츠에 있어서는 이미 행동양식과 소통방식이 바뀌었다는 것은 우리 사회를 규율해왔던 제도나 문화, 사회적 규칙들이 바뀔 것임을 의미하는 겁니다. 그런 제도와 규칙들이 바뀔 것이라고 하는 것을 네트워크 정당이라는 의미로 표현을 한 것이라고 봐야 하는 거죠. 기능

이나 역할이 바뀌어야만 합니다.

김만권: 그러고 보니 '연결' '네트워킹'의 중요성은 아무리 강조해도 지나치지 않을 듯합니다. 이런 네트워킹에 해당하는 대표적 사례로 2008년 촛불시위를 들곤 하는데요, 한편으로는 정당중심주의자들은 이에 대해 아주 다르게 반응합니다. 우리 사회에서 정당정치를 대표하시는 분은 역시 최장집 선생님일 것입니다. 최장집 선생님은 2013년 2월 『경향신문』의 한 칼럼에서 우리 '시민정치'의 현실을 "구체적인 삶의 조건을 공유하는 사회 집단들을 대표하기 어려운 무정형의 정치"로서 결국 "짧은 사이클로 변화하는 여론과 정서의 부침에 이끌리는 포퓰리즘"일 뿐이라고 일갈합니다. 아마 최장집 선생님의 2008년 촛불시위에 대한 비판 역시 이 맥락에 놓여 있다는 생각이 듭니다. 한편 박상훈 선생님은 『정당의 발견』에서 모든 문제를 개인이 감당해야 하는 사회에서 시민 권력이라는 민주주의의 동의어는 듣기만 그럴싸한 공허한 말에 불과하다고 말합니다. 대중사회에서 공허함을 채우는 것은 여론이고 구체적 결사체의 기반이 약할수록 맹목적 도덕주의가 지배한다고 말합니다. 이런 주장들은 하승창 선생님께서 내세우시는 "시민은 현명하다"는 구호와는 상반되어 있는 듯 보입니다. 하 선생님께서 보실 때 시민 권력은 공허한 "포퓰리즘"을 넘어 가능한 것일 뿐 아니라 현실적인 것인지요?

하승창: 저는 시민 권력이라는 표현을 쓰지는 않습니다. 글을 보면 아시겠지만 권력의 성격은 그때그때 권력을 잡는 주체에 따라서 여러 가지 다양하게 이름을 붙일 수 있는 거니까요. 아마 대개 시민 권력이라

는 표현을 쓸 경우에는 정부를 구성하는 방식과 양식이 변화했을 때 그런 표현을 쓸 수 있을 거라고 저는 봅니다. 저는 그런 것들이 바뀔 것이라고 봅니다. 지금 우리가 있는 동안에 바뀔지 안 바뀔지는 모르지만 반드시 바뀔 거라고 봐요. 제가 막 쓰고 있지는 않지만 우리가 시민 권력이라는 표현을 쓸 때에 그 의미는 변화된 조건하에서 권력을 구성하고 있는 방식이나 절차가 이전 같지 않을 거다, 변화가 있을 거다 하는 메시지가 함축되어 있는 거라고 보는 것이 더 바람직하다는 생각입니다. 그 점에서 시민 권력이란 용어를 말 그대로 받아서 이야기하는 것은 오히려 그 말이 전달하려고 했던 원래의 메시지를 잘 이해하는 것은 아니란 생각입니다.

저는 기본적으로 여론이 중요하다고 생각합니다. 정당이라고 하는 것도 어떤 여론이 모여들어 어떤 사회적 의제들이 정치적 의제로 되는 과정을 매개하는 것이잖아요. 여론의 측면에서 보면 그런 의제들을 정당이 수용 못하면 다른 데서 생기는 거잖아요. 그러면 정당이 여론을 정치적 의제로 바꾸지 못하고 있다는 사실을 이해하는 것이 중요하지 왜 다른 곳에 가서 그걸 하고 있냐고 말하는 것은 안 되는 거죠. 지금 보면 최 교수님은 정당 안에서 안 하고 있으니까 너희들 잘못된 거야라고 말씀하시는 것과 다를 바 없는데 그런 게 어디 있어요. 정당이 못해주니까 촛불시위 같은 현상이 생기는 것인데 말이죠. 그렇다면 이런 현상이 생겼을 때 정당이 못하고 있는 것, 정당이 어떻게 바뀌어야 하는가를 말씀하셔야 맞는 거지, 왜 거기서 하니 여기서 해야지 하는 것은 옳지 않다고 봅니다.

그렇다고 어떤 일을 구체적 결사체를 통해 행하는 것에 이견을 제기하는 것은 아닙니다. 당연히 구체적 결사체의 기반이 강화되어야 한다고 봐요. 다만 제가 볼 때 이제 중요한 것은 정당과 같은 거대한 결사체의 문제가 아니라 작은 결사체가 다양하게 많이 생겨야 한다는 것입니다. 작은 결사체들이 연결되는 것이 중요해요. 조직되는 방식이 다른 겁니다. '정당 안으로 들어오세요' 하는 것은 구체적 결사체를 형성하는 하나의 방식에 불과한 거예요. 그거 하나만이 옳을 수는 없는 거지요. 오히려 우리는 그럴 수 없는 시대에 살고 있어요. 제가 보기에는 개인 각자가 지닌 정보도 워낙 많기 때문에 그 정보의 다양성이 옳은 정보만 가지고 있다는 권위를 누구에게도 줄 수 없어요. 그렇기에 하나의 조직으로 다 모여드는 것은 불가능하다는 거예요. 서로가 옳다고 믿는 것이 워낙 다양하고 다원화되어 있기 때문에 각각을 믿는 사람들이 각각의 결사체를 구성하고도 얼마든지 존재할 수 있는 세상이 되었어요. 그러면 이들을 연결해서 이들이 공통적으로 옳다고 여겨지는, 합의할 수 있는 것들을 모아내는 프로세스가 더 중요한 겁니다.

김만권: 그래서 선생님이 계속 과정을 보자고 하시는군요.

하승창: 과정이 훨씬 중요한 거예요. 그런 과정을 조직화할 수 있는 능력을 가진 자들이 사실은 정당이 되어야 하는 거예요. 지금 우리 정당들은 그런 능력을 가진 자들이 없다는 데 큰 문제가 있는 거예요. 없으니까 다른 데서 자꾸 생기는 거예요. 촛불시위 같이.

안병진: 지난번 총선 같은 경우를 보세요. 거대 정당보다 훨씬 더 어마어마한 임팩트를 주는 게 누구였는지. 조국, 이외수 등 빅 스피커 1인 정당이었습니다. 혼자 정당보다 훨씬 더 큰 역할을 했었지요.

하승창: 그때는 조금 과장하자면 조국 교수가 페이스북에서 말하면 사흘 뒤에 민주당의 방침이 되더군요. (일동 웃음)

안병진: 그런 상황에서 그 당시 제가 총선에 관여했을 때 민주당에 소셜미디어국에 팀장 한 사람이 있고 팀원으로 두세 명 정도 있더군요. 그들의 공식 트윗 계정의 활동이 감히 조국 교수 등의 빅 스피커와는 비교도 할 수 없을 정도의 참담한 수준이었습니다. 집권하겠다는 정당이 그 정도였던 겁니다. 그런데 기자들은 야권은 뉴미디어에 집중했고 여권은 현장에 있다고 분석하더군요. 그런데 사실은 뉴미디어에 대해서도 여권은 최고 전문가들을 활용해서 훨씬 치열하게 움직였습니다. 나중에 심지어 십알단까지 드러났잖아요. 그래서 당시 제가 소셜데스크를 주장했는데 원래는 빅데이터 솔루션 쫙 깔고 소셜데스크에서 다양한 스피커와 지지자들, 그리고 상대 진영의 메시지를 일상적으로 분석하면서 마치 오케스트라처럼 작업을 하자고 했던 겁니다. 이런 것이 새로운 현대 네트워크 정당의 움직임입니다. 그런데 미국과 달리 한국의 민주당은 그것도 못해냈던 겁니다.

김만권: 현실은 이렇게 다른 방향으로 움직이는데도 최장집 선생님을 주축으로 만들어진 민주주의 이론은 이념, 계급, 진성 당원의 정당을 끊임없이 강조합니다. 이 민주주의론이 정당과 시민사회가 중심이 되는 민주주의를 강조한다고 하지만 사실상 시민사회의 역할은 커 보이지 않습니다. 이 민주주의 모델에서 진성 당원이 이루는 정당 약화는 곧 민주주의의 약화나 다름이 없습니다. 예를 들어 박상훈 선생님은 『정당의 발견』에서 "악마는 늘 선의 속에 숨어 있다. 대표적으로 네트워크 정

당론이 그렇다"라고 하며 비판하십니다. 특히 정당개혁론에서 "당직 및 공직 후보자 선출권을 국민에게 돌려주겠다"는 주장을 비판하시며 정당의 일을 시민에게 맡기는 이런 민주주의는 무슨 민주주의냐고 되묻습니다. 나아가 네크워크 민주주의를 '정치주식시장'에 비유하며 정치가에 대한 시민평가를 전광판에 보여줄 수도 있으며 돈 들여 선거운동을 할 일도 없고 정당의 역할도 필요 없을 것이라고 주장합니다. 더 나아가 네트워크 정당론이 힘들게 만들어진 정당조직을 와해시킨다는 비판도 있습니다. 정당정치와 시민 네트워크를 결합하시고자 하는 안병진 선생님께는 큰 반론이 될 수 있을 것이란 생각이 드는데 선생님의 입장은 어떠하신지요?

안병진: 한마디로 구체적인 처참한 현실을 들여다봐야 하는데 이분들이 지구당에 해당하는 조직들이 어떻게 움직이고 있는지를 도대체 아시는지, 얼마나 처참한 현실인지 아시는지 모르겠습니다. 여야 중에 일단 야당만 얘기하면 예를 들어서 정당 내부에서 모든 걸 해결하자고 하면, 당장 구체적으로 들어가면 현재 새정치민주연합의 당원 나이 약 58세, 그다음 호남 향우회 기반, 그러면 이 사람들의 가치와 이 사람들의 이해관계 속에서만 결정하면 그것은 민주주의인가, 그것은 현재 대한민국 야권 지지자층 시민들이 가지고 있는 분포가 있는데 극단적으로 그 협소한 층만을 대변하는 것을 이분들은 과연 민주주의라고 주장할 수 있는 것일까요. 물론 지금은 이 층에서도 지지기반이 무너져 있지만 말입니다.

김만권: 이분들은 '국민들을 다 포괄하는 것이 민주주의 정당이 아니다.

근본적으로 정당은 균열을 반영하고 있는 것이기 때문이다'고 말씀하십니다.

하승창: 정당은 당연히 다 포괄하지는 않지만 기본적으로 내세우고 있는 가치나 지향을 내놓고 국민들 사이에서 위임받으려고 하는 것이니까 최대한은 수렴은 해야 하는 것 아닐까요. 지금 안 교수님이 말씀하신 대로 현재의 야당 같은 경우에는 평균연령 58세에 주로 호남 사람들이 기반인 정당에 과연 다른 사람들이 잘 참여하겠느냐는 문제가 생기는 거죠. 그런 것은 바꿔야지요.

김만권: 사실 정당중심 모델을 지향하시는 분들의 주장은 기존 정당 체계를 들고 가자는 것이 아니라 새로운 좋은 정당을 만들자는 것입니다. 그런데 저는 그게 과연 현실적으로 가능한 프로젝트인가가 궁금합니다. 새로운 더 좋은 정당을 만들자가 핵심인데 이런 주장은 저 같은 이론가에게도 순진하게 들립니다. 웬만하면 저 같은 정치철학자들은 순진한 소리란 말을 하지 않는데도 말이죠.

하승창: 정당을 너무 고정적인, 자기들이 주장하고 있는 정당의 모습을 고정적으로 사고하고 있는 것 같아요. 저도 좋은 정당 있었으면 좋겠다고 늘 생각합니다. 박상훈 선생을 보면서 궁금했던 것은 지금 필요한 것은 어떤 것이 좋은 정당이고, 어떻게 하면 좋은 정당을 만들 수 있는지 얘기해주면 좋겠는데 어떻게 하면 그런 좋은 정당이 만들어진다는 말씀은 없으신 것 같아요. 그런 얘기를 하면 좋습니다. 저도 좋은 정당이 있으면 좋다고 생각하니까요. 그걸 나쁘다고 말할 수 있는 사람이

있을까요. 저는 네트워크 정당과 같은 표현들은 기존의 정당하고 다른 형태로 정당이 존재하게 될 거라고 말하는 거라고 생각합니다. 그런 메시지를 보며 그건 정당이 아니라고 생각하면 안 되는 겁니다. 예를 들어 저는 조직이 아니라 플랫폼이다고 내세웁니다. 그러면 플랫폼은 조직이 아닐까요. 플랫폼이 바로 조직입니다. 조직의 형태나 만들어지는 과정이 달라진 조직이 만들어진 것이라는 것을 염두에 둘 필요가 있죠. 정당의 모습이 달라져야 하는 거지, 옛날 정당, 그런 걸 아마 복고주의라고 이야기하시는 거일 수도 있겠죠. 정당이 달라지지 않으면 만족하지 못하는 사람이 생겨나서 나갈 수밖에 없는 거고, 촛불시위 같은 것이 생겨날 수밖에 없는 겁니다. 그런 걸 두고 왜 정당에 참여하지 않느냐, 왜 민주주의를 파괴하고 있느냐고 얘기하면 안 되는 겁니다. 오히려 그걸 못 받아들이는 것이 민주주의를 파괴하는 것이죠.

김만권: 변화를 수용하는 것이 민주주의를 파괴하는 것인가라는 질문이 되는 것이겠군요.

안병진: 저도 정당의 존재를 부정하는 건 아닙니다. 하지만 정당중심주의자들이 주장하는 좋은 전형을 보여준 건 새정치민주연합의 우원식, 은수미 이런 의원들이 보여준 을지로위원회라고 봅니다. 정의당이나 최 교수가 주장하는 노동중심, 치열한 갈등의 균열구조를 대변하는 일을 을지로위원회가 했어요. 지금도 잘하고 있지요. 이는 우원식과 은수미의 과도할 정도의 헌신이 없으면 불가능한 일이에요. 이거를 하면서 이번에 굉장히 많은 당원들을 새정치민주연합에 가입시켰습니다. 근 10년간 그만한 헌신이 있던 거죠. 문제는 이 경로만을 절대화해서는 안

된다는 것입니다. 다양한 지지자층과의 연결 및 참여감을 확대하고 그 과정에서 정당의 생태계를 폭넓게 구축하려는 개방적 태도가 필요합니다. 저희는 이것을 지지자 기반의 유권자 정당이라고 부르기도 합니다.

시민정치와 제도권 정치의 결합

김만권: 이제 주제를 조금 옮겨 시민정치와 제도권 정치의 결합에 대해 이야기해보고자 합니다. 이 대담을 통해 이야기하고자 하는 바가 정당정치의 배제가 아니라 오히려 정당정치와 시민정치가 어떻게 협력할 수 있는가라는 점에서 이 논의가 핵심적이라는 생각이 듭니다. 이런 결합을 이야기할 때 자연스럽게 떠오르는 정치인이 바로 박원순입니다. 우리가 박원순이란 인물을 이야기할 때 자연스럽게 제기되는 문제 하나가 시민정치와 정당정치의 경계입니다. 특히 시민정치에서 가장 중요하다고도 할 수 있는 제도권 정치의 감시자 역할을 강조하다 보면 정치적 중립이라는 명목 아래 시민사회에서 활동하시던 활동가들의 제도권 정치에 대한 진출이 민감한 사안이 됩니다. 저는 시민정치 활동을 통해 공공 영역에서 작동하는 기본적 도덕을 익힌 사람들이 제도권 정치로 옮겨가는 것을 적극 찬성하는 편이지만, 실상 이런 이야기를 시민사회의 활동가들에게 꺼내면 오히려 스스로 한 발 물러나는 태도를 취하는 경우를 자주 보게 됩니다. 더불어 정당 모델의 최장집 선생님 또한 『민중에서 시민으로』에서 김대중, 노무현 정부 10년간에 일어났던 국가와 시민사회의 관계망의 형성을 "흡수라는 말이 적합할 만큼 부정적"이라는 말로 평가합니다. 이 말은 진지하게 한번 되새겨볼 만한 하다는 생각이 듭니다. 특히 하승창 선생님의 경우, 박원순 시장의 선거

캠프 등에 참여하신 경험도 계시기에 이 사안을 질문드릴 수 있는 가장 적합한 분이 아닌가 생각합니다. 시민사회 활동가의 제도권 진출에 대한 선생님의 견해는 어떠신지요? 만약 반대하신다면 왜 그런지요? 만약 이런 진출에 찬성하신다면 어떤 방식으로 이루어지는 것이 가장 적절하다고 보시는지요?

하승창: 개인으로 보면 말씀하신 대로 나쁠 게 전혀 없습니다. 좋은 일이죠. 시민사회에서의 경험들을 제도권으로 들어가서 공적으로 쓰는 것이니까요. 최근 우리 사회를 놓고 보면 워낙 많은 사람들이 그런 식으로 해서 정치권에 진입해 들어가고 하니까 시민운동을 시작해서 끝까지 시민운동으로 남는 사람들과 간극이 있을 수도 있을 것 같습니다. 그걸 좋은 것이냐 나쁜 것이냐는 선악의 개념으로 보는 것은 아닌 것 같아요.

김만권: 그런데도 많은 사람들이 그렇게 보는 것 같습니다.

하승창: 오바마도 시민운동하다 정치를 시작해서 대통령이 되었잖아요. 다만 시민운동을 했던 사람들을 보면, 몇몇 다른 운동하던 사람들과는 달리 정치적 기획이 부재한 듯 보입니다. 예를 들어 노동운동을 하는 사람들은 노동당을 만들어서 무엇인가 해야지 하는 정치적 기획들이 있습니다. 환경운동만 하더라도 녹색당을 만들어야지와 같은, 물론 단체들마다 명확하게 있는 것은 아니지만 정치적 기획들이 보이지요. 이런 운동을 하는 분들이 정당을 하는 것이 하나도 이상하지 않아요. 반면 시민운동은 그런 기획들이 없어요. 개인적 결단에 의해 제도권으

로 가는 것이니까요. 그런 점에서 논란이 있을 수 있다고는 봅니다. 하지만 저는 왔다 갔다 하는 것이 좋다고 생각해요.

김만권: 그런데 흔히 우리가 이런 이야기를 할 땐 제도권으로 유입만 얘기했지, 제도권에서 시민사회로의 재진입 이것에 대해서는 얘기하지 않는 것 같습니다.

하승창: 제가 2011년 선거운동을 마치고 돌아왔을 때 기존 시민단체들은 이제 시민운동가는 아니다 그런 분위기였습니다. 그게 누가 명시적으로 말한 것은 아닌데도 말이죠. 선거운동을 하러 갈 때는 시민단체 관련 직을 모두 내려놓고 갔어요. 그러고는 달랑 저 혼자 돌아와서 씽크카페를 홀로 한 거예요. 카페니까 혼자서 하면 되니까. 그때 왜 제도권 선거를 한 뒤엔 시민사회로 돌아오면 안 되는거냐 하면서 돌아와서 한 것이었죠. 『오마이뉴스』 인터뷰에서도 그랬습니다. '내가 죄지었냐고. 그래 나 선거하다고 왔다고. 당신 정치인 아니냐 그러는데 내가 무슨 정치인이냐고. 정당활동을 하고 있는 것도 아니고 지속적인 정치적인 것도 아닌데 그냥 선거캠페인을 하고 온 거다. 나는 그냥 하던 대로 한다.' 그러고 했던 겁니다. 이후 2012년 선거도 했고, 2014년 선거도 했습니다. 공화국의 시민으로서 선거가 있을 때 가서 자원활동으로 해주고 오는 것도 안 되냐 이거예요.

안병진: 그러면 그게 영원한 주홍글씨가 되는 보이지 않는 문화가 존재하는 건지요?

하승창: 사람들이 그런 눈으로 본다는 거지요. '너는 한번 갔으니 너는 정치인이야. 너는 이제 활동가로서는 끝이야.' 그런 분위기가 있죠.

김만권: 공직을 맡은 것도 아니고 선거캠프를 뛴 것뿐인 데도 그렇단 말씀이죠?

하승창: 그런 것이 잘못된 테제잖아요. 저는 걷어내야 한다고 봅니다. 왔다 갔다 할 수 있는 것이죠. 시민사회 활동가들이 정부에서 일할 수 있어야지요. 그리고 정부에서 일한 사람들이 풍부한 인맥과 정보를 가지고 시민활동가도 할 수 있어야지요. 시민운동에 와서 하면 안 될 이유는 없다고 봅니다.

김만권: 시민운동의 순수성을 해친다고 표현하는 분들도 계십니다. 저 개인적으로는 순수성을 내세우는 근본주의자들이 제일 위험하다고 생각해서 크게 설득력이 없게 들리지만요.

안병진: 하 선생님과 비교할 수 없을 정도로 정권에 깊이 관여한 김병준 교수님은 코리아스픽스라고 하는 멋진 엔지오운동을 하고 있지요. 정말 보기 좋더군요. 이게 모든 영역에서 그랬으면 합니다. 이 영역만 그런 것이 아니라 정권에 갔다가 교수생활을 하는 사람들에 대해, 지식인의 순환을 비딱하게 보는 건 아쉬워요. 그저 권력 그 자체만을 추구하는 폴리페서가 아니라면 사실 굉장히 좋은 것일 수도 있는데 말이죠.

하승창: 영역을 넘나드는 게 금지되는 것, 우리 사회가 그 점을 허물어

야 된다고 봅니다. 그래야지 정치와 시민사회 양쪽이 풍성해질 수 있는 것 아닐까요. 양쪽 영역을 갈라놓으면 어떻게 시너지 효과를 낼 수 있겠어요.

김만권: 시민정치와 제도권 정치의 보이지 않으면서도 명백한 경계선은 은근히 시민단체들의 재정 문제와도 연관이 있어 보입니다. 예를 들어 참여연대는 정부보조금을 거부하며 회원의 후원금으로 그 활동을 이어가고 있습니다. 그러나 참여연대는 많은 회원을 확보하고 있는 예외적인 경우입니다. 특히 진보단체일수록 이 사안에 민감해하고 있는데요, 그 덕분인지 정부보조금이 일부 정부우호적 단체에 편향되어 배분되고 있습니다. 이런 가운데 생활임금이 해결되지 않아서인지 시민사회에서 현실적으로 생계의 문제에 부딪히게 되는 30대층 활동가들층이 약화되는 등의 현상이 나타나고 있습니다. 이런 점에서 재정은 시민운동의 지속에서도 중요한 문제일 수밖에 없습니다. 선생님들의 경우, 시민단체가 정부보조금을 수령하는 문제에 대해 어떻게 생각하시는지 여쭙고 싶습니다.

하승창: 정부보조금이라는 것이 고정경비를 지원받는 거라고 하면 문제가 될 수 있습니다. 하지만 프로젝트를 받는 것은 문제될 일이 없어요. 그 프로젝트의 적절성과 실효성 여부가 중요한 거니까요. 그럼에도 참여연대나 몇몇 애드보커시 단체들은 안 받는 것이 좋다고 생각해요. 정부보조금 프로젝트라고 하는 게 정부의 프로젝트 요청에 의해 하는 것일 수가 있기 때문입니다. 원래 하려고 하는 것을 정부가 아무런 정파적 이해관계 없이 도와주는 그런 펀드가 있다면 아무 관계가 없어

요. 하지만 그 돈을 에드보커시 단체들이 받게 되면 사람들이 뭐라 할 수 있는 가능성이 있고 쓸데없이 그런 논란에 휩싸일 필요가 없다고 봅니다. 독립적인 섹터로서의 역할을 하기 위해서 특히나 더 그럴 필요가 있습니다.

김만권: 저 같은 경우에는 참여연대도 받으면 좋겠다는 그런 생각을 했었어요. 여기는 그나마 나은 편인데도 불구하고 활동가들이 너무 생활임금을 못 받으니까 30대 활동가 층이 없어지는 현상이 나타나는 것을 보면 말이죠.

하승창: 그런 펀드는 다른 재단으로 받아야 해요. 그런 재단이 풍성하지 않은 게 문제이긴 하지만 말이죠. 그런 재단에서 받는 것도 뭐라고 하지만, 요즘은 재정정보 공개를 다 하잖아요. 어디서 받았다는 것을 투명하게 알려주면 됩니다.

김만권: 시민정치와 제도권 정치의 결합을 이야기할 때, 최근에 논의되고 있는 오픈 프라이머리에 대해 이야기하지 않을 수 없을 듯합니다. 안심번호 국민공천제가 진정한 오픈 프라이머리인지에 대해선 확실히 논란이 될 수 있지만, 우리 사회에서 제기되고 있는 오픈 프라이머리는 변화된 정치 환경을 명확히 반영하고 있다는 생각입니다. 오픈 프라이머리가 당원구조를 약화시킨다는 점에서는 전통적인 정당정치의 약화를, 시민의 참여를 유도한다는 점에선 신뢰도가 낮아지고 있는 기존의 정당정치에 새로운 믿음과 에너지를 줄 수 있으리란 의견이 공존합니다. 선생님들은 오픈 프라이머리가 정당정치와 시민정치를 결합하는

하나의 장치가 될 수 있으리라 보시는지요? 좀 더 나아가 안심번호 국민공천제를 오픈 프라이머리라 볼 수 있는 것인지요?

안병진: 저는 비판받을 소지, 논란의 소지가 크기는 하지만 김무성 의원이 오픈 프라이머리를 제안했을 때 정치권에도 얘기했고 칼럼에서도 약간 그런 걸 비췄지만 즉각 받아야 한다는 위험한 주장을 했습니다. 그건 한편으로 청와대 중심으로 한 그야말로 수직적 공천에 대해서 김무성이 싸울 수 있는 힘을 김무성에게 주는 것은 여야의 단기적 정치공학이 아니라 길게 볼 때 한국정치에 좋은 측면이 있기 때문이지요. 또 하나는 이번 총선 때 아마 앞으로 두고두고 문제가 될 것 같은데 야권의 공천과정 때문입니다. 야권의 지도부가 공천 기준을 만들고 이런 과정이 총선에 궤멸적 결과를 미칠지도 모르는 지금의 시점에서는 프라이머리가 가질 수 있는 단점에도 불구하고 지도부의 자의적 공천보다는 나은 개혁일 수도 있다는 겁니다. 다만 정치신인에 대한 가산점 같은 제도적 장치는 한번 생각해볼 여지가 있어요.

하승창: 프라이머리가 선거법상에 선거운동의 자유를 제한하고 있는 조항의 개선과 연결된다면 의미가 있다고 봅니다. 이 선거법을 개선하지 않고 지금 하는 것은 기존 정치인들, 현역의원한테만 유리한 것이어서 현재의 구조를 유지하려는 의도로 보입니다. 그 제한을 폐지한다고 하면 가능하다고 봐요. 일정한 선거운동을 할 수 있게 허용해야만 공정한 경쟁이 가능할 겁니다.

김만권: 그래서 제안되는 아이디어에 따르면 현역의원보다 며칠 더 선

거를 할 수 있도록 허용하자는 것도 있습니다.

하승창: 그 정도 갖고는 안 됩니다. 현역의원은 의회활동 하면서 사실상 일상적으로 선거운동을 하면서 다른 사람은 안 된다고 말하는 것이나 다름이 없으니까요.

김만권: 이 부분에 대해서는 기본적으로 선거법과 연계시킬 수 있다면 좋겠다는 것이군요.

안병진: 저는 그래서 김무성 의원이 얘기했을 때 즉각 대대적으로 그런 전제조건을 제시하면서 여야가 같이 밀어 붙어야 한다고 주장했었는데 지금 와서는 타이밍이 좀 늦은 듯 보입니다. 국민들의 눈높이에서 봤을 때는 저것들이 떨어질 것 같으니까 자기들 유리한 구조로 짜려는 수작으로밖에 보이지 않을 겁니다.

김만권: 그렇다면 두 분 모두 원칙적으로 오픈 프라이머리가 도움이 된다고 보시는 거죠?

하승창: 선거운동의 자유를 제한하지 않는다면야.

안병진: 동일한 전제조건 하에서 그렇습니다. 정치란 결코 교과서의 기계적 적용의 영역이 아닙니다. 구체적 정세 속에서 구체적 전술로 나타나는 실사구시적 태도가 중요합니다. 모든 제도는 저마다 단점과 부작용이 있는 법이지요. 당면 현실에서 어디에 강조점을 두고 고통스럽게

현실을 한 발 더 진전시켜 나가며 그 부작용을 완화시켜 나가는가의 과정입니다. 그래서 정치를 기예(Art)라고 표현하는 것입니다.

김만권: 최종적으로 우리 민주주의가 나갈 방향에 대해 두 분께서 조언을 주셨으면 합니다. 특히 오늘 선생님을 모시고 지속적으로 조명해 온 문제, 바로 우리 민주주의의 개혁이 "좋은 정당을 짓는 데서 시작되어야 하는지" 아니면 "좋은 시민을 연결하는 일에서 시작되어야 하는지" 묻고 싶습니다. 박상훈 선생님은 『정당의 발견』에서 "정당의 역할이 부재하면 시민은 무기력해진다"고 말하는 반면 하승창 선생님은 『나의 시민운동 이야기』에서 "시민이 정치를 외면할 때 공동체 전체의 이익을 향한 주장과 목소리는 정치 영역에서 소외되거나 배제된다"고 말합니다. 박상훈 선생님은 이 개인화되고 바쁜 세상에 시민에게 정치적 짐을 지우지 말라고 말하고 하승창 선생님은 시민이 짐을 지지 않으려 할 때 분열된 나쁜 세상이 나온다고 말씀하시고 계십니다. 다른 한쪽에서 안병진 선생님께선 엘리트들을 만들어내고 통제하기도 하는, 제도권을 향해 뛰어든 시민정치의 반격에 주목하시고 계십니다. 우리가 새로운 민주주의 모델을 만든다면 그 시작은 시민 네트워킹인지 아니면 좋은 정당 만들기인지 선생님들의 견해를 최종적으로 듣고 싶습니다.

하승창: 지적하신 문제가 대립적인 문제인지부터 의문입니다. 저는 그 문제를 전혀 대립적이라고 생각지 않았는데, 뜻밖에 박상훈 선생님이나 최장집 선생님이 대립적으로 보시는 것 같아 놀랐습니다. 선후의 문제도 아니라고 생각합니다. 그저 시민 개인들의 지적 능력이 과거에 비해 현저히 높아지고, 그런 개인들이 소통하는 방식이 달라져서 기존의

사회시스템 자체가 급격히 변화하는 시기에 정당이라고 해서 기존의 틀이나 구조, 과정을 유지할 수 없을 것이라는 거죠. 그런 변화에 맞는 정당의 틀이나, 구조, 내부운영 과정, 그에 맞는 주체의 형성은 여러모로 달라질 것이라고 생각한다는 것이고, 그것은 정당의 물적 토대가 상당히 달라져야 가능하다고 생각했던 것이죠. 그 물적 토대의 중요한 요소가 시민들의 자발적 결사 혹은 개인들의 네트워크이지 않을까 생각하고 있단 말이고요.

그와 같은 정치적 경험이 기성 정당들 내에서는 대단히 제한적으로 일어나고 있지만 정당 밖에서는 지금의 정당보다는 더 풍부한 경험들이 생겨나고 있는 현상을 주의 깊게 보는 것이 정당들로서는 중요한 일이다 싶습니다. 그런 경험들을 하고 있는 사람들이 기성의 정당 내로 들어오게 만들려면 현재의 정당이 가지고 있는 경계를 허물어야 하지 않을까 하는 생각을 하는 것이죠.

그러므로 시민 네트워킹이냐 좋은 정당이냐의 문제설정보다 좋은 정당은 지금 시기에 어떻게 만들어야 하나? 라는 질문을 던지면 더 좋지 않을까 생각합니다.

안병진: 저도 하승창 선생님의 시각처럼 전혀 대립적이지 않는 관계로 봅니다. 다만 현 단계 한국의 소위 야권 정당들이 좋은 정당으로의 내부로부터 혁신이 가능한가에 대해 저는 대단히 회의적입니다. 이들은 일부 좋은 문제의식을 가지는 정치가들도 존재하지만 대부분 민주화운동 시대의 올드하고 굳은 가치와 태도에 기반해 활동하고 있습니다. 항상 새로운 현실을 고민하면서 더 인간다운 세상을 만들어 가기 위한 간절한 꿈과 결기, 창조성을 가지고 있지 않습니다. 반면에 새로운 정치

질서를 만들어갈 세력은 아직 본격적으로 태동하고 있지 못합니다. 그람시가 말한 전형적인 고통스러운 이행기인 셈입니다. 이런 안타까운 현실에서는 아래로부터의 시민정치의 과감한 실험주의가 특히 강조될 필요가 있습니다. 거창한 그림보다는 작지만 이후 큰 변화의 물꼬가 될 대담한 실험들을 긴 호흡을 가지고 부단히 전개해 나아가는 점이 21세기에는 매우 중요합니다. 이를 요즘 기업에서는 유연 혁신(Lean Innovation) 전략이라고 부릅니다. 저는 다만 여기에 '대담한'이라는 수식어를 강조해서 붙이고 싶습니다. 지금은 글로벌하게도 너무나 큰 전환기이기에 대의제 모델 등 국내외적으로 모든 교과서를 덮고 전혀 차원이 다른 구상을 고민해야 할 때이기 때문입니다. 물론 불확실하고 급변하는 미래에 이 실험들이 성공할지는 누구도 장담하기 어렵습니다. 결국 어느 책의 제목처럼 우리는 더 낫게 실패해야 합니다. 아마 좋은 정당, 그리고 그 토대가 되는 좋은 시민정치는 이 비틀거리는 걸음마 속에서 단단하게 만들어질 것이라고 저는 확신합니다.

김만권: 두 분의 말씀 잘 들었습니다. 두 분의 말씀을 통해 제가 기존에 가지고 있던 시각이 옳은 것인가라는 스스로를 향한 문제제기까지 할 수 있었습니다. 앞으로 이 논의가 지속되길 바라는 마음으로 오늘의 대담을 마치고자 합니다. 감사합니다.

Inhalt

Eingriffe

Mitteilungen

:: 페르디난트 주터뤼티 Ferdinand Sutterlüty
1962년 오스트리아에서 태어나 인스브루크 대학, 콘스탄츠 대학, 베를린 자유대학 등에서 신학과 사회학을 공부하고 베를린 자유대학에서 사회학 박사학위를, 빈 대학에서 교수 자격을 취득했다. 여러 해 동안 사회연구소의 연구원으로 활동했으며, 현재 프랑크푸르트 대학 사회학 교수로 재직 중이다. 가족 및 청소년, 폭력 문제에 관한 독창적인 연구로 널리 알려져 있다. 주요 저서로 『폭력의 이력—폭력과 무시의 순환 속의 청년들』 『인종 연대 책임—인종 갈등의 부정적 분류』 등이 있다.

:: 니콜 다이텔호프 Nicole Deitelhoff
다름슈타트 기술대학에서 정치학, 법학, 경제학을 공부하고 뉴욕 주립대학에서 정치학 석사학위를, 다름슈타트 기술대학에서 박사학위를 받았다. 프랑크푸르트 대학 정치학 교수로 재직 중이며, '헤센 평화 및 갈등 연구소'(HSFK)에서 연구 그룹을 이끌고 있다. 국제관계와 국가성의 구조변동에 대한 연구로 널리 알려져 있다. 주요 저서로 『정치 안의 신념—국제 거버넌스의 대화이론 개요』 『무엇이 국가에 남아 있는가?—글로벌 시대의 민주주의, 권리, 헌법』(공저) 등이 있다.

:: 올리버 나흐트바이 Oliver Nachtwey
함부르크 대학에서 경제학을 공부하고 괴팅겐 대학에서 정치경제학과 사회정의의 정치적 의미론에 대한 연구로 박사학위를 받았다. 사회연구소의 방문 연구원으로 활동했으며, 트리어 대학 경제사회학 교수로 재직 중이다. 노동사회학과 정치사회학을 주요 연구 주제로 삼고 있으며 정치적, 사회적 운동에도 활발히 참여하고 있다. 주요 저서로 『세계시장과 제국주의』 『시장사회적 민주주의』 『내리막 사회—퇴행하는 현대에 대한 저항』 등이 있다.

:: 빅토르 켐프 Victor Kempf
프랑크푸르트 대학 철학과 박사과정에 재학 중이며, 프랑크푸르트 대학의 국제 연구 프로그램인 "규범적 질서의 형성" 클러스터에 참여하고 있다. 주요 연구 분야는 사회철학이며, 사회이론, 비판이론, 자본주의 비판, 규범성 문제 등 다양한 영역에 관심을 갖고 현대 사회의 규범적 변동과정을 연구하고 있다.

:: 필리프 판 파레이스 Philippe Van Parijs

기본소득의 지지자이자 주요 이론가로 널리 알려져 있다. 기본소득지구네트워크의 주요 멤버이기도 하다. 1951년 벨기에 브뤼셀에서 태어나 루뱅가톨릭 대학, 옥스퍼드 대학, 캘리포니아 대학 등에서 법학, 정치경제학, 사회학 등을 공부하고, 루뱅가톨릭 대학에서 사회과학 박사학위를, 옥스퍼드 대학에서 철학 박사학위를 받았다. 1995년 저작인 『모두에게 진정한 자유를—무엇이 (도대체) 자본주의를 정당화할 수 있는가?』를 통해 기본소득이 사회정의에 어떻게 기여하며 또 어떻게 그것이 실현 가능한지를 학문적으로 체계화하였다. 현재 루뱅가톨릭 대학 경제사회윤리학 교수로 재직 중이며, 기본소득 운동과 관련된 정치적, 학문적 활동을 활발히 펼치고 있다.

:: 토비아스 텐 브링크 Tobias ten Brink

프랑크푸르트 대학에서 정치학을 공부하고 같은 대학에서 정치학 박사학위를 받았으며 중국의 자본주의 발전에 관한 연구로 교수자격을 취득했다. 사회연구소의 방문 연구원으로 활동했으며, 현재 프랑크푸르트 대학 정치학 교수로 재직 중이다. 중국 자본주의의 성립과 발전과정에 관한 연구로 잘 알려져 있으며, 최근에는 글로벌 정치경제학 분야에서 활발한 연구 활동을 펼치고 있다. 주요 저서로 『중국 자본주의—성립, 발전, 역설』 『글로벌 정치경제와 근대국가 시스템』 등이 있다.

:: 제제 소자 Jessé Souza

브라질리아 대학에서 법학을 공부하고 같은 대학에서 사회학 석사학위를, 독일 하이델베르크 대학에서 사회학 박사학위를 받았다. 브라질 주이스지포라 대학 사회학 교수로 재직 중이며, 현대 브라질의 근대화와 불평등을 주요 연구 주제로 삼고 있다. 중심부와 주변부의 경제적, 상징적 불평등의 문제를 포괄적으로 이해할 수 있는 사회학적 범주를 개발하는 일에 많은 관심을 쏟고 있다. 주요 저서로 『상상의 브라질』(공저) 『불평등의 자연화—주변부 사회를 이해하는 새로운 패러다임』 『자본주의 사회들의 불평등』(공저) 등이 있다.

:: 슈테판 포스빙켈 Stephan Voswinkel

1952년 독일에서 태어나 마르부르크 대학과 괴팅겐 대학에서 사회과학을 공부하고 괴팅겐 대학에서 사회과학 박사학위를, 뒤스부르크 대학에서 사회학 교수자격을 취득했다. 2001년부터 사회연구소 연구원으로 활동 중이다. 노동사회학, 경제사회학, 인정의 사회학에 중점을 두고 현대 사회에서 노동의 규범에 관한 폭넓은 연구를 전개하고 있다. 주요 저서로 『인정과 평판』 『어떤 고객지향인가?—서비스 노동에서의 인정』(공저) 『비정상적 정상성?』(공저) 등이 있다.

:: 고지현
독일 브레멘 대학 철학과에서 박사학위를 받았다. 가천대 아시아문화연구소 학술연구교수로 재직 중이다. 저서로 『꿈과 깨어나기—발터 벤야민 파사주 프로젝트의 역사이론』 『프랑크푸르트학파의 테제들』(공저) 『포스트모던의 테제들』(공저) 등이 있으며, 공역서로 『베스텐트 2012』 『베스텐트 2013/1』 『베스텐트 2014』 등이 있다.

:: 김만권
뉴욕 뉴스쿨 대학 정치학과에서 정치 이론 및 법철학 전공으로 박사학위를 받았다. 연세대 사회과학연구소 전문연구원으로 있으며 동대학교 국제학부 및 국제학대학원에 출강하고 있다. 저서로 『자유주의에 관한 짧은 에세이들』 『불평등의 패러독스』 『그림으로 이해하는 정치사상』 『세상을 보는 열일곱 개의 시선』 『참여의 희망』 『정치가 떠난 자리』 등이 있으며, 역서로 『만민법』(공역) 『민주주의는 거리에 있다』 『인민』 등이 있다.

:: 김원식
연세대 철학과를 졸업하고 동대학원에서 하버마스 연구로 박사학위를 받았다. 국가안보전략연구원 연구위원으로 재직 중이다. 저서로 『배제, 무시, 물화』 『하버마스 읽기』가 있으며, 『프랑크푸르트학파의 테제들』 『포스트모던의 테제들』 『현대 정치철학의 테제들』 등을 공저했다. 역서로 『이성의 힘』 『지구화 시대의 정의』 『분배냐, 인정이냐?』(공역) 등이 있다.

:: 문성훈
연세대 철학과를 졸업하고 독일 프랑크푸르트 대학 철학과에서 악셀 호네트 교수의 지도로 박사학위를 받았다. 서울여대 교양학부 현대철학 담당 교수로 재직 중이다. 『베스텐트』 한국판 책임편집자를 맡고 있으며, 『교수신문』 편집기획위원으로 활동하고 있다. 저서로 『미셸 푸코의 비판적 존재론』 『인정의 시대』 등이 있으며, 공역서로 『정의의 타자』 『인정투쟁』 『분배냐, 인정이냐?』 등이 있다.

:: 안병진

서강대 사회학과를 졸업하고 서울대 정치학과를 거쳐 뉴욕 뉴스쿨 대학 정치학과에서 미국 정치 전공으로 박사학위를 받았다. 경희사이버대 미국학과 교수로 재직 중이다. 저서로 『마이크로소프틱스』 『노무현과 클린턴의 탄핵 정치학』 『민주화 이후 민주주의와 보수주의 위기의 뿌리』 『좌우파 사전』(공저) 『다시 정의의 길로 비틀거리며 가다』 등이 있으며, 역서로 『제국의 슬픔』 『더 플랜』 등이 있다.

:: 정대성

연세대 철학과를 졸업하고 독일 보훔 대학에서 독일 관념론과 사회정치철학 전공으로 박사학위를 받았다. 연세대 언어정보연구원 HK 연구교수로 재직 중이다. 공저서로 『이성의 다양한 목소리』 등이 있으며, 역서로 찰스 테일러의 『헤겔』을 비롯하여 『청년 헤겔의 신학론집』 『비판, 규범, 유토피아』 『언어, 의미 그리고 철학』 등이 있다.

:: 하승창

연세대 사회학과를 졸업하고 오랫동안 시민운동가로 활동해왔다. 경실련에서 시민운동을 시작, '함께하는 시민행동'을 거쳐 시민사회단체연대회의 운영위원장으로 일했다. 시민들의 대안적 공간에 관심을 갖고 씽크카페를 시작했으며, 박원순, 안철수 후보 등의 선거운동에 적극 참여하면서 시민들의 자발적 힘을 모으는 새로운 선거 플랫폼을 실험하기도 했다. 저서로 『하승창의 NGO 이야기』 『스타벅스보다 아름다운 북카페』 『나의 시민운동 이야기』 등이 있다.

:: 홍찬숙

서울대 영어영문학과를 졸업하고 이화여대 대학원 여성학과를 거쳐 독일 뮌헨 대학 사회학과에서 울리히 벡 교수의 지도로 박사학위를 받았다. 서울대 여성연구소 연구교수로 재직 중이다. 저서로 『여성주의 고전을 읽는다』(공저) 『독일 통일과 여성』(공저) 『개인화: 해방과 위험의 양면성』(근간) 등이 있으며, 역서로 『세계화 시대의 권력과 대항권력』 『장거리 사랑』(공역) 『자기만의 신』 등이 있다.

베스텐트 2015

1판 1쇄 발행 2016년 1월 15일

편저자 연구모임 사회 비판과 대안
지은이 니콜 다이텔호프 외
옮긴이 고지현 외
펴낸이 안희곤
펴낸곳 사월의책

편집 박동수
디자인 김현진

등록번호 2009년 8월 20일 제396-2009-126호
주소 경기도 고양시 일산동구 무궁화로 7-45 451호
전화 031)912-9491 | **팩스** 031)913-9491
이메일 aprilbooks@aprilbooks.net
홈페이지 www.aprilbooks.net
블로그 blog.naver.com/aprilbooks

ISBN 978-89-97186-14-3 94100
ISBN 978-89-97186-10-5 (세트)

* 책값은 뒤표지에 있습니다.
* 이 도서의 국립중앙도서관 출판예정도서목록(CIP)은 서지정보유통지원시스템 홈페이지(http://seoji.nl.go.kr)와 국가자료공동목록시스템(http://www.nl.go.kr/kolisnet)에서 이용하실 수 있습니다.
(CIP제어번호: CIP2015035611)